石头哥 编著

职场破局 101 上

从新手到行家

北京大学出版社
PEKING UNIVERSITY PRESS

内 容 提 要

进入职场，你是否有这样或那样的困惑？是否常常忙到焦虑也没有收获？是否无法兼顾家庭引起抱怨？是否常会遇到人际交往难题？是否总是得不到领导认可？是否业务能力欠缺？是否觉得进入了职场瓶颈？是否感觉工作力不从心晋升无望……

本书从能力提升和工作晋升两大方面来为你答疑解惑、指点迷津，不但能帮你全面提高自己的办事能力和人际交往能力；更能让你在职场生活中游刃有余，风生水起。

全书分为上、下两册，即《职场破局101：从新手到行家（上）》《职场破局101：从新手到行家（下）》，上册侧重能力提升，下册侧重工作晋升。它以问答的形式，轻松地带你了解职场中常见的困惑现象，从而转变思维获得提升，是非常接地气的职场手册。

图书在版编目(CIP)数据

职场破局101：从新手到行家：上、下册 / 石头哥编著. -- 北京：北京大学出版社, 2025.6. -- ISBN 978-7-301-36126-9

Ⅰ . C913.2

中国国家版本馆CIP数据核字第2025D8W274号

书　　　名	职场破局101：从新手到行家（上、下册） ZHICHANG POJU 101: CONG XINSHOU DAO HANGJIA (SHANGXIACE)
著作责任者	石头哥　编著
责任编辑	刘　云
标准书号	ISBN 978-7-301-36126-9
出版发行	北京大学出版社
地　　　址	北京市海淀区成府路205号　100871
网　　　址	http://www.pup.cn　　新浪微博: @北京大学出版社
电子邮箱	编辑部 pup7@pup.cn　　总编室 zpup@pup.cn
电　　　话	邮购部 010-62752015　发行部 010-62750672　编辑部 010-62570390
印　刷　者	北京宏伟双华印刷有限公司
经　销　者	新华书店
	880毫米×1230毫米　32开本　17.75印张　387千字 2025年6月第1版　2025年6月第1次印刷
印　　　数	1-8000册
定　　　价	98.00元（上、下册）

未经许可，不得以任何方式复制或抄袭本书之部分或全部内容。
版权所有，侵权必究
举报电话：010-62752024　电子邮箱：fd@pup.cn
图书如有印装质量问题，请与出版部联系，电话：010-62756370

前　言

他们在单位
脱颖而出
的秘密，

◉ 都在这里了

SECRET

　　职场中，哪有什么天生"悟道"，只不过是踩的"坑"多了，便悟出了自己心中之"道"……

　　职场中，哪有一蹴而就的成功，只有久久为功的成长……

　　职场中，哪有水到渠成的成就，只有高歌猛进的奋斗……

　　有些人常常困惑，为什么常常加班的是自己？搞服务的是自己？主动融洽关系的是自己？虽然公共场合中领导赞扬的是自己，但是评先评优却没有自己的份，晋升提拔也没有自己……在全力奋进中，如何在关键时刻踢好那临门一脚？

　　有这么多问题，却找不到最懂行的人请教。于是《职场破局101：从新手到行家》应运而生。它不仅是一部职场生存指南，更是一位贴心导师，陪伴每一位职场人从青涩走向成熟，从平凡迈向卓越。本书分为上、下两册，旨在全方位、多层次地解答职场中的种种疑惑，为读者的职业生涯点亮明灯。

《职场破局101：从新手到行家（上）》：成长的阶梯，自我超越的旅程

初入职场，我们往往满怀激情与憧憬，却也难免遭遇迷茫与挑战。《职场破局101：从新手到行家（上）》（本册是精进卷）正是为这一阶段进行量身打造。它以"精进"为核心，围绕职场新人最常遇到的现象，通过一系列贴近实际的问题与解答，引导你逐步掌握职场生存与发展的精髓。

它从点滴进步、表达礼节、饭局中的智慧、汇报的技巧、沟通的能力、业务的提升、怎么写好材料、怎样适应新岗位、如何带队伍，以及职场中常常遇到的性别偏向和常见困惑的破局出发，针对职场小白，侧重职场能力提升，帮助大家全面提升自我，更好地适应职场，在职场中做到游刃有余。

《职场破局101：从新手到行家（下）》：攀登高峰，解锁职场新境界

晋升不是偶然，而是长期准备的结果。当你在职场上站稳脚跟，开始寻求更大的发展时，需要提前做好规划，而《职场破局101：从新手到行家（下）》（本册是晋升卷）便是你的引路地图，它从提拔准备、获取信任、做好服务、处理关系、学会做人及面对工作调动几大方面，针对职场中想要晋升的人员，提出有效建议。

它不但针对常见问题给出解答，而且会指导你如何提前规划，积累资本，包括专业技能、领导力、人脉资源等，为晋升打下坚实基础。它聚焦于职场晋升的各个环节，为你规划出一条清晰的晋升之路。

前言

《职场破局101：从新手到行家》是石头哥历经两年精心打磨的案例书，涵盖了体制内众多前辈多年摸爬滚打的工作感悟，全书以问答的形式行文，非常接地气，提到的问题也都比较接近日常，非常适合即将步入职场的人员或者办公室人员阅读。

你可以把它看成一本职场的"十万个为什么"。回答这些问题的顾问们，有的是处级干部，有的是领导秘书，有的是党办主任，他们鼓励年轻人在职场中敢作敢为、勇于追求，而不是坐以待毙、吐槽抱怨。

这本书没有空话套话，而是通过一个个现实的案例，指导你如何从职场小白成长为同事喜欢、领导赏识的"青年才俊"。这本书不仅仅有方法论，更是通过现实中发生过的，甚至正在发生的具体实例，指导你从困顿迷茫走向坚定目标。这本书不是以偏概全、统统适用的教条，而是一事一议、就事论事，进而帮助你总结提升的经验之书。

它不仅仅是一本书，也是你职业生涯中的良师益友，是你面对挑战时的勇气之源。在这里，每一个问题都对应着一个解决方案，每一次阅读都能让你有新的感悟。我们相信，通过这本书的引导，你将能够在职场中更快地成长和进步，成为充满正能量、实力与智慧并存、闪闪发光的人，最终实现自己的职业梦想。

让我们共同开启一段精彩纷呈的职场之旅吧！

01 第一章 进步

- 01 如何快速提升领导素质和领导能力　/ 002
- 02 如何做到有眼力见儿　/ 004
- 03 如何提升演讲能力和水平　/ 006
- 04 如何快速提升文字水平和接待能力　/ 010
- 05 关键岗位带来"飘飘然",如何克服并保持低调谨慎　/ 014
- 06 秘书适合看哪些书　/ 015
- 07 别人的经验可以直接转化成自己的本领吗　/ 017
- 08 如何提升思维格局　/ 018
- 09 如何建立良好的人脉　/ 020
- 10 如何坚持理论学习和实践转化　/ 023
- 11 如何提升人事工作能力　/ 025
- 12 理性判断思维和独立思考能力是怎么炼成的　/ 027
- 13 如何成为优秀的后勤"大管家"　/ 029
- 14 如何提高悟性　/ 031
- 15 如何利用好《求是》等参考资料　/ 033

目录

02 第二章 礼节

- 01 小白跟领导吃饭，该怎么做 / 036
- 02 如何拒绝喝酒 / 037
- 03 酒桌上的小白如何敬酒 / 039
- 04 组织饭局的范围和技巧是什么 / 040
- 05 工作关系的饭局是否要主动自费买单 / 043
- 06 去同事家吃饭，要不要带伴手礼 / 045
- 07 饭局中应注意哪些礼节 / 046
- 08 领导给我"送礼"，我该怎么办 / 048
- 09 春节如何给领导拜年 / 050

03 第三章 汇报

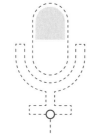

01 向大领导汇报工作之前，如何做咨询方面的准备 / 053

02 如何在第一次汇报时给领导留下好印象 / 055

03 如何汇报才能被领导备选为提拔重用对象 / 057

04 如何向领导恳谈汇报，推动个人进步 / 059

05 和领导聊天增进感情的技巧和注意事项有哪些 / 061

06 如何找大领导主动汇报工作 / 063

07 如何选择打电话还是发信息汇报工作 / 066

08 如何把握向领导"事事有着落、件件有回音"的汇报分寸 / 067

09 当领导询问时，如何公正客观地评价同事 / 069

10 如何合情合理地向领导汇报"人少事多"的问题 / 070

11 被误解挨处分，如何应对解决 / 072

12 越级汇报是否合理 / 074

13 如何向领导汇报加班辛苦而不显得做作 / 076

14 如何向领导汇报思想 / 077

15 如何完美回复领导关于工作进度的询问 / 078

16 组织将进行调研考核，该如何应对 / 079

17 主题教育期间请假，怎么汇报才能更合理地争取理解和批准 / 081

18 班子成员如何向新任领导汇报工作 / 083

19 提携我的领导异地履新，该如何表达不舍和感谢 / 085

目录

04 第四章 沟通

- 01 协调上下级业务沟通的技巧和方法是什么 /088
- 02 如何回复领导安排岗位之外的工作 /090
- 03 工作原因被孤立,该如何协调缓和 /092
- 04 做了很多工作别人不知道怎么办 /094
- 05 平级单位提供的材料质量很差,该怎么沟通解决 /096
- 06 如何合理措辞向兄弟单位表示感谢 /098
- 07 怎么把握向领导发送祝福短信的良好时机 /099
- 08 如何回复领导的群消息 /101
- 09 如何应对提拔前的私下祝福 /102
- 10 如何给领导拜年不落俗套 /103
- 11 如何回应牢骚满腹的老公 /106

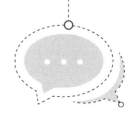

05 第五章 业务

- 01 如何把学习实践活动宣传好 /110
- 02 如何把呈阅批示文件工作做出彩 /112
- 03 如何利用好微信工作群这个办公方式 /118
- 04 干好工作的秘诀是什么 /120
- 05 乡镇工作没有明确分工,新人如何平衡巨大的工作量 /123
- 06 接待工作的技巧和方法是什么 /125
- 07 督办工作的技巧和主要事项有哪些 /127
- 08 如何把繁杂的办公室工作做出彩 /129
- 09 会议中倒水有哪些注意事项 /132
- 10 如何看待业务工作事事追求完美 /133

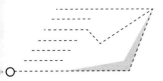

06 第六章 写材料

01 如何持续输出高质量的主题教育"材料"   / 137
02 如何写好办公室工作总结   / 139
03 如何实现从看书到写作的飞跃   / 144
04 如何写出优秀的年终工作总结   / 146
05 如何让竞选发言稿助力成功竞选   / 148
06 怎么样进行引人入胜的座谈会"发言"   / 150
07 有没有"万能"的主题发言框架   / 152
08 动员致辞有"模板"吗   / 153
09 什么是高水平"竞聘演讲"的主线   / 155

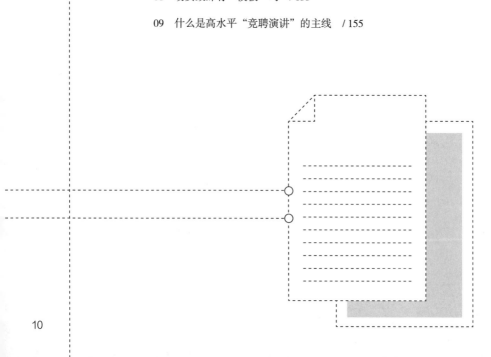

目 录

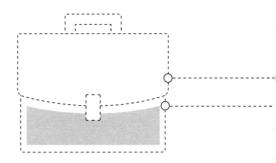

07 第七章 新岗位

01 到新单位任一把手，如何让原负责人心服口服 / 158

02 新晋办公室副主任，如何统筹办公室繁杂的业务 / 160

03 提拔到"缺人少钱"的小单位，如何让工作出彩 / 162

04 到新单位，如何预判和打好"有准备之仗" / 165

05 新上任后，该怎么对待体制内不求进步的老同志 / 168

06 到新岗位，如何克服个人不适应、能力不匹配、下属不买账、
    领导不满意的瓶颈 / 169

07 主要领导让我抗衡分管领导，怎么办 / 173

08 新入职公务员如何应对多头领导布置的任务 / 175

09 无兵少人光杆组织委员怎么干 / 177

10 提拔到更大的平台，如何应对焦虑 / 179

11 如何度过繁忙的新岗位的磨合期 / 183

12 晋升后，该如何转换角色、打开局面 / 186

13 到新单位，如何做好职业规划 / 188

11

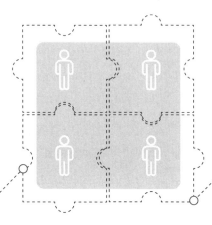

08 第八章 带队伍

01 领导性格温和,下属不服管怎么办 /191

02 个别人员不配合、工作进度慢,怎么办 /194

03 如何平衡"工作量大"和"下属不想加班" /196

04 到新部门,如何快速调动积极性和掌控局面 /198

05 履新后,如何使老同志信服 /200

06 如何解决"闲的太闲、忙的太忙"问题 /202

07 新人不懂事、交办工作没有回音,怎么办 /204

08 怎么管理"应付工作、不太负责任的下属" /206

09 如何提升领导权威和能力 /208

10 如何成为优秀的领导小组负责人 /210

09 第九章
女同志

01　面对体制内性骚扰,该怎么办　/ 213

02　拒绝潜规则会影响升职吗　/ 215

03　遴选对女性有歧视吗　/ 216

04　离婚对职场女性的影响有多大　/ 218

05　职场女性如何平衡家庭和事业　/ 220

06　哺乳期被抽调,如何应对　/ 225

07　产假后与社会脱节,如何快速适应竞争　/ 228

08　体制内女性应该奔仕途还是图安逸　/ 230

09　产假后销假第一天,怎么向领导报到　/ 231

10　如何做一个领导、同事都喜欢的女同志　/ 233

11　女同志如何与领导保持适度又紧密的工作联系　/ 235

12　女性有作为,要比男性付出十倍或更多的努力吗　/ 237

13　女同志的材料之路真的很惨吗　/ 240

14　独在异乡为异客,如何在工作中脱颖而出　/ 242

第十章 破局

01 遇到"泼妇"型副职,怎么办 /245

02 遇到喜怒无常的领导,怎么办 /247

03 面对领导的打压,我该怎么反击 /249

04 怎么应对要求高、脾气大的领导 /251

05 如何应对限制、排挤你的领导 /253

06 领导总是问我职责外的事情,我该怎么拒绝 /256

07 遇到挑剔的领导,怎么办 /258

08 分管领导和部门领导不和时,我该如何应对 /260

09 领导总让我服从安排,这会影响提拔吗 /261

10 业务能力差但人际关系强的领导,能让人信服吗 /263

11 怎么提升控制情绪的能力以加深城府 /265

12 自恃过高得罪了分管领导,怎么办 /267

13 现领导与前领导不和,该怎么办 /269

14 怎么和带有敌意的领导相处 /271

15 值班时如何和领导相处 /272

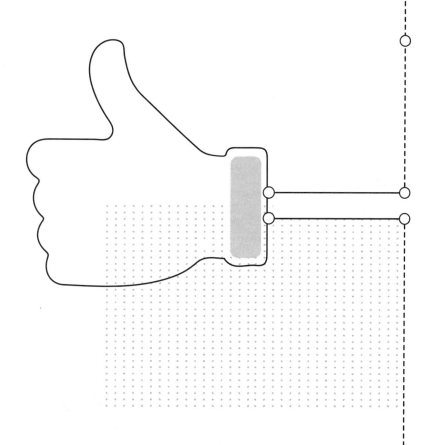

第一章

进 步

01
如何快速提升领导素质和领导能力

我在高校工作,之前是教师,专业能力强,技术也扎实,个人一直十分勤奋努力,抓住机遇后转到了管理岗位,目前是二级学院的负责人之一。

从技术岗转到管理岗,看似顺理成章,但实际上跨度并不小,工作中所需要的思维方式和思考角度也很不相同,以前在技术岗的理念我觉得不太适合现在的工作岗位。我想让自己尽快成长起来,您认为一个管理者应该具备什么样的领导素质呢?或者说应该具备什么样的领导能力呢?

领导素质和领导能力是一个比较大的课题,包含的内容也比较多。这里我从实用的角度简要地说说作为一个大学二级学院的主要领导,应该具备的一些基本要求。

第一,要有一定的理论能力。

作为单位的主职,经常需要向上级汇报,跟群众讲话,其讲话内容和观点必须跟上级文件的精神和要求保持一致。因此,作为单位的主职要认真学习理论政策、党规党纪,做到不说外行话、不说错话、不说没有规矩的话。这个理论能力看起来很虚,其实很实,而且很重要。近几年,有些领导因为讲错话，在政治上出问题的比较多，必须特别注意。

第二，要有决策能力。

拍板决策是单位"一把手"的主要工作，正确的决策会起到事半功倍的效果；反之，错误的决策可能收效甚微，甚至会造成损失。正确的决策在于对政策的把握、对相关信息的了解、对单位情况的全面熟悉、对干部职工心态的掌握，以及对事态结果做出准确的预判，因此，作为单位"一把手"，要对相关的政策非常了解，对全面的情况非常熟悉。这就要求"一把手"平时要多学习、多调研、多观察、多掌握各方面的情况，做到"手中有粮，心中不慌"。

第三，要有抓班子带队伍的能力。

"一把手"不仅要自己带头干，而且要带领班子成员和大家一起干，把大家的力量凝聚起来、团结起来，形成合力，这样才能在单位形成团结一致的局面。"一把手"要注重发挥班子成员的作用，不能事事都是自己说了算；要经常和班子成员一起交心谈心、沟通工作、了解动态，遇事要多商量，多听取大家的意见；平时还要支持其他班子成员的工作，为他们解决问题撑腰壮胆，为他们开展工作创造环境，带领大家一起成长，共同进步。

第四，要有做群众工作的能力。

不同的领导会使用不同的工作方法去做各种各样的群众工作，起到的效果也完全不同。比如说接访工作，有的领导三言两语就把群众劝说得哈哈大笑，满意而去；而有的领导不会运用说话技巧，不仅没有解决问题，反而跟群众吵起来或争论起来，激化出新的矛盾。做群众工作，首要的就是善于倾听，要让群众把话说完说透，而不是堵住他们的嘴。

同时，还要敢于表态。对符合政策的问题，该解决的要解决，对不符合政策的问题，该解释的要解释，切记不能简单行事。而是要关注大家的思想动态，结合实际，有针对性地做好预案，做到一把钥匙开一把锁。

第五，要有自制能力。

"一把手"常常处于一个监督比较薄弱的环节，更需要自制自律。自制能力是做好一切工作的前提和必要条件，"一把手"要善于控制自己的情绪，不要轻易发脾气；要善于控制自己的表情，不要把喜怒哀乐都写在脸上；要善于控制自己的欲望，不该想的不想，不该做的不做，不该要的不要。否则，无法树立威信。"一把手"要用自己的人格魅力树立良好的形象，从而影响和带动大家向自己看齐。

02
如何做到有眼力见儿

平时我们经常听到领导评价谁谁做事主动，谁谁能帮领导把事情考虑在前，等等。作为一名办事员，我很想知道，怎样做才能帮领导事事考虑在前，领导还没考虑到的我已经帮他考虑到了，从而塑造"做事主动干练"的形象呢？

你说的情况，实际上是有没有"眼力见儿"的问题。领导要夸一个人时可能就会说，"这小伙子不错，工作主动，很有眼力见儿"。批评一个人时，可能就会说，"这小伙子不行，一点眼力见儿也没有"。

那么什么是眼力见儿呢？我认为，眼力见儿实际上是一个人善于提前思考、察言观色、为人殷勤、事事超前的一种素养，主要体现在以下几个方面。

第一，要有敏锐的职业嗅觉。

有眼力见儿的人，总能从同样的事物中看到别人看不到的东西。领导还没有开口说，他就准备好了一切；领导不用说，只一个眼神一个动作，他就知道该怎么做，让领导省心省力。没有眼力见儿的人，对身边的事物总是表现得漠不关心，反应迟钝，甚至领导有时把眼睛都瞪起来了，他还一脸茫然，不知道应该怎么做。要增强眼力见儿，首先要有对工作的敏锐直觉，然后用心观察、用心思考、用心揣摩。

第二，要有主动的工作意识。

实际上，办事员工作的意义就是为领导服务，提前帮领导把工作的各项细节考虑到，让领导省心省事，即"身在兵位，胸为帅谋"。那么，办事员就要事前多想多思，把方方面面的情况摸全想透，把方方面面的措施制定具体，把方方面面的工作提前准备好。

比方说，一个会谈开始前，贵宾室里十分热闹，来宾正在向领导递名片，领导也把手伸进西装口袋，但半晌啥也没掏出来，原来他忘记带名片了。还好，你刚好在领导身边，并及时地把名片递给了领导，领导随即会心一笑。领导自己都疏忽的事，你却提前想到并准备妥当，并在关键时候派上用场，这不光能体现出一个人的眼力见儿，也能体现出一个人主动的工作意识。

第三，要始终保持全面服务的心态和随时服务的状态。

其实，除了天生的人精，没有人一生下来就能够眼力见儿超群。眼力见儿大多是后天积累和练就的，是有技巧和方法的，其最根本的技巧在于放低姿态，以一种做好服务的心态去工作。千万不能有这样的心理：这个事该我做，我就做；这个事不该我做，我就压根儿不去想；这个事该八点做，八点前我就不考虑它了。如果办事员这样想这样干，肯定是要把事情搞砸的。有眼力见儿的办事员，必须时时刻刻站在领导的角度上考虑问题，想着如果自己是领导，该要求下级怎么做。

只有这样将事事考虑周全，办事员在面对领导交代的工作和出现突发情况时，才能随机应变，让领导对自己的工作满意。

03
如何提升演讲能力和水平

我很想提高演讲能力和水平，也看过一些相关方面的书籍，虽然书中的方法和技巧都是操作性强，能起到立竿见影的效果，但对我本人却没有成效。想请教您，我应该怎么做才能提高自己的演讲能力和水平进行竞聘或竞岗？

请就如何提高演讲水平给予一些指导。

石头哥：

演讲是一门博大精深的学问，不是一两点就能说清楚。这里我只想提醒你一点，对于没有经验的人来说，唯一有用的就是提前准备，演讲之前精心准备演讲稿，反复演练，反复打磨。

有一个小故事，我们单位有一个内部工作交流会，范围其实不大，但整个下午领导一直在准备发言稿。其实他的口才很好，工作内容也非常熟悉。即便如此，他仍在准备逐字稿，这虽然看上去显得很笨拙，但其实是应对讲话或演说最稳当的办法。口才不好的人，有了逐字稿就能讲得更流畅，口才好的人有了逐字稿也能更加挥洒自如。把每次发言当作一次机会，这种态度值得学习。

究竟如何才能写好一篇演讲稿，从而提升演讲水平呢？下面是一些小建议。

第一，要做足准备工作。

你要充分弄清这次竞岗的背景、环节、要素、内容等，比如，单位为什么要举办这次竞争上岗，为什么选择竞争上岗的方式来选拔人才，竞岗的职位是什么，岗位的要求是什么等。正如"知己知彼，百战不殆"，如果你连这些都搞不懂，就像闷头苍蝇，方向不清、漫无目的、重点不明，只能成为竞岗的炮灰。所以，要做好竞岗的准备工作。

第二，该有的套路要有。

一篇完整的竞岗演讲稿，分为自我介绍、竞争优势、工作打算等几部分内容，当然最后还要加上假如竞岗失败的话语，比如"无论这次竞岗结果如何，我都会继续学习，不断进取，努力使自己取得更大的进步，把工作做得更好"。如果条理不清，评委听起来会觉得云里雾里，效果肯定会大打折扣，从而影响竞岗结果。所以，要了解一些竞岗演说的套路。

第三，要充分了解评委。

在私下里，可以通过各种渠道打听到评委关注什么，喜欢听哪方面的内容，要尽力获知所竞选岗位要求的主要素质或能力。总之，必须弄清楚竞聘岗位到底想要什么样的人，然后在演讲稿中尽力描述一些这方面的内容，这样评委才会更愿意听你的演讲内容，更关注你这个人。

第四，成绩介绍要精练。

在介绍个人的成绩时，对评委来说，我们取得的成绩再大也是小，除非你取得的成绩比其他人员突出得多。所以，在成绩介绍这块一定要精练、精练、再精练，把自己获得的最高级别的荣誉说出来，有了高的，低的可说可不说，可以挑几个主要的一带而过。

第五，竞争优势要用心。

在竞岗时，竞争优势是重点，也是评委最想听的地方，更是能得高分的要素。每个人都有自己的优点和长处，所以一定要把自己的闪光点总结提炼出来，合理巧妙地介绍给评委。许多竞聘者在谈到自己的竞岗优势时，都谈到自己的优势是勤奋、不怕吃苦、甘于奉献、乐于助人、敢于创新，或者是团结同事、有爱心、工作仔细认真，等等，这些的确是优点，但不是优势。因为它太普通、太大众化了，而且十个竞岗的人中，或许会有六七个甚至八九个人谈到这些，试想评委听了一遍又一遍，大家都勤奋、刻苦，评委为什么会选你呢？所以，这里一定要用心，你要让评委听到你的演讲后"眼前一亮"，听完能感觉到这个竞聘者着实是下过一番功夫的，是跟其他人有不同之处的，是有思路、有想法的，这样才会有更多胜算。

例如，有一位朋友参加上级部门的面试，当评委问道："你为什么想来上级部门工作？"

他想了想，说了两方面的原因，一是自己在基层摸爬滚打多年，积累了一定的基层工作经验，想在更高层级接受锻炼；二是自己的老婆去年已经考过来了，孩子也即将就读小学一年级，所以，从家庭方面考虑，他也很需要这份工作。说到这里，很多人会问，第二方面原因也算优势吗？

换个角度想，首先，可以看出应聘者有很强的家庭责任感；其次，他会比别人更珍惜这个岗位，更珍惜这个机会，如果他能够面试成功，那么在今后的工作中也会比别人更加努力。估计这也正是评委给他打高分的原因，最后这位朋友如愿以偿地家庭团聚了。

因此，这个环节一定要下足功夫，善用巧劲儿，努力征服评委的心。

第六，要注意把握好细节。

俗话说，细节决定成败。虽然演说也就几分钟的时间，但评委用心听的时间更短，所以，要全场保持一种积极向上的精气神，注意不要放过每一个细节。

比如，要跟评委有眼神交流，这样评委才会更关注你；声音要平稳，不要断断续续，要让评委感觉到竞聘者的功底；要有礼貌，体现竞聘者的素质和涵养；演讲要有气势，不能唯唯诺诺、声音低沉，等等，这些都要在自己前期练习的时候多下些功夫，"台上一分钟，台下十年功"绝不是一句空话。

第七，演讲稿一定要写得有血有肉。

我们不提倡演讲稿非要写得华丽、句子对仗，但稿子必须有血有肉，切忌整篇都是浮夸的虚话、套话，那样评委真的会听烦的，要多用数据、实例说话。

一篇好的竞岗演讲稿一定是几易其稿，一定是征求或咨询过多人意见的稿子，一定是代表竞聘者最高水平的稿子。

04
如何快速提升文字水平和接待能力

我是办公室新人，进入某地级市市直部门办公室工作不久，此前多年从事基层部门业务工作，属于单位业务部门的主力，后来进入办公室成为副手。目前的主要工作是写材料，同时负责处理信访举报、人大建议和政协提案回复、会议纪要等。我的问题有两个，一是在文字工作方面感觉水平不足，应付日常工作还可以，在系统性大材料和拔高性文稿写作时感觉吃力、积累不够，主要靠加班加点弥补；二是对接待工作较为生疏，坐到饭桌上就手足无措、强作镇定。目前较为迷茫,一方面觉得事在人为、水滴石穿;另一方面又想要尽快上手却无处下手。请问,想要快速适应办公室副职的工作应该从哪些方面入手?

部委老农:

每个人都是这样,到新的岗位必然会有这样一段适应的时间,在心态上要正常看待、积极应对。下面,针对你提的两个方面问题,结合我的经历,谈一谈我的看法。

第一,文字工作的水平方面。

一是对文字工作的认识。办公室的文字工作本质上不是文学艺术,文采不是第一位的。文字工作的本质是研究单位所做的实实在在的事情,文字只是表达的工具和载体。提高文字水平,核心还在于深入了解实际工作,这也是走上新的工作岗位需要做的。尤其是在办公室从事文字工作的同志,需要深入了解全单位方方面面的工作,这样才能把这些工作用文字的形式准确地表达出来。

二是研读单位近年来的重要材料。文字就是工具,通过阅读之前的文字材料,可以进一步了解工作内容。研读单位的工作总结,不但可以了解单位都负责哪些方面的具体事项,还可以了解单位整体工作的分类方式,因为这代表着领导的整体思路。关于各处室的工作总结,我刚到县委办公室的时候,专门利用春节三天假期把全县各单位的工作总结看了一遍,看完后再写全县的材料就有了底气。此外,阅读全年的工作安排性文件或者领导讲话,可以了解领导对于全局工作的安排部署、目标定位等。

三是熟练掌握"半成品"。之前重要的文字材料代表着领导的成熟思路，要知道有些是不能改动的，否则费力不讨好。比如，这些文字材料主要有以下几种：上级领导的重要批示、指示，领导对单位工作的定位，工作分哪几大块，具体的工作思路等。还有，比如当前工作中存在哪些问题、当前的形势和应对的举措，这些在近期的材料里都会有体现。刚开始到新单位写材料，这些最好不要轻易改动。当写材料需要这一方面的内容时，可以直接搬过来使用。其实不管任何工作，最主要的也就是那几项。在掌握了核心内容之后，其他就是借鉴的事情了。

四是关于拔高。每写一项工作材料，都要站在全局的角度认识到它的重要意义。其实，每项工作只要存在，就有其意义。如果这项工作开展不好，往后推导一下，通常会产生很严重的后果。另外，就是要学习材料写作的套路。大材料的结构往往也是固定的，只要认真研读近几年的同类型材料（比如连续三年的政府工作报告），就可以找到规律。大材料其实是由一个个小材料组成的，小材料过关了，接下来就是按照大材料的写作套路，把小材料组装一下。

五是学会借力。文字工作是单位最重要的技术活，在接班人没有能完全胜任之前，前面的人一般是不会撤离的，他们会对接班人进行指导或辅助。因此，在有人指导或辅助时，就抓紧跟他请教。

第二，接待工作方面。

我之前坐到饭桌前也会觉得手足无措，总觉得该做些什么，但又不知道具体怎么做，浑身不自在。后来，我就不这样了。因为经历得多了，我知道饭桌上对哪些人该做什么、对哪些人不该做什么。我知道了自己这样身份的人，是该说话还是该倾听。总之，紧张是源于对未知的恐惧，有以下几点需要注意。

一是放松心态、脸皮要厚。搞接待工作没什么好紧张的，就当是亲戚朋友来自己所在的城市做客，把他们照顾好是分内的事。如果觉得嘴笨，怕自己说不好，那就手脚勤快些，做好服务工作，及时给人家续续水、夹夹菜。

二是找到自己的分工。对于接待工作，其实很简单，也有固定的套路。基本是接待方和被接待方的领导多做交流，其他人可以多听听，也可以跟着说两句。作为接待方，领导负责带动气氛，其他人主要搞服务，包括倒水、转餐桌、给客人介绍新上的菜、看客人缺什么（餐巾纸、牙签）及时提供、上来汤及时给客人盛、给旁边的客人夹菜等。

三是注意礼节。就像亲朋好友来家里做客，我们都会注意礼节。接待时，也应注意礼节，除了做好服务工作，也应学会倾听和交流，让对方感觉到被重视。

四是找好突破口。接待时，双方的领导会进行对接，那么，自己找到和自己级别对应的人，把他重点照顾好就可以了。在别人聊天时，你也可以跟他随意聊两句，还可以加个微信，方便联系。这样慢慢的，大家就活跃起来了。

五是平常多做准备。多储备本地文化渊源知识、旅游资源特点、民俗故事和人文典故等，熟练掌握本单位各方面的情况，需要的时候能够给大家讲一讲、聊一聊，以调动气氛。

05
关键岗位带来"飘飘然",如何克服并保持低调谨慎

我是央企驻地区某企业总经理办公室秘书,平时在单位里,各级领导都很喜欢我,各级同事对我也很尊重。可能是因为工作岗位特殊的原因,加上大家对我的尊重,有些时候我感觉自己有点飘飘然了。虽然知道这样不好,应该低调谨慎,但是有些时候就是控制不好情绪。对于这种情况,我应该怎么办?

当年,我和你有同样的经历和困惑。"飘飘然"是大多数成功人士的必经阶段,如果能够解决,你将会一路高歌;如果没有解决,事业将会止步不前。

务必牢记,低调沉稳是成功人士的必备素养,"飘飘然"是职场大忌,是事业的绊脚石,必须克服。

我将当年的一些做法分享给你,概括起来就是"吾日三省吾身",即在早、中、晚三个时间段提醒自己。

早晨:把"低调沉稳"四个字写在纸上,贴到门上,每天早晨出门的时候看一看,提醒自己一天的行事准则。

中午:定闹铃,备注上"低调沉稳"四个字,在下午上班前提醒

自己。

晚上：学会总结冥想和坚持读书。对于总结冥想，每天睡觉前，问自己几个问题：今天我是否飘飘然？以后我该如何做？对于读书，每天晚上坚持读几页书，书中人物的为人处世可以让自己借鉴，也可以警醒自己；读书可以让人保持思想活跃，让人得到智慧的启发，让人滋养浩然之气。长时间坚持读书的人，气质自然不同。

另外，可以在自己的备忘录开头写上"低调沉稳"四个字，每次在做事情的时候都能够提醒自己。

06 秘书适合看哪些书

我是一名秘书，请问能推荐几本适合秘书阅读和学习的书籍吗？

按照逐渐进阶的顺序，读书的过程应该是从"感性认知"到"理性认知"的过程，一般分为三个阶段。

第一，初级阶段。

刚开始当秘书时，处于感性认知阶段。此时应该读一些官场小说，比如《侯卫东官场笔记》、黄晓阳写的《二号首长》。这些书能让你产生一种思想快感，感觉自己当秘书前途似锦，职场上的任何艰难险阻都阻挡不了自己前进的步伐；也会给你一些思想感悟，比如职场上总有那么多有逻辑但又微妙且复杂的事情发生；还能培养你的谨慎素养，告知你在职场上必须小心仔细、如履薄冰。

第二，进阶阶段。

当了一段时间秘书后，处于感性认知和理性认知的中间阶段，此时应认真研读一些业务书籍，恶补专业知识。专业知识有两个方面，一方面是做人做事，另一方面是具体业务。对于做人做事，你可以看石头哥的《秘书工作手记》《办公室工作手记》，我自己就买了，当年受益匪浅；另外极力推荐的就是《秘书工作》这本杂志，当年我认真摘抄了许多篇章。对于具体业务，比如写材料，你可以看一下《秘书工作手记2》，另外购买一些微信公众号会员，从中获取大量的公文写作素材。材料能否写好，最关键的是有没有素材、有没有素材库。所以，要舍得投资购买素材，这可以减少很多工作量，并且写出的公文质量还高。

第三，成熟阶段。

当了很长时间秘书后，应向理性认知方面努力。此时，应该跳出秘书圈看待秘书工作，阅读一些哲学方面的书籍。我的大领导经常鼓励我们读哲学，刚开始，我还不以为然，后来才发现哲学能让人透彻领悟，任何事物的运动规律都逃不出它的范围。我觉得你应该先看一下《学哲学 用哲学》这本书，它会解答你心中的诸多疑惑，快速提升你的思考能力。

07
别人的经验可以直接转化成自己的本领吗

在工作中,如何把别人的经验变成自己的本事?

俗话说,"读万卷书不如行千里路,行千里路不如阅人无数,阅人无数不如名师指路"。许多事情就像一层薄纸,你看不明白、悟不透彻,别人指点一下,就会恍然大悟。如何把别人的经验变成自己的本事,概括起来就是:假想—实践—总结。

第一,情境再现(假想)。

首先,想象自己处于该情境之中,并反问自己:面对这样的问题,我会如何处置?从哪里下手?把处理问题的流程拉出清单(最好在一张白纸上,画思维导图,画思维导图的过程就是整理思路的过程,此时此刻灵感也会迸发)。然后,和别人的经验仔细对比一下,找出自己的差距和不足,并有意识地去弥补和改进。最后,根据自身的实际情况和别人的经验,提炼出解决此类问题的最优方案。

第二,亲身体验(实践)。

"事非经过不知难",只有亲身处理问题,我们才能体会其中的奥秘,才能真正掌握本领。当我们遇到此类问题的时候,要有意识地用我们总结出来的最优方案去解决。（记住，做任何事情都要有意识地去做，脑子里时刻想着，最终形成条件反射）。在处理问题之前，可以快速在大脑里把最优方案过一遍，抓住主要矛盾和矛盾的主要方面，把重要事项按次序梳理出来，这样自己就有了大致的解决方法。

第三，构建经验库（总结）。

每次使用最优方案解决完问题后，都要复盘推演，看是否有需要改进的地方，从而总结各种方案，为下次处理各类问题做准备。达利欧在《原则》中写道：我相信，因为类似的情况反复发生，所以拥有一些以深思熟虑为基础的原则，你将能应对现实中遇到的几乎任何事情。

如果我们能够灵活自如地运用最优方案或者比自己以前做得更到位，说明我们已经把别人的经验消化吸收，然后就可以将其变通运用。

08
如何提升思维格局

最近被几位年纪大的领导提醒，说我"容易钻牛角尖"，而且我还没有对自己的问题有进一步的认识。请问我该如何跳出原有的思维模式？

如果有好几个领导都说你钻牛角尖，那么我觉得他们说的是客观情况的可能性就比较大了。在单位里常见钻牛角尖的人，但他们表现出来的情况是不一样的，大概有以下几种情况。

第一种是不按领导的要求办事。

这种人往往有自己的想法，领导说往东，他觉得往东不行，跟领导提出来要往西。在体制内，即使事实上确实应该往西，你最好还是往东，因为领导的站位一般较高，考虑得比较全面，对的可能性更大，而且往东往西的结果都差不多。

第二种是说话不讲究技巧。

这种人往往说话也比较直，有时候负面的东西也会直接说出来，比如说爱唠叨。其实没必要，在单位，切记说话的主旋律是宣扬正能量，对同事或领导应该多肯定、表扬和赞美。有些事实，不一定要从片面的角度说出来，应该保持稳定的情绪，更不应该表达狭隘的、消极的观点。

第三种是上纲上线。

钻牛角尖的人通常比较喜欢上纲上线，不够通融。面对大是大非的问题当然要守住底线，然而有些事并不违反原则，可以灵活处理，不要太死板，不违规违纪的事，能帮就帮。比如，领导有时让你帮谁办个手续，你非得说这不行，他就会觉得你钻牛角尖。

第四种是分不清主次。

有些人老喜欢在一些细枝末节的细节问题上纠缠，把时间都花在了这个上面，也会让人觉得钻牛角尖。比如写材料多个"的"字或少个"的"字，有时候其实无所谓，但他非要加上或者删去。

09
如何建立良好的人脉

你好,请问什么是人脉?应该如何建立人脉?刚刚参加工作不久,一直在思考这个问题。

看到你的问题时,我正在和省局的一位处长吃午饭。

领导说:"老弟啊,这次跟着我出差这么久,辛苦你了,回去以后有空了常到省局来找我哈,打电话、发微信消息也可以,有什么问题我们可以一起交流。"

我立即以茶代酒,敬处长一杯,并对领导这一个多月来的栽培表示感谢,以后只要来了省局一定拜访领导。我刚刚说这些,是想表明"我又增加了一个人脉"。

第一,什么是人脉。

其实,所谓人脉,我的理解就是一种资源,一种可以互利互惠的资源,有些人是你的"人脉",而你也可以是有些人的"人脉"。虽然你刚参加工作,但你也有你的优势。我相信,你肯定深知在我们这样一个人情社会里,尤其对我们在体制内工作的人来说,人脉这种资源特别重要。

先讲个故事吧，曾国藩出身湖南湘乡"农民世家"，由于深得座师穆彰阿的赏识，连连高升，37岁便官居二品。后来曾国藩在地方办团练时，受到多方掣肘，幸亏在京城有广泛的人脉，才减轻了清朝皇帝对他这位汉族统帅的猜忌，以及地方官员对他的排挤，避免了"我在前方抗敌，小人却在后方谄媚"的窘况。由此可见，人脉对于工作的重要性。

第二，关于人脉的分类。

我认为人脉有两大类，即先天的人脉和后天的人脉。先天的人脉也就是所谓的家庭背景，比如你是领导的孩子或者领导的亲戚等，这类人脉是与生俱来的，如果你属于这类人，那么你便具备了先天优势，要做得更多的是维护好这些人脉。而后天的人脉，则是自己建立的，如农民家庭出身的曾国藩，就是靠自己的学识和能力赢得了穆彰阿这个举足轻重的人脉。

刚参加工作的人一提起人脉便以为是家庭的背景，以为需要酒肉开道，其实不然，很多优质人脉往往都是后天建立的，而且很多人脉并不需要酒肉开道。

第三，如何建立人脉。

下面我结合自己的经历及所见所闻，聊聊都有哪些途径可以帮助我们建立人脉。

一是参加培训。对刚参加工作不久的新人来说，初次培训是一次建立新人脉的很好的机会，多结识几个朋友，在回到各自的岗位上之后，还可以相互交流工作、相互促进业务能力提升，再往后说，可能有的人以后还会成为领导。此外，还有各类业务培训，都是建立人脉的很好的途径。如果在培训班担任班干部，用心为大家做好服务，人脉将会更广。

二是工作借调。这是认识上级单位同行、领导的绝佳机会。虽然借调期间的工作往往很辛苦，也很难有机会正式调入上级单位。但对于建立人脉来说，借调会有很多机会，如果得到领导的赏识，那你就遇到伯乐了，也就多了被举荐的机会。这对于你在本单位的发展，以及将来工作的调动，都有巨大的益处。

三是兴趣爱好。在业余时间多培养些兴趣爱好，也是融入某些圈子建立人脉的很好的途径。我喜欢书法，时不时向单位里擅长书法的前辈请教，向他们学习，带上自己的习作请他们点评。随着来往的增多，与同单位的不少前辈都建立起了良好的友谊，而他们有时也带着我去参加他们的圈子里的活动，从而认识更多人。

四是居家生活。不管是工作上，还是生活上，我们总会遇到需要别人帮忙的事。所以，不止工作上需要人脉，生活中也需要人脉。如快递小哥、钟点工、厨具维修工等，对于接触较多、人品较好的人，我都会留下他们的联系方式。来往多了，这方面的人脉也就建立起来了。平常我这些无心的布局，不曾想后来还发挥了不小的作用。有次与领导闲聊，说到家里的卫生好久没搞了，之前请的钟点工责任心不是很强。我当即推荐了一个我熟识的、领导家乡的大姐，把他家里的卫生搞得妥妥的。

10
如何坚持理论学习和实践转化

我是机关里的一名工作人员，近期单位组织了"不忘初心、牢记使命"主题教育，发了许多理论学习的书籍，我粗略翻了一遍，感觉到里面的分析特别透彻，对全面了解世界、国家形势和把握大政方针很有意义，但是有几个具体问题还想请教：一是对理论学习的重要性能够认识到，但是很难坚持下来，特别是认真阅读原著，感觉读不下来，该怎么办？二是对如何用理论指导实践感觉比较迷惘，感觉没有落脚点，该怎么办？三是对提高理论水平感觉很有必要，除了上级发的教育材料，还有什么推荐的书目？

你提出的这个问题很有意义，说明你对这个问题有很深的认识和思考，学习达到了一定的高度。我结合自身的学习和实践，谈一点粗浅的看法供你参考。

第一，关于长期坚持学习的问题。

难以坚持、难以持续，是学习理论初期普遍会遇到的问题。我也曾有这样的困扰，在有计划有目标的同时，为保持学习的兴趣，我采用了如下办法。

一是跳跃式学习。优先选择自己感兴趣、可读性强的篇目学习，而不是从头到尾一篇接一篇地往下看。

二是停一停。感到疲倦或学习效果不好时，可以暂停一下，休息一下，转换一下思维，再继续学习。

三是想一想。一边学习一边思考，为什么要这样写？如果是自己，会不会用这个思路？想一想背景，想一想含义，往下读的兴趣自然就会提高。

四是反复学。有时我们感到一篇理论文章枯燥无味，主要是没有理解它的含义，反复读几遍，仔细咀嚼，理解了它的含义，兴趣也就来了。

五是结合学。在学习理论的同时，如果了解理论创立者的生平、传记、年谱等背景，就会加深对理论的理解和消化，这样做很有帮助。

以上这些方法对坚持学理论、深入学理论有比较大的帮助。

第二，关于理论指导实践的运用。

理论影响的是我们的世界观和方法论。学习好理论，它会使人视野的高度、思维的深度达到一个新的层次，使人的胸襟更宽、思路更广，认识问题、分析问题、解决问题的能力、水平和方法也会更好更多。

理论指导实践是无形的、潜移默化的，犹如润物细无声的春雨，在不知不觉中发生，随时随地都在影响着我们的思维方式和解决问题的方法，影响着我们说话、做事、待物接人的方式。比如，经常说某个人有气质、有涵养，某个人讲话有水平、有高度，某个人解决问题有能力、有办法等，这实际上都是一个人理论素养外在的表现形式。

将理论与实践相结合，用理论指导实践，用理论帮助解决具体问题，不是拿着理论按图索骥，也不是我们拿着问题到书本中寻找答案。虽然理论中没有解决某个具体问题的答案，但它实际上已经化作我们在实践中的思维、思路和具体行为。比方说，我们在工作中提出抓重点、抓特点、抓亮点，就是运用了理论中抓主要矛盾的方法。

还有，我们经常在工作中会看到这样的情况：有的领导遇到问题办法很多，一下子就把问题解决了；而有的领导面对问题束手无策，想不出办法。这其实也能反映出一个领导的理论素养高低。那种拿着问题去找理论的方法，是机械的形式主义，这样不仅不能解决现实问题，还会衍生出其他问题，在历史上也是一贯反对的。

第三，关于学习理论的推荐书目。

除了大领导的文集文选，推荐的书目还有《中国哲学史大纲》《学哲学　用哲学》《辩证法随谈》《务实求理》等。

11
如何提升人事工作能力

我刚刚接触单位的人事这块，想提高自身职业素质，更好地担任起单位的人事工作。想和您请教下，具体需要从哪些方面开始学习？

全面了解单位情况是人事工作的基础，牢牢地掌握政策、程序是人事工作的根本，也是保护自己的法宝。人事工作关系着每个干部、职工的切身利益，任何细节都不可马虎。

第一，要学习人事方面的相关条例规定。

这两年，中央修订了很多条例规定，这些新条例一定要先掌握。有条件的话，可以从组织部找一找，或者自己整理这些人事文件的汇编。我们这里的组工干部，都是人手好几本政策文件汇编，都是标记了又标记的，重要的条款还要背下来。不知道你是省级或是市级的，最好将省级、市级的人事文件一并收集学习。在以后的工作中，也要注意将收集到的人事政策文件进行整理归档，以备查阅，不断完善你的"工具书""百宝箱"。

第二，要学习具体人事业务操作程序。

政策文件是依据，但干好工作还需要了解业务程序。对于一些常规的、个人比较看重的、密切关系领导的人事业务，比如推荐考察、人事档案、个人事项报告、职级并行等，要抓紧学习，其他的也要陆续跟上。首先，从政策文件中学习，特别是一些细则和地方文件，比较注重实操性，是具体业务的基本遵循依据。其次，注重向前辈学习，多向他们请教，要多听多看，不懂的多问。然后，多请教上级组织人事部门，密切沟通联系。最后，善于请示主管领导，听主管领导安排，跟主管领导学习。

第三，要全面了解单位所有人事情况。

人事工作的对象是人，所以要将单位每个人的情况了解清楚。花名册里的基本信息要清晰、清楚，编制职数空超情况要张口就来，主要领导的用人方向要掌握，副职的特点、同事的想法也要留心，等等。这些都是做好人事工作的基础,不仅要学,还要记。说不准什么时候,领导就会问起相关情况。同时,一些人事工作的专业术语和内涵,也要掌握清楚。

12 理性判断思维和独立思考能力是怎么炼成的

你好,请问该如何学会、深化理性判断和独立思考?

一个人的理性判断思维和独立思考能力,来源于阅历的沉淀、知识的积累、环境的熏陶等方面,是各种因素融合的结果,看似神秘莫测,其实唾手可得,正所谓"大道至简"。

第一,从思想境界上来说,要追求"静"。

静则悟,悟则生慧。要想心静下来,行动上就要慢一些,并要学会控制自己的情绪。走路要慢,这样心情不会急躁;说话要慢,这样才有机会归整逻辑。通常,走路风风火火、说话匆匆忙忙的人,遇事会比较慌乱,一旦慌乱就失去了理性,也无暇去思考,也就容易犯错。

第二，从方法技巧上来说，要坚持下功夫。

说到方法技巧，不外乎从想、读、写三方面下功夫，坚持下去你就成功了。

一是多想一想。把思考当成一种习惯，遇事要多思多想。要试着独处，给自己留一些空间。特别是晚上的时候，一个人对着窗外或天空发一下呆，你会有意想不到的收获。刚开始，也许会思绪乱飞，最终会百途归一、条理清晰。这个时候，你应该会感叹，大自然是神奇的，造就了晚上的寂静，为我们提供了思考的绝佳环境。要试着往深层次去想，把每件事想得越透彻越好，要牢牢地把握住事前、事中、事后三个环节。事前，要把事情的前后流程在大脑里过一遍，思考需要准备哪些事项、如何安排部署、有没有更好的方式，以及如何做到极致。事中，要考虑一下目前的策略能否实现目标，是否需要调整方法。事后，复盘推演，再把事情的前后流程在大脑里过一遍，思考自己的行为举止是否完美，认真查找缺陷和不足，总结出最优方案。

二是多写一写。书写的过程就是深入思考的过程，可以写日记，也可以写文章。如果是写日记，可以写今天都做了什么事，遇见了什么人，哪里做得好，哪里做得不好，一条一条列出来。把写日记这个小事作为切入点，慢慢培养出条分缕析的能力，逻辑思维自然也就形成了。如果是写文章，可以给自己定一个目标，每半个月或者一个月写一篇文章，把最近一段时间对于工作和生活的感悟写下来，从而锻炼一个人的思维和思考的能力，因为你对文章的谋篇布局、起承转合，都需要深思熟虑。

三是多读一读。试着远离手机，每天读几页书，最好是纸质版的书，会让你神定气静，对事物的观察也更全面和敏锐，有种恍然大悟的感觉。可以多读哲学方面的书籍，因为生命中的一切问题归根结底都是哲学问题。如果不愿意读书，可以看一些谍战片和宫廷剧，故事的错综复杂、情节的跌宕起伏，能提高我们对事物的敏感性、对周围事情的细微观察能力、对事件前因后果的分析能力，这对于我们提高思考能力有很大的帮助。

13 如何成为优秀的后勤"大管家"

我在基层工作一段时间后，今年被调到机关做内勤，性格略内向，但一直在大家面前表现出积极、乐观、勤快的一面。目前我感到困惑的是，我的工作能力一般，人也不够聪明。领导提醒我这个岗位相当于"大管家"，要想得周到一点。周围的人也乐意教我，包括怎么说话、怎么积累文章素材。但是，对于别人来说很简单的事在我这儿都要弄很久，我很难过。我应该怎么办？

根据你的描述，有几点建议供你参考。

第一，要有信心。

通过描述，感觉你是一个为人非常诚实、工作非常踏实、人品非常忠厚、让人放心的人。组织上之所以把你调到机关内勤这个重要的岗位，正是看中了你优秀的品质；大家愿意主动地帮你，也觉得你是一个值得信赖、交往的同事。这既是你的本质，也是你的优势所在，更是做好工作、取得领导和同事信任的前提，很多人在这方面并不及你。因此，不要过于纠结自己不聪明、能力一般，而要在工作和生活中大胆展示自己具有优势的一面。

第二，多学多干。

事无诀窍，熟能生巧。刚到新岗位，对工作还不熟悉不了解，要想成为一个优秀的后勤"大管家"，需要一个过程，这并不能表明你做得不好。人，没有生而知之，只有学而知之。不要有顾虑，多向身边的同事学习、请教，不懂就问，遇事多向领导请示汇报，不擅自做主；平时勤快点儿，上班早到一点儿，下班晚走一会儿。这样干多了，就有套路了，效率就提高了。

第三，多思多悟。

对那些干得既好又快的领导和同事，要多观察和揣摩他们工作的思路、方法，在心里多问几个为什么，设想如果是自己干又会怎么样。这样经常在大脑里比较、反复揣摩，就会取长补短，把别人的经验变成自己的智慧。

第四，反思总结。

最好在工作之余养成写日记的习惯，每天晚上睡觉前，把自己一天做的工作在脑子里过一遍，看哪些地方做得好，哪些地方要改进，并把它们记录下来，该发扬的发扬，该改正的改正，这对提高人的思维和思考能力很有好处。天长日久,你就会在不断地总结完善中提高,就会比别人干得更好。

14 如何提高悟性

在工作中,如何提高悟性?

所谓悟性,是指一个人对事物的感知、洞察、理解、分析和判断的能力和智慧。悟性高的人,一般会有一叶知秋的敏感、见微知著的敏锐、触类旁通的敏捷等特点。具体到工作中,在事情还未见端倪的时候,就能够迅速读懂别人的表情、看懂别人的情绪、捕捉别人的想法。那么,应如何提高悟性呢?

第一,要多读书。

知识和见识是悟性的基础。只有博览群书,广泛涉猎,拓宽自己的知识面,才能增长自己的见识。尤其是哲学方面的书,能提高一个人洞察和分析事物本质的能力。

第二，要多干事。

实践出真知，不经一事不长一智，读万卷书，行万里路。既要多学又要多干，经历越多，阅历越丰富，无论是遇到挫折或是挑战，都能积累经验，总结出智慧。悟性，也是从实践中感悟出来的。

第三，要多观察。

在工作和生活中，要时时处处对事物保持好奇心，善于探索，凡事在心里要多问几个为什么，在观察中进行分析。

第四，要多思考。

悟性是跨越表象直达本质的认知捷径，它融合了直觉、经验与创造性思维。对于一个事物，不仅要看到它的表面，而且要深究它的内在，在思考中提炼升华。

悟性重在一个"悟"字。培养悟性，更多的要依靠每个人自身的体会、感受和心得，一句话，就是要时时处处做一个有心人。比方说，通过领导修改的会议纪要，总结出问题描述要点及解决方案的范式。那些当一天和尚撞一天钟、从不用心去感受和体验生活、对身边的事漠不关心的人，很难悟出什么道理来。而认真学习、细心观察、用心体验的人，就能很快提高自己。

师傅领进门，修行在个人。提高悟性，不是一天两天的事，应重在平时的积累。老师只能教你解题的方法，而不能直接向你输入解题的智慧，因此平时要多学习、多积累。

15 如何利用好《求是》等参考资料

在我们的日常工作中,如何更好地利用《求是》等参考资料,以提高工作能力,改善工作效果?

像《求是》这样的杂志,里面多是理论文章,多少笔杆子如琢如磨,他们想应的景、想表达的态度,都是我们需要去学习和理解的。

看《求是》,主要看其三个方面,一是看标题和金句,二是看权威的表达,三是看对某个方面的理论问题或纲领性问题的论述。为了更好地看懂《求是》,可以参考以下三点改进的方法。

第一,读党报,学语言。

一是学习最基础的词。比如"坚持"这个词,最基础的用法是直接使用,但是党报的高级用法可能是"一以贯之""驰而不息",这就可以为你所用。

二是学习句式。党报的评论文章中,关于论述意义、论述重要性、论述措施、论述落实、论述担当、论述廉洁的句式,你都可以摘下来,将其改造后用于自己的文章写作。

三是学习金句。古语或名人名言,以及有哲理的句子在党报中都会频频出现，可以多参考。

第二，学习思维和逻辑。

从段落来分析，党报的一段话是怎么构成的？到底讲了几层意思？比如，第一句是主题，表明了观点，后面可能会从正反两方面讲重要性，接着指出问题，最后讲几条措施。其论述逻辑和公文写作有时候是一样的，读《求是》这类杂志，要多关注其思维和逻辑。

第三，就是学观点。

文章中肯定会有一些特别独到的观点，可以直接引用，也可以改造使用。比如，《求是》杂志中有篇《深入学习贯彻党的二十大精神 以中国式现代化全面推进中华民族伟大复兴》，这篇文章中写道："物质贫困不是社会主义，精神贫乏也不是社会主义。以中国式现代化全面推进中华民族伟大复兴，需要物质文明极大发展，也需要精神文明极大发展。"我们可以将这个观点进行改造，比如："我们要深刻认识到，物质富足、精神富有是社会主义现代化的根本要求。物质贫困不是社会主义，精神贫乏也不是社会主义。要不断厚植现代化的物质基础，同时大力发展社会主义先进文化，促进物的全面丰富和人的全面发展。"这段论述观点明确又清晰，而且很积极。

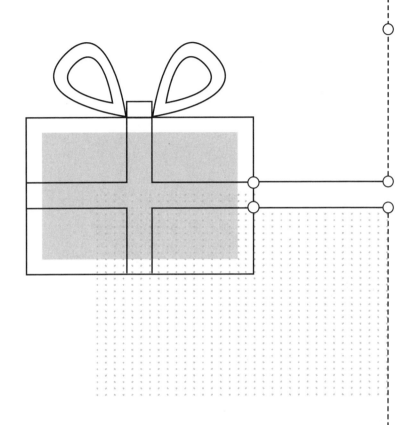

第二章

礼 节

01
小白跟领导吃饭，该怎么做

我刚来单位不久，对单位的情况还不甚了解。最近遇到了关于饭局的问题，就是跟领导一起出去吃饭，饭桌上的事我不是特别懂，业务方面也插不上话，全程几乎没有讲话，感觉特别尴尬。想请教一下，在饭桌上应该注意些什么？

作为一个新人，在业务领域肯定知道的不多，所以在跟领导出去吃饭时，不用谈论业务，也尽量避免谈论业务。这主要有以下三个原因。

一是因为业务不熟悉容易说错话，反而显得自己浅薄。

二是因为话太多容易抢了领导的风头，那置领导于何地。

三是因为不说话可以听他人说话，倾听也是一种艺术，不但能让他人有机会出场，自己也能从他人的话中学到很多东西。

所以，跟领导出去吃饭时，在饭桌上要少说话、多做事。也就是对其他不熟悉的领导，主要任务就是做好服务工作，具体做到"一少三多"即可。

第一,做到"一少"。

"一少"是指要话少。即尽量少说话、少插话,更不要打断领导说话。就算普通人之间聊天,打断别人讲话也很不礼貌,打断领导讲话会让领导觉得你这个人太不懂事。

第二,做到"三多"。

"三多"是指多动脑、多动手、多赞美。对于多动脑,就是要做到有眼力见儿,善于察言观色,主动帮忙;对于多动手,就是做好服务工作,不能干坐着不动,要及时地帮大家催菜、上菜、加水、递纸巾等;对于多赞美,主要是顺着大家感兴趣的话题说些赞美的话,以便大家展开话题深入地探讨交流,活跃气氛。

02 如何拒绝喝酒

我刚到一个新单位并且进入班子,在某次饭桌上,领导偏要我喝酒,但是我没酒量,喝不了,担心以后还会遇到很多这种情况,请问怎么拒绝比较得体?

在生活上，难免会遇到喝酒的情况。如果自己有点儿酒量，那就稍微喝点儿助助兴。如果自己没有酒量，或者真的不想喝，那就提前准备好托词，以避免劝酒的人尴尬。

话说回来，领导之所以坚持让下属喝酒，有可能是兴致盎然，这样说来主要还是因为对你不了解，那么你可以从以下方面分析和应对。

第一，事出有因。

因为你才刚到一个新单位，领导对你的为人和酒量都不了解，所以才劝你喝酒，这个时候解释是没有太多效果的。提醒一点，最好不要直接拒绝。这样会让领导下不来台，就相当于当众驳了他的面子。当然，如果你有酒精过敏反应，那就要说明实际情况了。相信你们领导会考虑到你的人身安全问题，也不会再为难你。

第二，事前汇报。

如果你担心领导还会对你劝酒，你又不想让他下不来台，最好的办法是，在酒局开始之前，你通过个别的方式悄悄向他汇报，实事求是地说明情况，坦诚、坦荡地解释原因，此时他就会理解和谅解你，也就不会勉强为之。

第三，做到"三个一样"。

在随后的时间里，无论在何时何地何种场合，只要你坚持不喝酒，并且做到"三个一样"，即对内对外一样，表里一致；对上对下一样，不分亲疏；今天和明天一样，没有时间差，你就会打造出"不喝酒"的人设和形象，大家口口相传，就都知道你不能喝酒了，也就不会再劝你喝酒了。

03
酒桌上的小白如何敬酒

本人是酒桌上的小白,没有参加过酒桌这样的活动,不知道有什么要注意的,想请教一下饭局上敬酒的问题。

过段时间我们单位的大领导和二领导要宴请某个兄弟公司的 4 位客人。但大领导的业务太繁忙了,在宴请这 4 位客人的同时还有一个饭局,所以他中途需要去另一个饭局,接下来会由二领导来主持这次宴请,除了这 4 位客人,其他都是我们自己单位的人。我想请教一下敬酒的顺序应该是怎样的?有哪些注意事项?

在酒桌上必然会有"酒",有酒就会有敬酒。敬酒看似端起酒杯再说句祝福语这么简单,其实不然。酒桌上敬酒的问题,其实也是有讲究的,如果敬错人或者说错话,那可能会给人留下不懂礼仪或没有礼貌的印象。因此,敬酒有很多要注意的问题,对此我们主要讲两个方面。

一方面,敬酒时要注意顺序。

我们中国人都比较讲究礼仪,而且热情好客。在招待客人时,通常都是客人为先,使客人有宾至如归的感觉。在酒桌上也一样,也应该是先敬客人,再敬自己人。无论是客人还是自己人,均按职务高低逐人敬酒。

对于不熟悉你的客人，你可以先简单地自我介绍，比如"领导好，我是××单位的小×，我敬您一杯，以后请多多指教"。这样领导既认识了你，同时也会觉得你很有礼貌。对自己单位的领导，你可以这样说："领导，我敬您！感谢领导平时对我的关照。"

另一方面，不敬酒时搞好服务。

在酒桌上，敬完酒大家要坐下来交流，这中间不能冷场，不然很尴尬。所以，不敬酒时，要注意察言观色，做好服务工作。

一是帮忙向服务员催菜、找服务员帮忙换骨碟。

二是帮忙添茶、倒水等。

三是新上菜品时要让领导先动筷，不乱转桌。

四是表情自然，多倾听少说话，更不要打断别人尤其是领导说话。

五是餐桌上不要有咳嗽、打喷嚏等小动作。

六是餐后帮忙送客，如客人有车最好送到车旁。

04
组织饭局的范围和技巧是什么

前段时间在某部跟班，现在到新单位了。跟班期间所在处室的领导给了我很多帮助，为表达感谢，想请他们吃饭。这条线上有四个人，性格都不是很活跃的类型,我作为女生也不擅长组织饭局,担心吃饭时气氛活跃不起来,自己做得不周到,到时候会出现冷场。

现在有两点疑问想要请教您。一是请客的范围,我是只喊这四个人,还是把现在单位所在处室的领导也喊上?二是组织饭局的技巧,组织这种饭局有什么需要注意的或者有什么技巧?既让大家感觉自在舒服,又能感受到我的诚意。

尘埃:

组织这次饭局,的确要考虑周到。如果原领导和现领导都在,既能感谢原领导,又能致敬现领导,可以较好地从原来过渡到现在,也方便以后的工作。既然有原领导也有现领导,那么必须贯穿一条主线——对原领导表达谢意,对现领导表达尊敬;必须坚持一个原则——从细处着手。

第一,关于范围。

你组织这个饭局的目的是感谢原领导,那么这个在饭局中必然要有体现。至于喊不喊现任领导,也要从大局考虑,独乐乐不如众乐乐。最好把现领导喊上,并让其主持饭局,这样可以起到一举多得的作用。

一方面,既宴请了原领导,表达了谢意,也让现领导知道你是一个知恩图报的人。原领导在饭局上肯定会对你大加赞赏,会让现领导更加了解你的为人和优点。

另一方面,你让现领导主持饭局,表示了对现领导的尊敬,也会获得现领导的好感。同时,现在的领导肯定会在饭局上极力调动和活跃气氛,可以避免冷场。

第二，饭局前准备。

准备工作主要包括以下三点。

一是礼貌的问询。最好咨询下现在的领导是否要再叫上其他人，以及在哪里用餐比较好。要表达出尊敬之意。

二是及时告知。在确定好时间、地点之后，要及时告知原领导和同事，并咨询喜欢什么菜品等，简单的一句咨询就显示了你的良好修养。

三是菜的品质。可以稍微点一些上档次的菜，再加上一些有品位的酒水或其他饮料，虽然大家未必看重这些，但有时候确实需要这些物品来撑场面。如果你知道原领导和现领导喜欢什么菜肴和酒水，那就更好了。

第三，饭局中的事。

紧紧抓住此次饭局的主要目的，感谢原领导，致敬现领导。

一方面，要对原领导和同事多表达谢意，但也不能一直说"感谢感谢"这样的话，这样的话说起来会比较干涩，也会让人家听起来觉得比较客套。因此，可以讲述一些特别打动你的事或者其他点滴的小事，见人见事更能打动人心。

另一方面，要对现领导多表达尊敬之情，请其以后多多指点和帮扶。同时，在服务上要热情周到，及时添茶倒水。

第四，饭局后的事。

饭局结束半小时后，根据大家的距离远近，要及时联系领导和同事，确认是否安全到家，并再次表达谢意和尊敬之意。作为女生，在整个过程中，要表现得落落大方，既热情又适度。

05
工作关系的饭局是否要主动自费买单

请教一下关于买单的问题。我们单位下属的一个外省二级单位有五六个人下周要过来我部门办事,可能下班前就能办完,但对方提议晚上一起吃饭,而且点名要吃海鲜。根据本地海鲜的行情,一餐饭的费用加上酒水估计要三千到五千元,因为八项规定,我们出去吃饭都是自费,不开票。而我跟他们都是工作关系,没私交。关于吃饭,我是否需要尽地主之谊,主动买单?感觉不买单不太好意思,但是若买单,感觉掏私人腰包办公家的事情,也没有多大意义。那么,买不买单有什么利弊得失?

大家聚在一起吃饭,是想要吃得开心,聊得顺意。家人、朋友聚在一起是情感牵绊,可以畅所欲言;领导、同事组织在一起是有工作洽谈,为了更好地合作。而只有工作纽带联络的饭局,不但吃得尴尬,而且花得冤枉。根据你的描述,你跟对方只有工作关系,没有任何私交,而且这么多人,感觉没有必要去参加,更没必要自掏腰包主动买单。

既然人家已经提前打好了招呼,看来也不方便拒绝参加,提供以下几点建议,仅供参考。

第一，公事公办。

既然是单位下属的一个外省二级单位的人过来办事，那就是公事，公事就公办。你只要热情地接待，饭局上主动交流，根据客人的咨询热情应答，主动介绍本地的主要文化、饮食资源等，按规定把事办好，这个地主之谊就尽到了。

第二，谁请客谁买单。

根据上文描述，是他们主动邀请你一起吃饭，连吃什么都定了，完全是一副请客的派头，你没有必要去抢着买单，更没必要为不买单感到不好意思。

第三，看人数。

虽然说他们到你这里来，你理应请客，但是他们人多，而你人少，因此你不买单也在情理之中。从人情世故上看，这也是说得过去的，无可厚非的。

第四，注意事项。

需要注意的是，这些人如果打着以汇报工作、方便办事而请领导吃饭的名义回去报销，到时候万一东窗事发，你有可能受到牵连。因此，像这样的饭局要谨慎参加。

另外，还需要注意，如果你参加了，建议找合适的机会适当提醒注意规矩、纪律（一般公务人员都有较高的政治素养，尤其是新时代，极少出现这种现象）。

06
去同事家吃饭，要不要带伴手礼

 问

你好，我想请教一下关于吃饭带不带"伴手礼"的问题。我们办公室有一位同事请我、另外一个同事和主任到她家吃饭，用不用买一些水果之类的？

 石头哥：

去别人家尽量不要空着手。切记：即使是再熟悉的朋友，也要带点伴手礼。这既是重视，也是尊重。买点水果，或者给小孩买个玩具，或者带瓶酒等都可以。

第一，伴手礼是指在人际交往中，为了表达感谢、增进友谊、加强互动等所赠送的礼品，是具有仪式性和祝福性的一种礼物。带伴手礼可以表达对他人邀请的感激和感谢之情，这是一种传统的礼仪。同时可以增进友谊，通过赠送伴手礼，增进感情，尤其是在关键节日或重要场合，送伴手礼可以营造融洽和谐的气氛。

第二，在选择伴手礼时，应该考虑到接受者的家庭情况、文化背景、兴趣爱好和民族信仰等因素，以及礼品的实用性和适合性。常见的伴手礼有水果、巧克力、香水、花卉、茶叶、酒等。对方如果有小孩，可以考虑给小孩买个玩具。

第三，需要注意的是，尽量提前和其他参加的同事沟通一下，以免带的伴手礼重复或者雷同。最好能给主任也带一些，既显得尊重，又增进感情。

07 饭局中应注意哪些礼节

 问

您好，请问您都是怎么参加饭局的？应注意哪些礼节？有什么经验可以传授吗？

 王主任：

饭局分很多种，有朋友间的饭局，有同学间的饭局，有家庭聚会，有工作上的饭局，等等。而在工作上，单就组织者来讲，一种是自己领导组织的，另一种是别人组织的。

第一种，自己领导组织的饭局。

对于自己领导组织的饭局，领导让你来参加，肯定不是让你坐在那儿闷头吃饭，而是想让你做好招待服务工作，礼节到位，所以你要做好以下工作。

一是搞好服务。如果是我的领导组织的饭局，前面开场领导们敬酒的时候，我一般都在忙着催菜、倒酒、添茶、换骨碟等，做好各种服务。领导喝完一杯酒，我会及时地给他倒上，尽量不让他们的杯子空着。领导茶杯里的水，不会让它低于1/3，及时地续上。上了新菜，我会给身边的领导用公筷，及时夹菜。一些需要分碗装的，我会告诉服务员分碗盛好给领导端过去。骨碟里食物残渣多了，我会及时地告诉服务员，给领导们换骨碟。餐巾纸我一般都会打开，在每位人员身边放一两张，以备不时之需。

二是关于敬酒。我本身是有一点酒量的，但是跟领导出去，我一般都不会主动喝酒。等领导们基本上相互寒暄完敬完酒后，我也不会主动去敬酒，因为还有领导单个敬酒时间。领导敬酒，能喝完我就喝完，如果领导说你可以喝水，或者你就喝茶吧，我绝对是遵命照做。等领导们都敬过了，我会端起酒杯，按顺时针或逆时针顺序，从自己领导身边开始，逐一敬酒。对于没有打过交道的人员，我会简单地介绍一下自己，希望对方多多关照。对于比较熟悉的人，主要是叙旧，聊工作上的小事，感谢对方的帮助，最后到自己领导这儿结束。

三是及时买单。在饭局基本上快到尾声的时候，我会再问大家要不要加主食，招呼服务员下单和上主食等，然后找机会及时地跑下去买单结账。事后领导转账给我的时候，我从不推辞，因为领导一般不会占下属这个便宜。

第二种，参加别人组织的饭局。

对于别人组织的饭局，相对来说，我和领导是客人。虽然我不用再扮演服务者的角色，但这时我需要扮演配角的角色。哪怕是配角，也要兢兢业业地做好自己的工作，让对方感到我们的礼貌。

一是保持低调。如果是陪着领导参加别人组织的聚餐。我都会安静地做一个透明人，做好一个配角，领导不发话自己也不说话，领导不敬酒自己也不敬酒，即便别人敬酒，我也尽量少喝。我会默默地做好配角该做的事情，衬托出主角的光环。

二是察言观色。时时注意领导的动向和指示。如果领导说，王主任，你怎么不赶紧敬一下？我就会赶紧起来落实指示。如果领导一直没有叫我，我会根据情况，看要不要逐一挨个敬一遍，如果对方人员颇多，我可能不会主动站起来，就默默地坐在那里。

三是认清定位。跟着领导出去，不管是领导组织的，还是别人组织的，都有一个原则，领导是主角，你是配角。千万不要让自己喝多，否则谁照顾领导呢？领导又让你跟着干什么呢？

08
领导给我"送礼"，我该怎么办

几个月前，我到了一个新部门，新部门的领导比较认可我。今晚在单位加班，领导走后特意打电话告诉我说，出差回来带了特产小吃，叫我去拿。我从3盒中拿了1盒，表示接受领导的心意。在这种情况下，我就只接受就可以了吗？要不要表示感谢？我观察到部门领导平时比较喜欢喝茶，想回送一盒好点的茶叶，合适吗？什么时间节点送好呢？

领导给你送礼，自觉不敢当啊，大多数人的第一反应都是往外推，甚至态度坚决，拒不接受。殊不知，一次很宝贵、很和谐的上下级互动就这样被打断了。

对领导来说，对部下施以恩惠，是一种很常见的管理方式，如果你非得不收，这次对你的管理就失败了。换位思考下，即使作为普通人，准备的礼物送不出去，你难受不难受呢？礼物都送不出去，你让领导的面子往哪搁？

所以，这种小礼物，领导是真心希望你收下的。对你来说，收下领导的关心和恩惠，就可以与领导产生更多的互动。你可以借此机会，表达感谢和感恩，你还可以通过回礼进行反馈，其实这也算是一种良性的循环。

所以，再碰到类似的情况——你帮领导办了事或者你在工作上让领导很满意，领导通过施加恩惠的方式，送礼物给你表达认可和关心的时候，你可从以下几方面应对。

第一步，先表示推辞。

虽然说领导带礼物回来，但同事这么多，不好说带的够不够，万一领导只是客气，那就显得你太不懂事。这时可以先推辞下，如果确定领导是要给你的，那就大大方方地接受。例如，你可以这样说"不用不用、太贵太贵"，万一领导真的就是客气一下，这一步就能鉴定和甄别出来。

第二步,表示强烈的感谢。

领导通常工作繁忙,很难考虑到下属的心情。如果给下属带礼物,说明很体恤下属。不管是对你个人工作的认可,还是为了利于工作管理,领导毕竟是上级,这种慰问和关心还是很感动人的,一定要表达强烈的感谢之情。

第三步,事后反馈。

俗话说,礼尚往来。有来有往,交往才能更进一步。所以,在收到礼物后,也不要太受之坦然,可以适当地进行反馈。反馈有两种方式,一种是谈体会,比如对领导赠予的小东西、土特产,可以说说东西好用、特产好吃之类;另一种是回礼,比如,帮领导买东西,领导多给了20元,你可以在下午茶的时候给领导买一杯咖啡、酸奶、果汁,或者带个点心,增加互动。

09
春节如何给领导拜年

马上要到春节了,准备去给领导拜年,想请教一下什么时间比较合适?以什么形式拜年更好?

老部长:

春节是一个盛大而隆重的节日，这个时候大家都喜气洋洋，期待新的一年会更好。在这辞旧迎新之际，大家通常会去亲戚、朋友、领导家里拜年，聊聊家常，说点祝福的话，每个人都开开心心的。在给领导拜年时，有以下几点要注意。

第一，时间上，宜早不宜晚。

春节时，大家都会忙着拜年。所以给领导拜年，越早就会越主动，越晚领导越忙，去拜年的人也就越多，领导也就越不方便，因此，宜早不宜晚。

第二，情绪上，重在表达情意。

既然是去拜年，那就不要谈工作了，多聊聊生活上的事。重在向领导表达心意和祝福，让领导感受到你对他的用心和尊重的态度。但通常春节前后领导也很忙，所以不用聊太长时间。简单聊聊，表达下祝福，然后就可以告辞了。

第三，送祝福，不必拘泥于形式。

在工作上，每个人都希望进步；在家庭上，每个人都希望幸福；在学业上，每个人都希望有所收获；在生活上，每个人都希望自己和家人健健康康、平平安安。

从以上几点出发，表达自己的心意。至于是发信息还是打电话，或者是当面拜访，哪种形式都可以，只要是真心实意，领导都能感受到。如果是发信息，不建议群发，因为这能很明显看出来，不但没有真情实感，而且会让人觉得反感。在发信息时，要用心编辑，先感谢领导在工作上给予的支持，在生活上给予的关心，然后送上祝福，最后别忘署上自己的姓名，不然领导可能会误以为是别人。

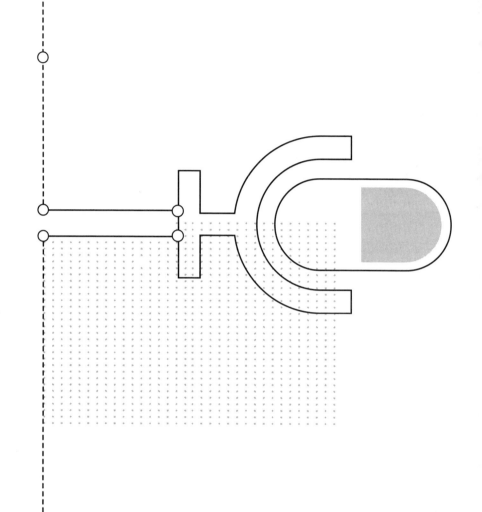

第三章

汇 报

01
向大领导汇报工作之前,如何做咨询方面的准备

我发现很多部门领导在向大领导汇报工作之前,都会先向秘书部门进行咨询,比如"工作指示出台的背景是什么""领导是否在忙"等,非常小心谨慎。此外,他们平时也会非常留意其他各种小道消息。但我总觉得这样给人的感觉有点不舒服,似乎太过于刻意、功利和心计。

我想请教一下,这种谨小慎微地"留意消息""咨询领导工作动向"的做法是否合适?这样做怎么把握尺度,才不会让人觉得刻意和功利呢?

在向大领导汇报工作之前,打听领导的工作指示或工作文件的出台背景,是为了更准确、更全面地领会领导的工作意图,以便于全方位收集与之相关联的素材,做好更充分的准备。因为像这样的工作汇报,与领导的沟通互动比较多,有时候领导会就相关的情况进行讨论和询问,如果准备不充分,可能会出现"一问三不知""似是而非"等情况,这样不但会让领导认为你没有好好准备,而且不利于领导做出决策,所以做好这方面的准备是很有必要的,这也是发散领导思维的有效方法。同时,平时还要注意留意和了解领导的工作动态,以便于部门或自己的工作紧

跟上级领导工作指示的节奏，防止出现上下脱节的现象。从工作上来讲，这样做是有必要的，因为这有利于工作更好地开展。

但是，了解领导的工作安排也是要讲究方法和技巧的，否则会弄巧成拙，引起领导的反感，反而不利于工作，具体可以注意以下四点。

第一，端正思想和态度。

无论是为了准确地领会领导的工作意图，还是为了紧跟领导的工作节奏，目的都是更好地开展工作。因此，首先要端正态度，动机要单纯，出发点是为了工作，而不是为了达到其他的目的，更不是为了一己之私，抑或是满足自己的好奇心，更不能让心思跑偏了、想歪了。所以，千万不要随意地去打探领导消息，把自己搞得畏畏缩缩，跟"上不了台面"似的。

第二，内容要突出工作。

在向秘书部门进行咨询时，可以向秘书讲明自己有某项工作要向领导汇报，大方地咨询领导的工作日程安排，同时请秘书给些工作意见和建议。因为秘书一直跟着领导，能更准确地领悟领导的思维习惯和工作方法，如果能听取秘书的建议，对自己的工作一定会大有裨益。在进行咨询时要切记：勿打听领导的隐私，更不要打听和传播一些小道消息，让人反感。

第三，方式要规范得当。

大领导对工作的安排，往往既有长远计划又有短期考虑，一般是一周一安排。如果我们为了保持工作方向上下一致，政策落实上下贯通，可以光明正大地向"两办"或秘书询问，而不要偷偷摸摸或通过非正规渠道私下瞎打听、乱打听。下级负责人一般只需了解上级主要领导和自己分管领导的工作安排即可，没必要把每个领导的安排和动态都打听得一清二楚。

第四,掌握时机和火候。

在进行咨询时,也要看时机,机会得当时容易获得需要的信息,否则容易事倍功半。例如,如果有别人正在汇报,那你就耐心等待,在等待的过程中可以简要了解一下有哪些人在汇报,但不要打破砂锅问到底。若遇有紧急情况和重要情况,需要立刻向领导当面汇报请示时,可以直接询问领导的方位和动态,以便根据领导的指示和安排尽快处置相关工作。

02
如何在第一次汇报时给领导留下好印象

工作一年了,我想去拜会下单位的大领导。因为是第一次见大领导,不了解领导的喜好,也不清楚领导的用人思路。请问如何汇报才能给领导留下好印象,并让领导对我产生推荐重用的想法?

因为是第一次见领导,你不了解领导的工作风格和用人思路很正常,但如果时间来得及,最好还是通过熟人了解下。如果来不及了解也不要太紧张。不管了解还是不了解领导,在见领导的时候都要表现出应有的尊敬和尊重,就像晚辈去拜见长辈,谁不喜欢有礼貌的晚辈呢?

第一,做好充足的准备。

凡事预则立,不预则废。第一次汇报最好做好充分的准备工作,提前了解领导的处事风格和工作思路,比如领导一般倾向于看重务实肯干的干部,还是综合协调能力强、素质高的干部等;同时尽可能地展现自己的特长和优点,获得领导的关注或留下深刻印象。

第二,汇报形式要齐全。

在汇报形式上,最好能准备口头汇报和书面汇报两个方面内容。书面汇报是为口头汇报做补充说明的,以便领导全面地了解你。因此要准备一份全面的书面汇报,并附上你自己的简历,这样领导在听你口头汇报的时候可以通过书面材料全面深入地了解你,从而做出判断,为后面进一步任用打好基础。此外,在汇报内容上,领导可能会问到你的家庭生活、学习经历和工作经验等方面,这些也要充分准备、如实汇报。

第三,树立精干的形象。

口头汇报要简洁、明快,这样会给人一种干脆利落的感觉。口头汇报时,逻辑思路要清晰,语言表达要顺畅,对于要点最好逐条列举,比如可以采用1、2、3等序号形式列举。不要说废话、不要结巴重复,要表现得落落大方且充满自信,切忌扭捏做作。针对领导询问的问题,汇报要突出重点,详略得当。可以重点突出这几年工作的成绩、特色和亮点,比如你牵头或者亲自抓的亮点工作、你写的精品文章,抑或是宣传较广的事迹等,以工作实绩来强化自己干练的形象。

第四,委婉地表达诉求。

在向领导汇报工作时一定要带好笔和本,这既表达了对领导的尊敬,又展示了对汇报的认真和重视,同时,也方便及时认真记录领导的指示和要求。在记录时要明确表态,会根据记录认真、坚决地落实领导的指示要求或指导指教。听完领导的指示后找准汇报时机,婉转地表达自己想要进步的愿望、想承担更艰巨任务的决心,恳请领导关心关怀和压担子。

03 如何汇报才能被领导备选为提拔重用对象

我所在的单位工作氛围积极,领导比较重视工作出"特色""亮点",不太侧重"规定动作"。我应该如何调整适应,才能改变"领导有活就叫你,擢升备干不优先"的被动局面?虽然之前采用过"多找领导汇报"的方式,但是,我发现很多时候找领导汇报,又会领回一堆任务。如何汇报才能让领导有意将自己选为备用人才呢?

现在你要解决的最大问题,就是从心理上真诚地认可领导、接纳领导、信任领导,这是前提。如果离开这个谈工作,那就是舍本求末,缘木求鱼。根据你的描述,有以下几点建议供你参考。

第一，要有规矩意识，认清角色定好位。

俗话说，"在其位谋其政，任其职尽其责"。无论是思想意识还是实际工作，都不能定错位，决策是领导的事，工作和落实是下属的事。在任何工作中，都要有规则意识，即要准确地把握角色定位，踏实干好分内工作，落实好领导的安排部署，这个无须思考得太过复杂。

第二，认真领会领导意图，做实做细并做好。

很多人会进入一个误区，就是觉得自己什么都懂，而对别人指手画脚。其实，这样是很自我的表现。一个人但凡做某件事，那自有他的道理。如果仅从一面来评判他人，那么这是很片面的。在工作中也一样，领导做出某个决策也自有他的道理，我们不能站在自己的角度，通过自我认知来评判领导的决策优劣，更不能以你自己的好恶来选择性落实。领导之所以被擢升，自然有其过人之处。你对工作落实的情况，他一定会看在眼里。任何言不由衷、表里不一的行为，都会被看清的。所以，要尊重领导的想法，认真踏实地干好自己分内的工作。至于以后对你的提拔，他心里也是有数的。

第三，汇报一定要带着感情，带着真诚。

向领导汇报工作是为了更好地推动工作，同时也表达了对领导的尊重。汇报工作可以让领导了解你的工作进展、你的人品和能力，从而更加了解你、信任你。汇报是主动的，而不是被动的，不要为了汇报而汇报，更不要像机器人一样进行程序性的汇报，这样的汇报是没有任何意义的。此外，不要害怕汇报时又领回许多任务，坦率地讲，即便你不汇报，该安排给你的工作，领导肯定还会安排你去做。对于领导安排的工作，要表现出愉快地接受、坚决地落实的态度，并做到件件有结果，事事有回音。

只有这样，领导才会从心底里看重你、信任你。

第四，把工作和生活有机地结合起来。

在工作上，可以通过具体工作汇报、具体事项寻求指导等方式，加强和领导的联系，加深和领导的交流，让领导看到你的能力；在生活上，可以通过诸多细节联络和增进与领导的感情，比如通过聚餐、工会活动等，让领导了解你私下的为人处世。

04 如何向领导恳谈汇报，推动个人进步

单位正值改革期，接下来要确立新领导班子。我作为年轻又积极的中层女干部，很受新领导重用，这次有机会被提拔至副职。我该如何和领导恳谈一次，表达在他的领导下好好开展工作的决心？另外，作为新婚夫妇，我和老公没有原则性问题，但一直磕磕绊绊地争吵不断。这次争吵后，我老公感觉心灰意冷且有离婚打算，如果领导问起家庭问题，该怎么和领导表态或表达不会让家庭问题影响正常工作，不影响个人发展呢？

一个人不管处在什么位置，都会有情感需求。即便是领导，也会有

感情。所以，谈心时一定要表达出自己真诚的态度、真实的情感、真心的谦恭和真情的语言，这样才能真正触动领导的内心，打动人、感染人，收到更好的效果。提拔在即，直接跟领导恳谈一次很有必要，可以重点围绕以下"四谈"来展开。

第一，谈感谢。

感谢不是表面上客套的说辞，而是发自肺腑地表达感谢，感谢组织的培养和领导的重用，心怀感恩，要多方感谢，尽量照顾全面，显示出一个有潜力的干部的格局和大气。还要突出重点，主要感谢领导的关心和厚爱，给了自己工作上的指点教导和生活上的关心关照等。

第二，谈感受。

找到小的切入点，从工作上的小事谈起，重点扩展到在领导身边工作耳濡目染，尤其是从领导开阔的胸襟、宽广的视野、渊博的学识、公正无私的品格中受到教育、得到启发、增长见识等，才使自己有了较快的成长和进步。总而言之，要把领导对自己的成长和进步有形或无形的影响都表达出来，拉近彼此间的距离。

第三，谈表态。

前面表达了对领导的感谢和感受，不要让领导误以为你是来求人办事的，所以，在表达完感受之后要表示大恩不言谢，明确表达以后想继续跟随领导的步伐努力工作和认真学习的决心；此外，要表明自己珍惜领导提供的机会和平台，以后与领导同频共振、保持一致的诚心；还要表明自己将不遗余力、勤勉工作、不负厚望的信心。要让领导知道你将严于律己，树立好党员干部的良好形象等。恳请领导一如既往地严管厚爱,经常敲打指点,修枝剪叶。

第四,谈家庭。

如果不涉及离婚,领导若问起,可以轻描淡写,就说两人之间有点小别扭,经过沟通已经得到圆满解决,不会影响自己的情绪,更不会影响工作,请领导放心。如果涉及离婚,则属于个人重大事项,就要主动向组织和领导汇报,说明情况,并按个人事项报告的相关规定填报。

目前,无论是社会环境、组织还是上级领导,对个人问题的包容度都是很高的,也会正确对待,只要如实按规矩报告,一般不会影响干部的个人任用和成长进步。

05
和领导聊天增进感情的技巧和注意事项有哪些

因为工作中的业务问题,有时要和分管领导、主要领导、上级部门领导或县领导一起乘车。尤其是和分管领导,我们经常会同乘车且时间在1个小时左右。在同乘期间,该怎么沟通交流?有哪些常规注意事项?在路上,有时候上级领导会问一些工作上的小事情,该怎么合情合理、有分寸地回应?

跟领导聊天，看似与工作无关，不是什么大事，但如果聊好了，就可以拉近与领导之间的距离，强化与领导之间的沟通，增强领导对自己的信任。这也是工作之外同领导密切联系的有效方式。具体有以下几点建议供参考。

第一，要突出领导这个中心。

跟领导聊天不能像跟朋友似的随便聊，毕竟领导是自己的上司，聊工作是不可避免的，不管聊工作还是聊其他，都要突出领导这个中心。一是要围绕领导所关心和关注的工作聊，一般领导都比较看重他分管工作的成绩，可以此为主要话题；二是围绕领导的兴趣爱好和特长聊，有的领导擅长书法，有的领导擅长绘画，有的领导擅长体育项目，可围绕相关内容多夸奖；三是围绕领导的工作讲话和活动聊，比如最近他在哪个会上讲话的影响力大、反映效果好，在哪个杂志上发表的文章影响大、质量高；四是向领导请教问题，对于领导比较擅长，而你又不太懂的问题，可以谦虚地向领导请教，请领导指点帮助，类似这样的话题很容易激发人的兴趣。

第二，要善于察言观色和随机应变。

在聊天过程中，通常领导是主角，他会主导着聊天的进程，下属是配角，配合领导推进聊天进程。如果领导聊天的兴致高，可以多聊；如果领导聊天的兴致不高，可以少聊或不聊。领导说话的时候不要插话，要避免打断领导说话，否则会让人觉得很没礼貌，更不要为了显摆自己而对领导的某个观点进行纠正或争辩，这可能会让领导觉得很没面子，也显得自己很浅薄。

第三，平时要多积累多做功课。

在平时的工作和生活中，要多用心观察、学习。一是要了解工作中的业务,对领导的分管工作和部门要多了解,对相关部门和相关工作的动态也要多加关注,可以知道他近期的工作内容和主要任务。二是要了解领导的兴趣特长,在集体活动中可以多观察,从中发现领导的特长和兴趣爱好等。通过平时的观察积累就会找到共同话题,这样聊起来才能产生共鸣。

第四,要注意聊天的忌讳。

切记:不要认为聊天就是聊生活,不能像跟朋友聊天似的口无遮拦。领导永远是领导,不要在聊天时失了分寸。要谨记四不聊:不聊领导私事、不聊他人是非、不聊小道消息、不聊领导之间的恩怨和敏感问题。

06 如何找大领导主动汇报工作

我在一个国企的办公室工作,单位的一把手大领导对我还是挺好的。一直想向他汇报一下自己的工作及思想动态,让大领导更了解我,但不知道具体采用什么方式合适。如果我要汇报个人的工作及思想动态,应该具体从哪些方面入手?毕竟我的工作一般都是向分管的办公室主任汇报。

你的初衷是很好的，主动找大领导汇报，有利于加强与大领导的沟通。沟通是人们日常交流和解决问题的重要手段，主动找大领导汇报，既可以增进大领导对你个人的了解，又可以增强你与大领导的联系，有利于提高工作效率，还能够提升你个人的自信心和自尊心，增强自身价值感。

第一，关于"怎么聊"。

首先找一个合适的契机，比如借着生活缘由或一些特别的工作去找大领导，更合情合理。毕竟你们之间隔了办公室主任一级，越过办公室主任而直接主动地去找大领导，显得你的目的性很明显，也比较牵强刻意。而如果有了契机和引子，再去找大领导汇报工作就显得比较自然，而不会太突兀了。比方说，过完春节从老家回来，给大领导带了点特产（当然别忘了给办公室主任带，只顾上不顾中是大忌），趁大领导在办公室且没人汇报的时候送过去，若见他不忙，可趁机坐下来多聊几句。再比方说，有个文件需要他签字，签完字后，你可以简单地介绍下文件内容和工作心得，然后再自然地引入话题，汇报最近的思想动向。

谨记：不可以直接冲到大领导的办公室说"我想跟你聊聊"。

第二，关于"聊什么"。

跟领导进行汇报，除了汇报工作也可以汇报自己的个人想法。

一是感恩，感恩领导对你的指点，让你在某项工作中茅塞顿开，少走了不少弯路。

二是体恤，通过某些工作的曲折性，了解到当领导真心不易，其高屋建瓴的角度是很多下属不能理解的（这个话题特别容易引起领导的共鸣）。

三是困惑，针对自己对某项工作的疑惑和不解，希望领导能指点一二（一定要是领导擅长或出彩的领域）。

四是成长，自己经过这段时间的磨砺，思想上有哪些进步，工作能力有哪些提高，希望领导能继续指点指教（这种台面上的话比较空，说一两句就行）。

五是崇拜，要表达出对领导能力的佩服，比如"早就听说您20年前就是单位的笔杆子，而我恰恰在写作上比较弱，一直将您视为偶像，希望您多多指点"，领导们通常对此都很受用。

第三，关于"不能聊"。

在跟领导汇报时，不要刻意与领导拉近关系，也不要对领导评头论足，注意有些话题不能聊。

一是不能聊主动站队的承诺，有的话说出来就变味了，比如"今后您让我干啥都行"，类似的表达千万别随便说，细品则会发现不合时宜。

二是不能聊别的同事对他的负面评价，比如"小张说您太严厉了，我觉得您挺好的呀"，随便出卖同事，只会降低自己的人品口碑。

三是不能对领导的工作做出评价和建议，如果乱提意见，领导哪怕表面上点头微笑，心里也会不爽。

四是不能跟领导谈条件，对于什么调动、提拔、到基层去等，这些都不是第一次汇报就该提的，在领导了解到你的能力后，不用你说，领导自然会主动询问你。在领导不了解你的情况下，说了也白说，还容易引起反感。

07 如何选择打电话还是发信息汇报工作

我原来觉得领导很忙，会经常开会或听汇报，导致电话接不到或不方便接听，所以有些工作，我就用微信或短信去汇报。但存在的问题是，很多工作我以发信息的形式汇报后，领导一般都不回，也不知道领导是怎么想的。我现在分不清到底用哪个方式向领导汇报更好，请指点。

很多人觉得，对于打电话还是发信息汇报工作，是一件简单平常的小事情，只要汇报完了就行了，而不在乎以什么形式。其实不然，这是一件很考验人灵活性的事情。具体工作中可以根据实际情况来选择汇报方式，总的原则是既要照顾领导的方便、不过多的打扰，又不能误事儿，在这中间找一个平衡点。

第一，适合打电话的情形。

对于着急的事儿、重大的事儿、紧急的事儿、复杂的事儿，都可以直接打电话，这既能在时间上保证信息顺利传达，也能通过语言沟通将事情表达得更清晰。对于什么样的事儿着急、着急到什么程度，这得你自己根据具体工作的时间要求来判断，比如涉及安全稳定的工作，上级的紧急指令，领导特别重视和关心的工作等，都属于急事。

第二，适合发短信和微信的情形。

对于不着急且发信息能说清楚的事情，或者其他小事，就没必要打电话汇报了，这种简单的事情发信息汇报即可。比如领导交代的常规工作的落实情况，工作完成后的一般性的汇报，上级部门和其他同级单位的日常通报或情况交流，提醒领导会议时间，直接给领导发信息即可。

第三，特例情况。

如果领导没有回短信或微信，事情又比较急，不能再等了，可以再次发短信或微信，也可以直接打电话，坚持以不误事为基本原则。如果不是那么着急的事，等一等也没关系。

08 如何把握向领导"事事有着落、件件有回音"的汇报分寸

领导在外出差，打电话让我帮他拿快递并放置在他的办公桌上。我拿完快递后是否需要给他发短信汇报一下？我有点纠结什么样的事情可以不用汇报，怎么把握"事事有着落、件件有回音"这个度？

关于汇报有一个共识，就是你汇报的次数永远少于领导对你的期望。其实这是有据可循的，结合你的情况，给出如下建议。

第一，关于要不要汇报。

像你说的这种情况，当然必须进行汇报，甚至可以具体到把取到的快递拍张照片发给他，让他知道是什么快递，也许他心里正惦记着快递有没有收到。

第二，关于汇报的形式。

关于汇报有时候会出现不受待见的情况，似乎越勤于汇报却越发不受待见，甚至领导觉得你的汇报琐碎，不能堪当大任。那么问题出在了哪里？其实，问题不是出在你跟领导做了汇报，或者说是领导不想听这种小事的汇报，而是选错了汇报的形式。

汇报有很多种形式，一是最常见的当面向领导做正式汇报，这种汇报形式一般适用于重要、复杂、紧迫的事项。二是一般性汇报，对于不太重要的、不涉及重大决策的事项，可通过发短信、集中汇报等形式把工作汇报给领导，让领导知晓或做到心中有数。三是紧急汇报，对于工作中的突发事件、重大事项等，要先通过电话进行紧急汇报，后续还要及时跟进续报。

第三，具体汇报具体分析。

汇报是复杂的，需要综合考虑紧急程度、复杂性、决策的困难程度，甚至领导的个人习惯、性格、身体状况等因素。汇报不像简单的加减乘除，更像是复杂的方程运算。除了汇报的次数，汇报时我们还有其他的东西需要进行斟酌，比如汇报的形式、汇报的时机、汇报的内容组织等，具体汇报也要根据实际情况综合考虑、灵活把握，没有定式的规律，也不要生搬硬套。

09
当领导询问时，如何公正客观地评价同事

机构改革后，我所在的单位变为市政府直属事业单位，原属局代管。最近，原代管局的副局长来单位干一把手，虽然之前认识，但并没有直接交往。目前，我所在的科室为单位核心科室，我主要负责文字材料，和一把手的接触比较多，直觉他比较认可我。

前几天一把手忽然直接问我，哪些人在工作中表现不好？某某、某某怎么样？甚至让我直接评价新来的二把手。我觉得背后评说别人不好，我也没这个资格。但是他一再追问。我只好保守地谈了几点。我想请问，以后像领导这样的提问我该如何回答？和这样的领导相处我该注意什么？

根据你的描述，有几点建议供你参考。

一方面，走出认识误区。

一把手向你了解单位干部的情况包括领导班子副职的情况，是一种

组织行为，这跟背后评论人、说别人的坏话有着本质的区别。你应该实事求是、客观公正地进行汇报，知道多少说多少，不必有所保留或偏颇。也许一把手心里早就有了答案或疑问，找你了解一下，只不过是一种求证。这既是对你的信任，也是一种考察，看你能不能客观公正地评价一个人。对于领导要了解下属工作的情况，最好实事求是，这才是正确的态度和方法。

另一方面，要客观地看待。

你要认识到一把手这样做是一种正常的行为，就不会心存疑虑了。应该像以前一样正视和对待一把手，首先是尊重和服从，维护他的威信；其次是踏实工作，做出成绩，取得他的信任；再次是平时多请示汇报，多联系联络，增进彼此的感情。最后是瞅准机会，及时汇报自己要求进步的愿望，力争早日得到提拔。

10 如何合情合理地向领导汇报"人少事多"的问题

你好，我们科室人手不够，导致每个人经常加班。我想问一下，在工作中如果出现人手不足的问题，如何向领导进行汇报？怎样做才能合理且有效地反映出目前的困境?

老部长：

工作中如果人手不足，每个人就会多承担一些工作，额外的工作就会影响本科室的工作进度，甚至影响到整体工作。对于这种情况，需要争取到人员补充。因此，在汇报时切忌带有负面情绪，而应有理有据、有法可依或有事实为证，这样才能更有说服力，争取到人员补充。根据单位的实际情况，建议重点从摆、比、说三个方面着手向领导汇报。

第一，如实摆。

对于人手不足的情况，要如实摆出。摆出上级的要求急、任务重，摆出科里的工作总量大，摆出大家的平均工作量多。摆出得越多越好，越细越好，越具体越好。这样做，领导才会了解到实际情况。

第二，横向比。

摆完事实之后，还可以跟邻县同局同科室比，同样的工作量，他们有多少个人，你们科室有多少个人；跟局里的有关科室（不要具体讲明某个科室）比，他们下班早，你们下班晚，几乎每天都加班到几点；他们人数多，你们人数少。进行多方面的横向对比后，领导就会发现每个人确实承担了很多，人手确实不足。

第三，动情说。

讲完以上两点之后，还可以进一步进行补充。要充满真情实感地向领导表述，科里的同事加班多、熬夜多，有的累病了，有的甚至引起了家属的意见。恳请领导关心和支持。这样的反映就更加有效了。

被误解挨处分，如何应对解决

我是一个科研单位的软件设计师，最近碰到一件很委屈的事。一次晚上加班调试代码，我自己的工作部分完成了，然后要配合其他同事，需要的时候我得改一下代码。其他同事在讨论和调试时，我没事就在看手机，刚好被主任看到了，半个小时后，主任过来时又看到我在看手机，当时我没好意思跟领导解释。第二天，领导就让秘书通知我说明情况，私下里秘书说可能要罚款 200 元，但公开结果是"通报批评、写检查，还要罚款 1000 元"，我很委屈，没有加班费，还被罚了 1000 元。请问，我应该怎么进行应对解决？

一个组织，尤其是科层制的组织，最根本的特点就是令行禁止，上行下效。不知道你们单位是否有明文规定，上班时间不能看手机，违者进行处罚。如果有依据的话，处罚倒无可厚非。你这个问题本质上是一个领导误会了你，做出了一些不合理的处罚决定，应当如何应对的问题。有以下几点建议供你参考。

第一，接受环境，正视问题。

在科层制组织中，说得直接点，就是领导具有总揽全局、协调各方的职责，具有一定的权威性，维护领导的权威就是维护单位大局。但如果你只顾自我感受和利益，不停地挑战领导的威信，这不但是给自己找麻烦，也是一种幼稚的行为。例如，有些下属会和领导对着干，但这样的代价肯定是放弃所有的个人发展和在组织内的前景。

服从是单位组织中下级对上级权威的信服，一个不服从领导管理的行为，其实并不是在挑战领导个人，而是在挑战组织纪律，会影响整体工作的进展，给组织的顺利发展带来阻碍。但如果是处罚或处分不合理，可以私下沟通，要有理有据。

第二，端正态度，自我反省。

领导做出以上处分，也有一定的道理，比如在加班时间，你的同事在认真工作，而你在看手机，关键是领导每次看到你，你都是在看手机，这种情况确实会让人误解。但想想自己为什么每次有点小动作都会被领导看到呢？看下手机为啥就要挨处分？单位本来是一个团体，软件开发都有验收周期，其他同事在加班忙着调试代码，而你在玩手机，这会影响同事的工作积极性和合作。所以，虽然有误会，但也需要适当反省下自己。

此外，误会也不是没有办法消除的，在私下里，可以找领导说明情况，也对此事做出一些反省，因为领导都是从大局考虑的，关注的是下属对待工作的积极性，所以把事情说明白，领导心里也有数，事情也会得到圆满解决。

第三，接受事实，理性应对。

解释不应该是顶撞，而是用柔软的外衣去包裹坚硬的内核。虽然不认为这件事是自己错，但还是要放低姿态做出解释，这不是要求领导撤销对你的处分,而是要让他了解实际情况,以免在之后的工作中对你存在偏见。

在解释时,一定要注意表达方式。例如:"领导,这件事我确实做得不对,我跟您检讨,没有帮助他们盯着或给他们出主意,我当时自己的工作已经完成了,他们弄的我又不太懂,就以为没啥事儿了,其实应该帮他们把把关,大家都是一个团队的,应该相互帮忙,更不应该违反公司的规定。"不要觉得自己这样做很卑微,领导如果了解了真相也会感觉惭愧的。所以,该解释要解释,不要因为一件事而影响后面的发展才是长远考虑。

12
越级汇报是否合理

请教下关于汇报工作的一个细节问题,向上级汇报工作是向上一级分管你的领导汇报工作吗?可否直接越级找单位一把手汇报?

石头哥:

在工作中,通常是逐级向上进行汇报,这样比较有组织纪律,工作也会井然有序。

先说一般情况。

通常来讲，越级汇报一般是不被肯定的。逐级汇报工作，流程才会比较清晰。如果每个人都越级汇报，那么工作可能会乱套。

第一，容易得罪直接领导，因为你越过他向上面的大领导直接汇报，而他不知道发生了什么，容易被上面的大领导误会怠工，影响你和直接领导之间的关系，进而会影响以后的工作。

第二，你汇报的工作可能是小事，对大领导来讲，占用了他的时间和精力，影响了其他的工作，会让他觉得你这人不懂事。

再说特殊情况。

当然，凡事都有例外。对于汇报，也不是说绝对不能越级汇报，有些情况也有例外。

第一种情况，分管领导支持你跟大领导直接汇报，交代说某项工作完成后不用经过他，可直接跟大领导汇报。那这种分管领导是非常有爱才和提拔人才的胸怀，那么你可以直接跟大领导汇报，但也最好跟分管领导说下，毕竟他这么支持你，你也应该尊重他。

第二种情况，大领导直接交代给你的公事，这个时候可以不用事无巨细地向分管领导汇报，但要经常通气，也可以大概地跟你的分管领导说一下情况，请他把把关，这也是一种尊重。

第三种情况，大领导直接交给你的私事，这个时候悄悄地干就是了，跟谁也不要说，因为这是大领导对你的信任，不要辜负他的信任。

13
如何向领导汇报加班辛苦而不显得做作

县区在落实重大工作事项推进中,要求党员下沉社区,白天在社区值守,晚上主任安排在家加班写宣传稿,连续在社区工作十几天没有休息了,怎么让局长知道,显得不做作?

俗话说,是金子在哪里都会发光。但如果金子被掩埋在砂砾中,那就很难被发现。工作也一样,如果只顾闷头苦干,而不擅长汇报,那么领导也很难知道你做了多少工作。领导平常也很忙,他可能没时间关注到每一个人做了什么事。所以,这时候就需要自己去汇报,让领导知道你都做了些什么,领导才能发现你的能力。

根据你的陈述,如何想让局长知道你的辛苦付出,有三点具体建议。

一是发朋友圈。"这是第××天连续值班了,向同在一线的小伙伴致敬!"同时,配上自己值班时的照片。

二是发微信留言汇报。当你半夜一点钟加完班或更晚的时间写完稿子,发给领导后可微信留言:关于××稿子发到您邮箱了,请您审阅。

三是书面汇报。重大工作事项结束后,直接写个书面总结,给局长交过去,详细陈述自己想表达的内容,从时间上表达"白加黑",工作时间长；从工作内容上表达值班加写稿，工作内容多；从细节上表述精益求精、工作细致等。

14
如何向领导汇报思想

我在《秘书工作手记》这本书中学习到了汇报工作的技巧，按照那个思路我试了，不管汇报什么工作尽量都会准备好纸质材料，领导也比较认可。平时除了工作，我不知道怎么向领导汇报思想，有没有什么具体方法？

对于汇报思想这个话题，范围有点大，但不外乎是思想政治导向正确，工作态度积极，工作方向向领导靠拢，等等。目的是想拉近与领导的关系，增强与领导的沟通，增加领导对你的信任，赢得领导对你的好感。那么，除了工作上的汇报，思想汇报可以从以下两种方式入手。

一是随时汇报对领导作为的肯定。

对领导的行为进行肯定是最直接的接近方式，毕竟每个人都希望被认可。比如单位开完会，如果遇到了领导，可以说"您在会上讲得真好，鞭辟入里"这样的话。再比如领导在工作中提出了什么要求，起到了带头作用,也可以在遇到领导的时候夸几句,"工作中就是要领导牵头,时时提醒,大家伙儿才会一直高效往前快步走"。

此外,对于向领导说的这种肯定和赞扬的话,一定要找合适的时机,不然会显得很突兀,显得刻意逢迎,会让领导觉得你是个"马屁精",造成反感。

二是因时因地制宜。

在汇报时,不一定会有很多恰巧的机会。如果没有恰逢其时的机会,那么可以抓住节日或其他时间节点,要学会自己找到合适的机会。在工作中要善于发现问题,对于汇报工作,重要的是发现领导关心什么事,什么事跟领导有关系,借机就可以说一说。但要掌握好尺度,把握好时机,抒发一下感情。比如,逢年过节了、单位举办重大活动了或者领导上任几周年了等时间节点,可以把相关的想法进行系统的总结,然后汇报一下。

15
如何完美回复领导关于工作进度的询问

当领导问我"迎检工作准备得怎么样了",我担心如果说得太过自信,万一检查出了小差错会打自己脸,影响在领导心中的信誉。于是想了一会儿答道,"该准备的都准备好了"。但语气很平和,不是铿锵有力的那种,感觉领导不是很满意。对于这种情况，该如何给出恰当的回答呢？

王主任：

当领导问到某项工作进度的时候，他是想看看进展到什么程度了，以做到心中有数。所以，在回答时要简明扼要地说下整体情况，不要绕来绕去说些虚的。如果说虚的，领导既没有了解到真正的情况，也显得你这个人不务实、滑头得很。

对于此类问题，领导是想直观了解工作进度和你的态度，因此如实汇报即可。你可以先从整体上直接回答结果，再从细节上回答变化。

例如，可以这样回答：这些天我们一直在加班加点，按照要求，大方面已经准备好了，细节方面我们还在继续查缺补漏，还有点担心检查组会不会有新的要求。

这样既说出了你们的努力，也说出了你们的工作进度，还给自己留了一些退路。

16
组织将进行调研考核，该如何应对

问

我之前在市直单位任科长，去年8月份到乡镇任乡长。背景是这样的，我们这批选了十几个各市直单位优秀的年轻人到乡镇任职,下来之前市委书记还跟我们进行了谈话,其中只有我们4个直接任了乡/镇长正职。最近市委组织部通知大家准备一个任职以来的工作总结,并告知近期将和县区组织部开展一次调研和考核。这样的总结材料该怎么写呢?有什么需要注意的吗?一般这样的调研考核是怎样的流程呢?

老部长:

市委组织部定期对下派任职干部进行考核,主要是要了解干部的表现和工作情况,以掌握动态,及时发现问题,有针对性地采取措施加以改进和提升,为后续使用干部提供翔实的第一手资料。这也是上级组织加强下派干部培养和管理的一种常规措施。

第一,关于考核形式。

考察组调研和考核的主要形式有四种。

一是个别座谈,主要是同乡镇领导班子成员、村支部书记和镇直部门负责人座谈了解你的工作情况。

二是听取县委组织部对你们的评价情况。

三是现场察看,主要是你任镇长以来,能够体现工作实绩的现场或项目。

四是同你进行面谈,进一步了解你的思想、思路和工作情况。

你可以按照以上内容进行准备,并可以向乡镇党委书记进行汇报。

第二,关于总结材料。

关于你的个人总结,可从以下四个方面展开汇报。

一是主要工作和成绩。把你工作以来的成绩条分缕析地写清楚。多用数字和事例说话。

二是主要感悟和体会。就是任镇长以来你有哪些体会和感悟,用鲜明的观点表达出来。

三是主要存在的不足。这部分可以简洁一点,写两三条即可。

四是下一步的打算。把自己的思路和主要措施展现出来。做到观点明确、层次清楚、逻辑严谨、事实充分、言简意赅。

第三,关于组织面谈。

考察组同你面谈时,你可以按照上述总结材料的框架和内容来谈,做到有条不紊。

17
主题教育期间请假,怎么汇报才能更合理地争取理解和批准

 问

我在异地挂职,挂职单位要求离开本地必须向党政一把手书面请假。同时,国庆节主题教育期间,请假还需要向上级指导小组报备。10月1日当天上午单位有半天集体活动安排,但我确实面临没人带孩子的困难,准备请假。有一个工作经验丰富的同事建议我,请假时间在书面上从10月1日下午填起,

我提前跟领导打好招呼，上午的活动也请假不参加。

我感觉他这么建议我，一方面是为了不让领导承担批假可能承担的责任（毕竟是上级统一安排的活动，还要向上级指导组报备），另一方面也能让我跟领导沟通后好提前走。但我还是犹豫，如果跟领导沟通好，请假单上是不是实事求是地写比较好？

老部长：

作为领导干部，要起到带头作用，无论大事小事、公事私事，都要做到实事求是，有一说一、有二说二，这是个人对组织忠诚的具体表现，绝对不能弄虚作假。

更何况，当前正在开展主题教育，如果弄虚作假，那么教育岂不是失去了意义？怎么能起到领导干部的带头作用呢？所以，你更应严格要求自己。

工作中也都是有人文关怀的，如果确实有困难，领导也会理解，给予帮助。因此，书面请假的时间必须准确，绝不可以弄虚作假，事由可以写得笼统一点，比如说家里有特殊情况。

在书面请假之前，要事先跟一把手进行汇报沟通，这样更真诚些，并且在汇报时要态度端正，实话实说，讲明困难，相信一把手一定能够理解并同意你的请求。

此外，挂职单位对于挂职的干部还是比较关心和关爱的。完全没有必要在这件事上打什么"小九九"，否则弄巧成拙，得不偿失。

18 班子成员如何向新任领导汇报工作

我们单位新换了一把手,对其风格还不了解,作为班子成员,第一次应该如何向新领导汇报工作呢?

俗话说,"新官上任三把火",新人领导肯定会对单位的工作严格要求。因此,对单位新任一把手的第一次工作汇报,思想上还是要高度重视,事前要精心准备,汇报要有理有据,简明扼要,又重点突出。建议做好以下几点准备。

第一,要有一个书面汇报材料。

在汇报时不能光口头表达,还要给一把手送上一份书面材料,既能让他更好地了解你的工作,又能显出你对他的尊重。此外,一把手看着书面材料,方便了解汇报内容,更有利于你的汇报。同时,汇报的时候也不能只低头照着材料念,要做到详略得当,并突出重点、亮点、闪光点。在汇报时,还要与一把手有适当的眼神、表情等交流。如果你把材料只当作一个参考,将内容烂熟于心,能够脱稿侃侃而谈,那当然更好,肯定会加分。

第二，内容充实，有条理。

作为班子成员，汇报内容要全面，且要有条理。

一是汇报自己分管工作的基本情况，包括科室、二级单位、人员等。

二是汇报分管工作的全面情况，重点写特色和亮点，被上级认可推广、受上级表彰的更要浓墨重彩。

三是汇报对工作的建议和请求解决的问题，如果是一对一的汇报，也可以谈谈家庭、生活和孩子的情况。

第三，了解背景经历。

对一把手在原单位工作的情况，最好事先做些了解。要重点了解他在原单位工作的成绩及受到表彰的情况，若你有到他原单位参观、学习的经历会更好，刻意作为最后口头补充汇报的一个重要内容，并谈点儿感受，不失时机地和领导增加交流，既可以拉近双方的距离，又可以增进双方的感情。

第四，一定要带上笔和本。

在向领导汇报工作时最好要带上笔和本，这样做的好处是，领导如果有什么指点或者意见可以方便及时记录，以免事后忘记。很多人容易忽视这一点，而一把手通常十分看重这一点。等你汇报完毕，一把手总要指示一番，他在指示的时候，你要逐条记录，并表示立即安排、抓好落实，那他肯定会认可你的工作态度，能够迅速拉近双方的距离，增进双方的感情，有利于今后的工作。

如果领导在做指示时，你只是两只耳朵听，而没有进行记录，他即使表面上不说，心里会也极为不高兴，你汇报的效果就会大打折扣。如果换位思考一下,体会将会更深。

19 提携我的领导异地履新,该如何表达不舍和感谢

我是县委宣传部副部长,我们的常委部长马上要履新,任邻县常务副县长。常委部长对我很好,我的副部长就是他在任时提拔的,他比较看重我的业务能力。明天要开个告别座谈会,会上大家都要发言,请问我在会上说点什么比较好呢?会后还需要说点什么、做点什么吗?

部长受重用而被提拔到别的单位,作为常务副部长,在告别座谈会上肯定要发言,应主要包含以下这四层意思。

一是表达不舍之情。共同的工作、生活中结下了深厚的同志之情,朋友之谊,难以舍离。

二是表示祝贺。对部长的高升表示衷心的祝贺,这不仅体现了组织上对部长的信任,而且是全部同志的光荣。

三是祝愿。祝愿部长在新的岗位上继续大展宏图,事业腾达。

四是恳请。恳请部长常回"家"看看。

部长在任时提携了你、推荐了你、重用了你,一些感恩感谢的话不宜在座谈会上说,但私下里可以交心,一定要表达自己的感谢,而且应带着丰富的感情充分表达出来。

第四章

沟通

04

协调上下级业务沟通的技巧和方法是什么

今天我联络下级单位报送材料,其工作对接人是A,但A说内部有分工,让我联系B。于是我联系了B,但B给的资料不全,我又去问A,A的态度非常不好,意思是说"已经说过了,这个事情B负责"。我说:"我不管你们内部分工,我只跟对接人联系,如果你有什么困难的话,我只有跟领导报告了。"然后A很生气,说他们就只有这些资料,如果有任何问题,直接联系他们领导。请问该怎么和这种强势的、滑头的人沟通交流呢?

业务部门上下级之间的有效沟通和通力合作,有利于高效地推进工作。沟通的关键是人,尤其是双方的联络员或对接人,要保持稳定的情绪,要有一个良好的心态,若能够换位思考,用心用情沟通交流,将事半功倍。根据你描述的情况,有几点建议供你参考。

第一,要有角色意识。

虽然上下级之间是领导与被领导的关系,上级具有较强的权威性,但不同级别领导的权责也不同。一把手的话语权大于副职,副职的话语权大于中层和一般人员,因此在处理对下级工作的方法上也必然有所不同。对于领导的命令和指示，下级通常不会置疑，且必须照办。而没有多少话语权的办事员就不能以"领导"自居，不能以"领导"的口气、以"领导"的地位、以"领导"的方法来处理和下级的关系，更不能强迫命令、颐指气使。这样只会激起下级的反感情绪，加深心理对抗，把事情搞砸。所以上级机关的工作人员对待下级单位的工作人员，必须有平等意识，把姿态放低，这样才能更好更顺利地推动工作。

第二，要注意沟通方式和语气。

只有尊重别人才能赢得别人的尊重。要想赢得别人的尊重，在沟通时就要谦以待人、和以处事。在与对方联络时，要以商量、沟通的态度和语调，才能让对方感觉到被尊重。所以，在对下级工作中必须放低姿态，以平等的地位、尊重的态度和商量的口气来安排工作、布置任务或提出要求，这样就会使对方在感情上更容易理解，在心理上更容易接受。不要威胁对方如果不办就找领导，这样会引起对方的反感，容易形成对立关系。

第三，平时要多联络沟通。

上下级之间，领导开展工作主要靠权威，办事员之间开展工作，更多的是要靠感情。因此，平时工作和生活中都要多联络、多沟通、多交流，经常在一起谈谈心，说说话，喝喝茶，聊聊天，或者聚一聚，在工作关系之外建立起良好的朋友关系，通过和谐的感情关系推动工作。人都是有感情的，不是接受任务的机器人，因此不是你输入程序对方就能自动完成工作。要想顺利实现上下级之间的业务沟通，不仅要做到工作多沟通，而且还要做到感情多融通，这样多些来往，更容易实现业务交流。

第四，注重换位思考。

上级机关要有为下级服务的意识，为他们开展工作提供方便。比方说，下级需要上级提供一些帮助和支持，包括一些材料、资料、数据，都要热情及时地帮忙；下级来汇报工作，也要热情地接待，以诚恳友好的态度对人。你对别人的态度往往能折射出别人对你的态度，所以，尊重别人的同时也能得到别人的尊重，友好待人也能得到别人的友善。

02
如何回复领导安排岗位之外的工作

领导在布置与我的岗位没有关联的任务时，问我"最近工作忙不忙"，面对这个问题，如果想接工作的话该怎么回答，不想接工作的话又该怎么回答？

如果领导不是经常给你安排自己岗位之外的工作，而你也能做得了，那么就没必要拒绝，工作中本就讲究团结力量、互帮互助，更何况领导偶尔请求你一次，也不要驳了他的面子。

如果说领导是经常性地给你安排岗位之外的其他工作，那么就要想办法打破领导的习惯性安排和工作方法了。

不管是想接还是不想接领导安排的工作，都要做好沟通。建议重点在做好汇报和沟通方面下功夫。

第一，锁定目标。

一时一事的得失并不重要，多干一项工作也累不倒人，而且还能多掌握一点技能，多了解一点业务。在工作中，要有长远思维和大局意识，要把目标定在学习和提升自己的方面。多干一份工作，解决了非你岗位的问题，不但能提升自己，还能取得领导的理解和支持，何乐而不为？因此，根据你的目标来决定是否接受领导的工作安排。

第二，把握重点。

如果有些安排只是杂活，对自己提升无益，自己不想浪费时间接受领导的安排，那么拒绝时就要把重点放在汇报和沟通上。

一方面，对于你自己分内的工作，要跟领导做好汇报，这样领导就会了解你在忙什么，是否有空余时间处理你岗位之外的工作，他会视情况考虑工作安排，看你这么忙也就不好给你安排其他工作了，你也避免了直接拒绝的尴尬。

另一方面，虽然你不忙，但你又不想接这个活，那么你可以以真诚的态度汇报自己的顾虑和想法，主要理由就是你干了别人的事，别人反而对你有意见，影响同事之间的团结，自己也不好处事，以争取领导的理解。领导会综合考虑，也许就不会为难你了。这既没有驳了领导的面子，也没有让自己显得偷懒。

第三，讲究策略。

如果领导是经常性地安排其他工作，那么就要从长计议。平常要注意讲究一些小技巧，比方说经常在领导面前叫叫累、喊喊忙、诉诉苦，争取领导理解。在这种情况下，如果你想接活，你就以热情的态度积极回应领导说："领导，有什么事您尽管吩咐，保证完成任务！"如果你不想接活，则可以以愁眉苦脸的表情、软塌塌的声调回应领导说："领导啊，最近忙得焦头烂额、昏天暗地，正想找个机会向您诉诉苦呢！"

03
工作原因被孤立，该如何协调缓和

以前做科员的时候，有自己单独负责的一块业务，当别人来派活时，有科长和分管领导挡着，我与大家的关系比较融洽。被提任后，因为在综合岗位，涉及方面比较广，有些科室不想做的和不出彩的事情就会往我这边推，很多时候我就会拒绝。一是觉得这些都不属于我的职责范围，我自己本身的工作量也不小；二是觉得做好了对自身发展也无益，做不好还惹麻烦。

这样导致了两个问题，一是同事关系不佳，大家觉得我不好相处，甚至有人会故意孤立我；二是领导听信谗言，觉得我没有担当。我该怎么做才能缓解和领导、同事的关系？怎么拒绝这些分界不清的工作？

老部长：

综合岗位的工作确实比较繁杂，弄不好也容易得罪人。怎样从整体上比较好地解决这个问题呢？我结合自己的实践谈几点建议供你参考。

一方面，从总体上讲，要转换一下工作思路。

对于类似这样责任分辨不清、随意性大、个人主观意愿多、你推我推的工作，过去我也曾遇到过，常常是就事论事、抓沙堵水、疲于应付，耗费了大量的时间和精力。为了彻底解决这种问题，我开始改变思路，积极争取领导的支持，以立为要，通过立规矩、立规范，变随意为有序，变人为意志为制度规范，从而大大减少了随意性，降低了主观性，提高了工作效率。

另一方面，从具体上讲，注意以下三点。

一是将工作内容再明晰一遍，把责任边界划分清楚。通常来说，各科室的工作职责、内容都有相对明确的规定。但是随着形势的发展，工作内容也在不断拓展，新情况不断出现。那么，你可以结合这几年的工作实际，把容易造成推诿扯皮的工作事项重新捋一捋，摆在桌面上，按照工作与科室的最大关联度，把这些新的工作内容再逐条完善并明确到相关科室。在充分征求大家意见的基础上，按照程序报领导审批后印发执行。这样可以将内容把握的不确定性、互相扯皮的可能性降到最低。

二是将交办程序再明确，把工作规范理清楚。在实际工作中，有些事情确实千变万化。对于这些情况，要以不变应万变。也就是说，对于上述工作内容之外或涉及责任边界模糊不清的一些突发性、临时性的工作，或者偶发的新情况、新问题，可以通过明确交办审批程序予以完善。即建立一套涉及接收、拟办、领导审批（一般事项由常务审批，特别重大的报主要领导审批）、交办落实的完整制度链条（当然这个程序也需要领导的支持和审批），然后印发各科室照章办理。这样可以把人为的主观随意性降到最低。

三是把握人、事、情，既分工又协作。制度是死的，人是活的，在工作中，要根据人、事、情等实际情况进行灵活处置，有分工也要有合作，什么事都不能过于机械。所谓人，如果你认为是值得帮的人，该帮的就要帮；对于那些经常甩锅给别人的人，该拒绝的要拒绝，得罪了也无妨。所谓事，就是对重大的事、突发的事，需要大家合作完成的事，还是要积极主动地协作。所谓情，就是在时间紧、任务急的情况下，要发扬团结和奉献精神，急别人之所急，帮别人之所需，而不是袖手旁观。

04 做了很多工作别人不知道怎么办

目前我是个没下文的科室负责人（暂时的，没有正式任命），在某国企基层单位做党、工、团、宣、纪检、行政及部分后勤工作，上面没有专职副书记，上述工作全是我一个人做。因为大部分工作都在电脑上完成，而且是往上级单位报送的,所以很多人看不到我所做的工作,我们厂里的人便认为我不太忙。

在基层,大家不是很重视这一类工作,也不是很配合。所以在工作中我需要补充很多资料,而且长期加班,有时回家加班别人也不知道。作为有两个孩子的妈妈,经常没有时间和精力照顾孩子,加上家里的老人也不是很得力,因此,对于孩子我很歉疚。我要怎样做才能让领导和同事知道其实我很忙,而且做了很多事?

王主任:

俗话说,酒香不怕巷子深。然而在工作中,每个人都很忙,同事很忙,领导也很忙,如果不进行工作汇报,别人是不太清楚我们的具体工作的。所以,在现代快节奏的工作中,酒香也怕巷子深。如果想让别人知道你有多忙,可以从以下几方面着手。

第一,多记录。

每天下班前,你要把自己做的主要工作记录下来,否则会因为工作烦琐而容易忘记自己做过了什么具体工作,这就会造成自己明明很忙但又好像什么都没做的错觉。

第二,多总结。

你可以定期根据每日的工作记录,每周或者每月把自己做过的工作分门别类地进行总结。比如,哪项大的工作具体有什么任务分工,做了几天;哪类工作做出了成绩,大概用了几天等。

第三,多汇报。

你做的所有的工作,只向上级单位报送又不向本部门领导汇报,也不跟单位同事分享，单位的同事怎么可能会知道你究竟有多忙？究竟做了什么呢？所以，建议你每隔一段时间，用工作报表的形式专门向领导汇报。

第四，多展示。

虽然你工作很忙，做得也很好，但你不说，别人怎么会知道？因此你的加班要让别人知道，你的成果也要展示出来，不能总自己默默地加班。因为别人并不知道你干了什么，所以你要学会宣传自己，让大家知道你在努力工作。比如，发个朋友圈展示一下自己的工作内容，或者加完班向领导汇报一下进度等。

第五，出亮点。

你要有一些可以拿得出来的工作亮点，能被大家所讨论或者称赞，这样你的工作才有价值，才有意义，否则只是一堆琐碎的工作，即使大家知道你很忙，也没有太大的意义。

05 平级单位提供的材料质量很差，该怎么沟通解决

你好，我在某单位从事编辑工作，我负责编辑与我们单位有关联的其他平级单位的投稿，并发布至单位网站。平时工作中大家都比较客气，其中一家单位的投稿联络员就是一把手本人，所以稿件应该是他看过或把关过的，

但该单位的稿件质量很低,很多时候连基本的语句都不通顺,更不要说其他方面了。每次改该单位的稿子都费心费力,还不如自己重写。

我屡次想向该单位领导反映这件事,另外分享给他们一些新闻稿的撰写规范和技巧,希望他们提高写作水平,但又怕对方多心。请问该怎样提醒能既达到我的目的,又能让对方愉快地接受呢?

从客观上分析,类似于你描述的稿子,尤其是在网站上发布的稿子,领导自己把关和改动的可能性比较小,大多数情况下他只会走马观花地看一下,主要把把政治关。因此,如果你向领导提出改进建议或分享写作技巧,不仅会引起他们的多心,而且对于提高稿件质量也不会有太大作用,因为他们根本就不会关注这样具体的事。

在具体操作上,若想有效地提高稿子质量,有以下几种方法供你参考。

一是直接联系他们单位具体负责内容编写的撰稿人,进行一对一的具体指导,讲明稿件格式、内容要求等,分享写作规范和技巧,包括修改前后的对比稿。

二是定期或不定期地召开撰稿人务虚座谈会,互相交流,互相学习,互相借鉴,共同提高。

三是每年举行1~2期撰稿人短训班,系统讲授信息类稿件的写作方法,全面提升相关人员的写作能力和水平。

总的来讲,对于以上这3种方法,要结合实际情况进行选用,既可以单独选用,也可以综合运用。

06
如何合理措辞向兄弟单位表示感谢

老部长您好，我们单位一行8人到兄弟单位进行培训学习，其间由兄弟单位的综合部经理来接待，大家在兄弟单位的生活和培训都非常开心，今晚培训就要结束了，领导安排我给综合部经理打个电话表示感谢，请问我该如何组织语言来表达感谢呢？

迎来送往、感谢接待，是招待活动中最基础的流程，是表达情义、体现礼貌素养的重要体现。对于表达感谢有以下两点建议。

第一，结构安排。

在结构上，你可采用"感受+感谢+欢迎"的模式来组织语言。

感受是指对这段时间发生的事的所感所想，可以举例最让人感动的一件事。

感谢是指发自心底的真情实感，用以表达谢意。来自心底的谢意往往最能打动人心。

欢迎是指欢迎对方到自己单位来参观、学习或者做客，做到礼尚往来。所谓礼尚往来，即有来才有往。既然你去了兄弟单位，那么也可以邀请兄弟单位的人来自己单位。

第二，具体安排。

在具体操作上，可以根据以上的结构模式对感谢语进行丰富和完善。既然是打电话直接表达感谢，那就当跟朋友似的轻松随意些，不要说太多虚的，也不要太客套，显得很生硬。大概可以这样说："××经理，您好！我们的培训今天就要结束了，几天来在您的热情接待和精心安排下，我们的学习有很大收获，生活非常愉快，在这里，我代表单位领导和8位参加学习的同志，向您表示衷心的感谢！感谢您为我们付出了辛勤的劳动，欢迎您到我们单位去传经送宝和做客。再次谢谢您！"

07
怎么把握向领导发送祝福短信的良好时机

前段时间我刚被提拔为一个科室的科长，中秋节快到了，想当天给局领导发祝福信息和表示感谢，请问是用短信合适还是用微信合适呢？是当天上午发还是晚上发合适呢？怎么发比较合适？有什么需要注意的吗？

中秋节是我国重要的传统节日，也是优秀传统文化的组成部分。我国素有"礼仪之邦"之称，文明礼仪也是我国重要的文化传统，中秋节给领

导发祝福短信是表达感谢和祝福的重要节日契机。有几点建议供你参考。

第一，注意时间。

一般来说，祝福短信最好是在节日当天上午发，不能过早也不能过晚，更不能在领导休息时发。比较合适的时间是节日前一天晚上或当天中午之前，但是如果当天发的话需要早一点，别小长假都快过完了才发。现在大家都在用微信，所以用微信发比用短信发更合适一些，同时也方便领导回复。

第二，常用格式。

如果是给领导发祝福信息，最重要、最适合给领导的祝福就是显示真诚，常用"称呼+感谢+祝福+署名"这个公式。在"感谢"这一部分，一定要具体，最好是能举举例子，列举那些让人印象深刻的事情，这样才更显得真情流露，也更能彰显真诚和实意。比如：感谢领导对我的信任与栽培，特别是在此次干部调整中，把我任命为×××。

第三，真情实感。

感谢是发自内心的感受，而不是流于形式的套路。因此，在对领导表示感谢和祝福时，不建议在网上抄那种花里胡哨的祝福语，而应真诚一点、简单一点，表达出自己的真实感受即可。可以简单地说，"感谢领导一直以来对我的关心、指导和帮助，在中秋佳节之际，祝您中秋快乐，阖家幸福"。也可以自己再发挥一点，但是一定要真诚。祝福要贴合实际，要根据节日特点、领导的具体情况和他的追求、爱好等，来致以祝福。

第四，注意事项。

要注意的是，中国文字博大精深，同样的词语解读起来可能会有很大的差异。如果你的祝福对象是领导,那尽量不要用"财源广进""恭喜发财"之类的词语,毕竟体制内对金钱问题还是比较敏感的。

08
如何回复领导的群消息

我是部门副职,分管领导三天两头地在部门工作群里分享早上五六点起床跑"马拉松"的数据,发得太频繁。我该如何回复才能达到好的效果,既合适又不显得做作?

工作群是个虚拟的公开场所,言谈举止要得体且合时宜。领导在群里发的不是工作,而是生活状态,因此也不用刻意去回复。

然而,一直不发表回复似乎也不太好,好像领导在唱独角戏,很尴尬。如果看到,也可以适当地回复一下。在工作群里的回复不用太复杂,点个赞或者发个佩服的表情就可以了,毕竟群是公共场合,不宜占用太多流量。

既然不宜在工作群占用太多流量,那么偶尔可以私发信息给领导或者当面对领导说"领导,您坚持得真好。这个天气您也坚持,太厉害了,太佩服您了！我就是有想法，但是做不到，领导果然是领导"等。

09 如何应对提拔前的私下祝福

你好，我们单位最近拟提拔副职，同事们根据小道消息知道被提拔的人是我，私下里给我发了祝福信息。对同事们的提前祝福信息，该如何回复？不知道说什么合适，不回复肯定也不好。心态上，已经尽量保持平常心，科室工作按部就班地开展着。另外，在拟提拔前有什么需要注意的事项吗？

干部工作既有规律可循，又有无穷变化，这也是它的魅力所在。只要不到下文件宣布任命的那一刻，都可能会有变数。因此，这段过渡时间对你来说非常重要。

第一，抓住总原则。

俗话说，小心无大差。总的原则是按照"胆大、心细、行稳"的要求行事。胆大，就是工作要大胆，不要因为害怕影响提拔就畏首畏尾；心细，就是考虑问题要更细致更周全；行稳，就是行事冷静、沉着稳重、不急不躁、有章有法。

第二，具体落实不放松。

在具体落实方面，应突出以下几点。

一是内紧外松，保持定力，不要沾沾自喜，更不要扬扬得意，进而导致行为变形走样。

二是用心工作，力争多出成绩，但坚守底线，保证不能被突破、不能出问题。

三是密切联系领导，多请示多汇报，不断增加领导的认可和信任。

四是诚恳待人，谦虚为人，不要得罪人。

五是遇事三思而后行，要谨言慎行、严于律己，不管是在工作上还是在生活上，都要谨防被别人抓住"小辫子"。

第三，妥善地回应祝福。

对于同事们的祝福应该积极回应，但是回应要简洁明快、不宜太具体，只需表示出礼貌，比如回复"感谢""感谢关心"等。

10
如何给领导拜年不落俗套

我大学毕业两年，现在县人民武装部政工科工作，是军队文职岗位，主要负责宣传和新闻报道。临近过年，作为一名新人，如何给部里的首长和分管科长拜年才能不落于俗套，又能表达出自己的真情实感，给首长留个好印象呢？

 燕青：

农历新年临近，在这个重要节日，很多人喜欢给领导拜年送祝福，以拉近彼此间的距离，增进感情。但是由于祝福方式、内容等不同，产生了多种不同的结果。有的祝福，领导看到后反而会不高兴，建议不表达为妙；有的祝福，领导不置可否，一笑而过，说不说意义不大；而有的祝福，领导看后立马给你回复、为你点赞。给领导拜年时，具体有以下几点建议供参考。

第一，要注意发祝福信息的内容。

一是称呼要弄明白。很多人发祝福信息连称呼都不带，比如发"祝您春节快乐！"这样的信息，看起来苍白无力，一点感情也没有，发出去意义不大，甚至给人造成一种敷衍或应付完成任务的感觉。对于这种情况，不妨在信息中添加一个称呼。比如，你的领导姓刘，那就发："刘局长，祝您元旦节快乐！"这样一来，领导一看就知道是发给自己的，感觉立马不一样，也就有兴趣再往后看内容。

二是祝福内容要弄明白。大过节的，要祝福他什么呢？这时候，要根据节日特点、他的具体情况和他的追求、爱好等，来致以祝福。比如，他得到提拔了、即将奔赴新岗位任职，那就祝福他新的一年在新的岗位上再创辉煌。当然，祝福语千万条，真心实意第一条。一条真正能打动人心、获得认同的祝福语，莫过于真诚的话语，祝福语最好要自己写，而不要复制粘贴别人的。

三是篇幅要合适。现代人的生活节奏很快，作为领导，也没有太多时间来一一看下属的祝福信息，因此，内容一定要精简干练，切忌发一堆花花绿绿的表情和密密麻麻的文字。不然，领导是没法认真看下去的，对他而言，你是发了一条"垃圾"信息。

四是署名要弄明白。回到问题的开始，我们发送祝福信息，是想加强跟领导间的沟通，倘若发完祝福信息后，不自报家门，而领导又没有备注你的手机号或微信号，那谁知道这条信息是哪个人发的，甚至，可能你辛辛苦苦大半天编辑的信息，因为没署名发到领导那里，领导还以为是你的某个同事用心良苦给他送的祝福呢。所以，发送祝福信息最后要备注个人信息，让祝福显得正式且有价值。

第二，要注意以什么方式发。

祝福信息最好点对点发，不要群发。有的人，为了方便省事，常常一条信息给几十人甚至几百人同时发送。如果信息内容可以、质量过关，收信人可能还能领受到你的"祝福"。但如果信息内容千篇一律，网上、朋友圈随处可见，那收件人难免会把这个当成垃圾信息，会把你的行为当成"骚扰"，甚至厌烦你，认为你这是不尊重他，岂不是得不偿失？

第三，要注意在什么时候发。

发祝福信息不宜过早，也不宜过晚。在大多数人的意识里，零点是发祝福信息的最佳时间。但是，这个点正是领导手机接收各种信息的时间，你满心欢喜地发过去，领导匆匆点开阅览，不一定能看到你的祝福内容；当然，也不能发得太晚，如果节前或者节日当天忘记发了，节后就不要再发了。发送祝福信息最好是节日当天白天或者节日前1～2天。此外，不宜在休息时间发。领导好不容易过节在家想休息休息，如果你深夜或者中午休息时间发信息打扰，虽然是表达祝福，但由于会影响领导休息，所以可能会弄巧成拙。

第四，要注意发给哪些人。

发信息时，不要只盯着现在的领导发。虽然都说人走茶凉，但是，在职场你一路走来，每个人都在陪伴你。没有他们的指引，你的职场之路将会很艰难。所以，逢年过节，如果想通过短信或微信给领导送祝福，除了发给现任领导，还要记得发给以前的领导。此外，也不要只盯着领导发。在职场，除了领导的栽培，同事的陪伴同样很重要。因此，如果条件允许，也不要吝啬给其他同事送个祝福，节日里的三言两语，有时候更能拉近彼此间的关系。

11
如何回应牢骚满腹的老公

最近搞主题教育，这两天老公加班写发言材料，回家后就抱怨工作太多了，不用目标考核就没有那么多事儿了。而我的工作也很忙，遇到的事儿也比较多，压力也比较大，也很烦躁。我理解他，但又不希望他的牢骚影响我的工作，所以特来问问您，同样作为男性，如果说那样抱怨的话,是什么意思?

说了后,又期待家人怎么回应呢?

老部长:

抱怨和牢骚是负能量,偶尔说说无妨,但如果经常说甚至天天说,那就会非常影响一个人的心态和状态,进而影响个人的成长和进步。根据你的描述,有几点建议供你参考。

第一,要多理解,不宜指责。

现在体制内工作普遍任务重、要求高、压力大。主题教育又是集中的活动,时间更紧、要求更急、加班更多。这个时候你爱人可能是因为工作不顺手、材料不顺心、领导不满意、受了委屈或是被批评而产生了怨气,在单位的领导面前只能忍着,只有回家里发发牢骚,讲讲怪话,也是一种正常的情绪宣泄。此时,你要做的就是要静静地耐心倾听,既不要表现出不耐烦地走开,也不要打断、阻止,更不要一味地指责,而是让他发泄完就好了。

第二,要多关心,不要态度冷漠。

一个人在心情低落的时候,更希望得到所爱的人的关心和帮助,因此你可以从一些生活细节入手,比如他回来时主动向他问好,主动递上一杯热茶等,这些细节都是举手之劳,并不需要花太多的精力,只要用心就能做好,就能给人以温暖。对于他抱怨的问题,如果有你擅长的,你就给些建议,若不擅长,就多倾听和表示关心。然后,你也可以说说你自己的工作,也许他对你的工作比较了解,能给出一些建议,两个人可以相互理解,一起进步。

第三，顺势引导，不能成为常态。

如果经常抱怨，可能会让人产生负面情绪，此时你可以用转移法，比如把他的关注点转到感兴趣的孩子身上来，转移到家庭甚至父母兄弟姊妹最近发生的喜事、大事上来等。趁他心情愉快的时候，引导他多看社会上、单位里正面的人和事。总之，夫妻间要多交心，多交流，多找共同话题交谈，多营造一些温馨的生活氛围，这样可以有效地消解负面情绪，激发正能量。

第四，走进自然，放松心情。

利用星期天等节假日和空闲时间，主动提议，带着孩子一起逛逛公园，逛逛商场，尽可能地多参加一些户外活动，感受生活的轻松和快乐，从而激发童心，放松心情，调节情绪。让双方的情绪都得到释放，从而让双方都能更好地完成工作。

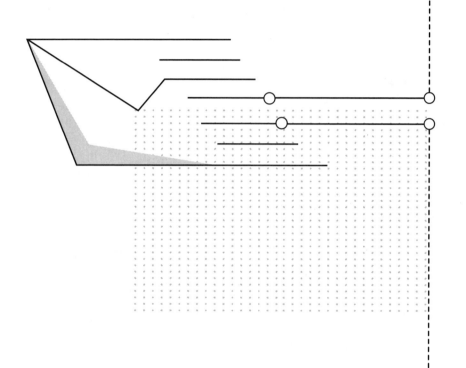

第五章

业 务

05

01
如何把学习实践活动宣传好

问

你好,我是某事业单位的办公室干事(女),主要承担宣传工作。下周,单位组织党委支委将前往革命圣地延安进行教育学习。我是党员,不是支委委员,因宣传需要也参加教育学习,请问我需要做哪些准备或注意些什么,怎样把这次学习活动的宣传工作做出彩?

通常,单位支部学习的外宣工作要遵循"服务大局、扩大影响、树立形象"的宗旨。对于这次学习,你可以结合单位实际、围绕单位中心工作,采用新形式创造性地进行宣传,有以下几点建议供你参考。

第一,提前准备。

机会都是留给有准备的人,任何时候未雨绸缪都是有必要的。因此,你需要提前了解和掌握这次学习的背景、目的、内容和日程安排,方能做到心中有数。

在拟定宣传工作方案时,要明确主要宣传什么,突出哪些环节,有哪些人物,以及有哪些重点细节等。只有做到了解工作的大框架,有计划地进行安排,才能避免手忙脚乱的情况发生。

第二，精准对焦。

我们常说做事要有的放矢，所谓有的放矢，就是做事要有针对性。在这次学习的过程中，要根据宣传工作方案的预设框架和计划抓住宣传的闪光点。作为宣传干事，要对宣传工作中的重点信息具有敏感性。有时候一句话、一个手势就是一个宣传的好点子，尤其是主要领导的言行举止，或者不同年龄段党员的心理活动或行为表现等。

第三，展示成果。

不管是工作还是学习，我们都讲究与时俱进，因此在宣传工作方面，也不局限于单位内部文件宣传。我们可以改变传统的思维和做法，借助微博、微信、抖音、B站等线上社交媒体工具，结合线下报纸、杂志等各类媒体形式，进行扩大宣传。此外，要全方位地调动、宣传扩大学习成果的积极因素，可以通过座谈、个别访谈等形式，把学习的成果综合反映出来。

第四，跟踪问效。

宣传不是简单地发布下消息，而是要起到一定的影响和带动作用。因此，在以后的办公室综合宣传工作中，要注意跟踪问效。此次的学习结束只是你个人宣传工作的开始，在教育学习活动结束后，要持续关注该活动在班子建设和推动工作方面产生的作用和效果，注意延时跟踪宣传，这才是本次学习的本质和应有的目的。

第五，经验总结。

培根曾说"经验是最好的论证方法"，也就是说借助过去的经验和总结，我们能清楚地看到事情的好坏。所以，我们做事要有始有终，做事前要有计划，做事后也要有总结，这样我们才能发现问题，总结问题，以便更好地改进。因此，在跟踪问效之后还要对本次宣传进行经验总结，为以后的宣传工作找到更好的方法。

02
如何把呈阅批示文件工作做出彩

在给领导呈阅批示机密文件时，请问有什么需要准备和注意的吗？例如，我在浏览机密文件时，可以用铅笔画出重点信息方便领导批阅吗？如果领导出差，我可以把机密文件里的关键信息编辑短信发送给领导吗？

石头哥：

一方面，具体问题具体分析。就事论事来说，如果文件只给领导一个人看，到他那儿就截止了，当然可以用铅笔画出来；如果还要往后面传，那就不要画，可以用彩色贴纸贴一下作为标记，涉密文件内容千万不要以任何形式呈现在手机里，这个一定要注意。

另一方面，呈批文件是大有学问的。呈批文件是上级和下级之间的互动，两者存在不对等性，这就决定了呈批文件的过程不单纯是一个呈报的过程。这期间，部属在展现，领导在观察。对于机关人员的一举一动、一言一行，领导都会尽收眼底。这就在客观上要求呈批的机关人员具备相应的能力素质，这个素质既有业务方面的，也有礼仪方面的，甚至是心理方面的。接下来主要从以下四点进行阐释。

第一，呈批前要做准备。

一是要吃透文件精神。我认为吃透呈批的文件精神是最核心的，因为在呈批过程中，领导通常是要问问题的。机关呈批的文件来源大致有三类：可能是来自上级的，也可能是下级报的，当然最多的时候是本级写的。不论是什么情况，都要吃透文件的精神。一般情况下，自己办的文件自己比较清楚。但对于上级来的、下级报的，一定要把有关情况摸清搞透，千万不要模棱两可、似是而非。试想一下，领导问你问题，如果一问三不知的话，谨慎的领导很多时候会犹豫签不签。

二是要整理个人仪容。作为一名机关工作人员，时时刻刻都要注意自己的仪容。在按要求着装的基础上，尤其是要注意四个方面的事项：头发、胡子、指甲、衣服。说白了就是，头发该理的，理一理；胡子该刮的，刮一刮；指甲该剪的，剪一剪；衣服该洗的，洗一洗。这个要求并不难做到，只要平时做好了，就完全不必临时抱佛脚。大多数领导对仪容看得都比较重，他们认为一个机关工作人员能否把自己的仪容整理好直接反映出能否做到自我克制、自我要求。

三是要纠正饮食和生活习惯。有的机关工作人员喜欢吃蒜、吸烟，而且不注意消除口腔异味，不要说到领导面前，就是到一般人的面前，别人也会讨厌。其实，不仅是蒜和烟，一切有异味的食物，我们都要尽量回避，如果确实喜欢吃，那么过后要及时消除口腔异味。

四是要关闭随身携带的手机。现在手机已经成为我们必不可少的随身通信工具,但在呈批文件前应将手机关闭,最起码也要将其置于静音状态,振动状态也不行。此外,关于手机的使用,在平常的工作中也有两点需要注意:一个是尽量设置成振动模式,即便是要设置成铃声,也要慎重选取铃声,不要设置那些乱七八糟的铃声;另一个是不要用手机来看时间,正式场合用手机看时间是不符合礼仪要求的,建议买一块表看时间。

五是要携带记录工具。领导批示文件,有时比较简单,就是在文件上签上意见和姓名。但有时就不那么简单了,他会根据文件的内容做出许多指示,最常见的是你要怎样去修改文件,这种情况多是承办本级撰写的材料,有时也可能要你去核实许多具体事项。俗话说,"好记性不如烂笔头"。为确保不发生遗漏,你就要带上纸和笔做好记录,而且最好是带两支笔,除了自己记录,还可以给领导签字用。但要注意的是,你带的笔要一定能用。有的人很积极地把笔递给领导,结果写不出字来,或是写得很不流畅,搞得领导很郁闷,你自己也会很尴尬。

第二,呈批中要讲技巧。

呈批文件大致有两种情形:一种是直接找到领导;另一种是找不到领导,需要打电话。

先说第一种情形,直接找到领导,最多的情况是到领导办公室呈批,进门前要做以下三件事。

一是再次检查。将文件特别是比较长的文件再浏览一遍,确保不会出现以下错误:一个是页码错误,包括缺页;另一个是纸张颠倒,当然还有空白页和打印不全等。越是着急的文件，人越不要急，一定要检查好。另外，如果你一次性拿很多文件，那么还要琢磨琢磨怎么让领导看得清楚、看得明白。

二是听一听动静。先听一听领导办公室的动静，确认有没有人在和领导交谈，还要确认领导是否在打电话，如果有其他人在或是领导在打电话，就不要报告或敲门了，先等一等再说。

三是了解一下领导的心情。如果前面有人出来，可以问问领导的心情怎么样。人非圣贤，凡事都讲究个张弛有度。假如领导刚处理了棘手的工作，心情不好，而你呈送的文件又是一件棘手的事，比如，报销开支的文件、上级批评的文件。如果这个文件不是很急，最好暂时把呈批的事放一放。

接下来说第二种情形，讲进门后要注意的事项。

一是沉着冷静。敲门之后，不要冒冒失失地就推门进去，而要等到领导说"进"，你再进。进门后，如果领导忙于其他事务，那么你不要急于说话，待领导忙完默许后你再开口。如果领导对你不熟悉，你要先做个自我介绍，比如，我是××处的××。这种情况在大机关会比较多，因为有时领导认不得那么多人。

二是保持适当距离。将文件递给领导，要退回至与领导1.5米至2米的距离。社会行为学里有一个理论，即每个人都有一个心理安全距离，这个距离是1.5米至2米。如果你离得近了，就会让对方感到一种压抑；如果离得远了，就会让对方感到一种陌生。总之，都不好，所以要和领导保持一个心理安全距离。需要强调的是，要站有站相，坐有坐相，不能松松垮垮、随随便便。

三是注意语音语速。回答领导的问题时，要注意自己的语音和语速。有方言比较重的机关工作人员，要尽量说普通话，或是放缓讲话的速度，便于领导听清。有的人要呈批的文件比较急，不自觉地就把语速、语调提了上来，这会让领导感觉很不舒服，好像你在逼他签这个字。要明白，由于所处的位置不同，你急并不等于领导急。

四是关于等待。有的人在领导看文件的过程中，喜欢帮领导整理整理物品、倒点茶水什么的。我不好说这是对还是不对，我想说的是每个领导有每个领导的习惯，有的领导会觉得你有眼色，但也有的领导不喜欢别人动他的东西，你动他的东西他会很反感。所以，要了解领导的生活习惯。

对于第二种情形，如果找不到领导，这时就要给领导打电话。当然，一般情况下要尽量少给领导打电话。此外，打电话其实也有很多讲究。

一是时机。最忌讳休息时间、吃饭时间打电话。另外，如果领导把电话挂了，就不要再打了，说明领导现在不方便。也可以先发个短信，把情况简单地说明一下，请示领导是否方便接电话。

二是地点。给领导打电话，你要先找一个安静的地方。如果环境很嘈杂，领导的指示你听不清，下一步就没有办法落实和推进。

三是内容。电话接通后，内容一般是：××局长，我是××，有一个什么样的文件请示您，您现在是否方便看，等等。千万不要问领导问题，比如您在干什么、您在哪里，等等。在领导说话的过程中不要乱插话，要等领导讲完你再应答。

四是挂机。挂机一定要先等领导挂了你再挂，绝对不能出现领导还在说着，你就挂机的现象。此外，和领导讲话不要瞎客套，有的机关工作人员和领导讲话，肉麻的话特别多，本来是想套近乎，结果却让人觉得很虚伪。

第三，呈批后要抓落实。

首先，强调一点，一定要把领导的批示看清楚，如果看不清楚，一定要去问。这种情况也是经常发生的，有的领导字迹很潦草，机关工作人员特别是年轻的机关工作人员，并不一定熟悉领导的风格，容易弄不清楚领导的批示。

其次，呈批文件要有"回路"，就是要把领导签批文件的精神反馈好，这个反馈有两种情况：一种是各级领导都没有特殊要求，仅仅是签个名字，可以等到最高领导签完，一并向前几位领导反馈信息；另一种是某一级领导有具体要求，那就不能等了，应马上向之前的领导反馈，以免误时误事。

最后，要把抓落实的情况尽快向领导报告，以便让领导掌握末端落实情况。

第四，注重几个细节。

一是要坚持谁办谁呈批的原则。也就是说，谁负责的文件，谁就要亲自去呈批，因为当事人更了解情况。当然，代呈文件也不是说绝对不可以，如果确实因为某些原因，当事人脱不开身，也可以安排人代呈，但一定要交代清楚，让代办人了解文件的相关情况。

二是要坚决杜绝分呈、越呈的现象。即便是同一份文件，除非领导有专门的交代，否则绝对不能分呈和越呈。分呈就是把文件同时给几个领导看,这极易出现意见相左的情况,使机关工作陷入骑虎难下的窘境。越呈是不依程序来、不按规矩办,越过某级领导直接向上呈批,这也是绝对不允许的。

三是坚持以大局为重的理念。有的人可能不理解这是什么意思,比如说,有的文件很急,而来的时间又不对,不去呈批会误事,去呈批就要挨骂,怎么办?一切以大局为重。比如,我曾经在大年三十晚上找主要领导呈批文件,尽管他当时不高兴,但事后对我及时呈批没有误事的做法给予了充分肯定。

以上都是一些很常态的呈批文件的情况,其实在工作实践中还有很多极其特殊的情况,需要根据具体情况具体分析及灵活处置。

03 如何利用好微信工作群这个办公方式

 问

现在工作中运用微信、QQ、钉钉等工具收发消息越来越普及,我想问下,作为本单位职工应该如何用好本单位的微信工作群?在工作群中有什么注意事项吗?

 石头哥:

微信工作群的建立和使用，可以极大地提高工作效率和信息传递速度，但也存在一些问题和隐患。有效管理微信工作群，规范群内交流，更有利于推进工作。关于微信交流的基本礼仪，下面我们谈几个比较重要和特殊的点。

第一，领导发文章或说话要及时响应。

领导有时会在群里发一些感悟类的文章或供大家学习的文章，或发一些祝福祝愿的话。这个时候不能闷着不出声，也不要因为大家都没说话，自己先说话了，而感到不好意思。人都是有感情的，将心比心，我们发出去的消息都希望得到回应，领导也是人，也有感情，自然也希望能够得到回应。更何况领导的出发点是好的，我们在群里怎能视而不见呢？所以，对于涉及工作、感悟学习、祝福的信息，应该予以积极热烈的响应。

第二，发言不要零敲碎打，要有系统性。

工作群里会有很多人，因此不能像平常和朋友聊天一样随便聊。在工作群中，注意不要发与工作无关的内容，因为工作外的内容对别人来讲是干扰，也显得自己"不务正业"。还要注意，每发一条信息都要深思熟虑，要有系统有条理，才能显示出工作水平。有些人把微信工作群当成一般的微信聊天，想到哪儿说到哪儿，想说半句话就说半句话，想说一句话就说一句话，其实这样很不好，容易给人留下随意的作风和不靠谱的印象。在微信工作群里说话，最好就像写一篇小公文或小报告那样，把前因后果及体会都讲清楚，最好能带有一些文学色彩，这也是展现工作水平的机会。

第三，可以充当通讯员的角色。

工作群是通报工作的群，如果是涉及单位全体人员的事，每个人都可以发言。比如单位取得了什么成果或者取得了什么成绩，尤其是文体艺术之类的荣誉，你可以在微信工作群里通报一下，用一些表情，把气氛搞得热烈一点。

04
干好工作的秘诀是什么

最近工作上的事情特别多，任务很重。我负责主题教育工作，包括负责本机构党委班子的文字材料，还有下辖14个机构的主题教育工作的推动协调。主题教育工作其中一项是信息工作，信息工作包括两部分内容：一是定期出本机构的信息期刊，其信息来源主要是下辖机构供稿和我自己编写；二是上级单位也会定期出主题教育的信息期刊，我们向上级单位供稿（推荐报送本单位工作中典型经验和做法的信息），我总感觉抓不住重点，与其他地市相比我们的采用量较小。目前主要有两个问题，一是工作忙不过来；二是上级信息期刊对我们的供稿采用量小，导致我们领导对主题教育信息工作不满意，进而对主题教育工作不太肯定。我该如何激励下属机构踊跃投稿，提升信息工作的质量和效率，进而提升领导对主题教育工作的满意度？

老部长：

一项工作能不能干好，能不能受到领导的重视和关注，既取决于工作实不实，又取决于宣传力度大不大。主题教育也是一样，主题教育信息刊物定期呈送领导，是领导了解主题教育工作的重要途径之一；信息刊物更是主题教育工作对外宣传的"口舌"，因此要采取多种激励方式做好信息工作。

第一，组建工作专班解决工作任务重的问题。

你所描述的工作任务这么重，一个人很难忙得过来，建议向领导汇报，可以组建3～5人的工作专班，这既是上级的要求，又是工作的需要，如果本单位人手不够可以从下属单位抽借。在专班中至少明确有一人主要从事信息宣传工作，加强与上级主题教育办公室的联系，经常互动，有的放矢地做好信息方面的业务工作，这样可以大大提高上稿率和工作效率。

第二，从以下三点入手解决信息工作中的问题。

（1）要明确信息的主攻方向。一是上级部门主题教育办公室的定期信息期刊或简报，这是主题教育工作日常推进情况和主要典型做法的集中展现。二是当地主管组织部门的微信公众号，主题教育工作办公室一般是设在当地组织部门，因此组织部门的微信公众号会推送主题教育工作的重要事项或关键节点的工作。三是当地的党报，党报是官方喉舌，是对外发布重要工作信息的最权威报刊。这也是领导了解和掌握信息的权威渠道和主要渠道。如果有突出的、典型的经验做法多往这些渠道推荐，有利于展示工作成果。

（2）定期通报下级机构供稿情况。下级机构供稿的质量直接影响着你单位对上级部门供稿的质量，因此要建立制度充分激发下级机构信息工作潜力。比如，建立通报制度，从质和量两方面进行排序。量的排序是按照下级机构报送信息的数量多少排序；质的排序是按照你单位和你上级单位信息期刊的采用情况对下级机构进行排序。主题教育信息期刊都是择优选取刊发下级机构报送的信息，上报信息多不一定都能被选上，内容优秀是重要方面。因此，要对下级机构上报信息提出明确的格式和内容等方面的要求，同时对下级机构上报信息数量和被采用情况进行通报，至少一周一排序一通报，并且要直接通报到下级机构党支部书记，通过传导压力，引起重视，落实措施。另外，适当采用奖励的方式，调动全员参与写稿的积极性。

（3）聚焦重点约稿信息。大家看新闻时，一些重点问题和敏感问题往往最能吸引人眼球，所以在写稿时，要围绕这类问题去展开，也可以选取一些主题向下级机构约稿，这样可以提高上稿率。比如，领导班子或者领导干部重点围绕调查研究检视整改来写，基层党支部围绕如何把主题教育做实做到位来写，党员围绕发挥示范带动作用来写，等等。

第三，善借外力增强"说"。

俗话说，"三分干七分说""不能光低头拉车，还要抬头看路"。工作做扎实是基础，还要做好实际工作的宣传。如果只靠自己单位的力量达不到应有的宣传效果，那么要学会善借外力。例如，可以请报刊或电视台的记者来挖掘总结，宣传所属单位在主题教育中涌现出来的先进人物和典型事例，这样更容易扩大影响，引起领导的关注。

05 乡镇工作没有明确分工，新人如何平衡巨大的工作量

我在办公室工作，党建工作办公室正在搞主题教育，书记交代我们的分管领导，让我们去帮忙。单位的组织委员交代我写一篇材料，这个材料还没开始写，办公室又有两篇材料要写，都是本周要完成的，而且我还有本职工作要做。但是组织委员又打算安排我再写一篇材料。我说："我没时间了，本周要写三篇材料，明天还要外出培训，安排其他人写吧。"但他说没有其他人可以安排了。经常会遇到这种情况，请问下次再遇到这种情况要怎么处理？

"甘蔗没有两头甜"，如果工作实在是忙不过来，就要学会婉拒。对有些人来说，婉拒和个人发展总是负相关的。也就是说，拒绝当然可以，但是要委婉，要讲究技巧，同时你要做好个别领导对你有意见的准备，

不管什么原因，毕竟你拒绝了领导的工作安排。下面我们重点说说如何把婉拒的负面效应减到最小。

第一，要抓大放小。

虽然我们在办公室经常讲，对待任何工作都要一丝不苟，都要高标准严要求，但这在现实中是不可能的，所以，要学会抓大放小。对于领导关心的、重视的或者与个人发展特别相关的，应当高标准地做。对于一般性的事务工作，不用要求出彩，只要确保不出错就行。假如对每一件工作都吹毛求疵、精益求精，那么工作就不可能做得完。拿写稿子来说，有些稿子就是常规化、程式化的，比如贺信、上级单位收集的材料、礼节性致辞，这在之前材料的基础上稍加改动即可，然而有些人却非要拿出起草党代会报告的劲头，字斟句酌、反复推敲，那工作就没有做完的时候，就得加班加点干。

第二，摆事实，充分展现工作量。

换角度思考下，如果我们找人做事被对方直接拒绝，通常会感觉很尴尬，甚至心里觉得不舒服，但如果对方讲清楚理由，而且说得比较委婉，那么也就不会有什么不舒服的感觉了。因此，如何拒绝不会让人尴尬，也是讲究方法和策略的。在拒绝时，一定不能用主观理由去拒绝领导和同事，比如身体不舒服、最近加班太累、家里有事等，这些没有客观依据的主观感受都不行。你要把手头正在写的3个稿子一一展示一下，比如什么要求，具体什么时候交，紧急程度如何，谁布置的，等等，要说得充分一点，展示得详尽一点，对方理解了你的处境，也就不会强求了。

第三，主动化解问题。

在工作中难免会遇到一些问题，比如拒绝别人导致别人对你有意见，或者影响后面的工作，这时我们要学会主动化解问题，缓和关系，减少负面影响。例如，私下里你可以殷勤一点，主动一点，多进行汇报，或者日常带点小东西，把负面影响弥补一下。

另外，对于别人需要帮忙的事，如果是长期的工作，那么可以申请借调一些人，比如说，借调一些选调生、大学生村干部或者是社区的大学生志愿者等。注意：借调人的事得向分管领导提议，能不能搞定还得看分管领导的意见。

06 接待工作的技巧和方法是什么

你好，在单位中如果有上级领导、平级或群众分别来访，我该如何进行迎接和送别？该怎么做才能做好接待工作呢？请传授一些接待方面的工作经验。

第一,关于上级来访。

上级领导到你们单位来访,你的接待关乎你们单位的形象。如果怠慢了,会给人感觉工作不被重视。因此,对于上级来访,要引起重视。要提前告知对方相关的路线、地点和你的联系方式,也可以提前到大门口等一下,将对方带到开会的地点。领导下车后,要安排好停车,开完会之后,在上级领导走时再将其送到车上。此外,还要注意一下停车收费的问题。

第二,关于平级来访。

平级来访通常是参观学习、互相交流或者开展合作。对于重要的平级可以参照上级来访办理,对于不重要的也应表现出应有的礼貌,来时最好到电梯口迎接一下,走时再去送一下。关于上级和平级两个对象来访其实都很简单,就是一个简单的接待问题。

第三,关于群众来访。

群众来访会比较复杂,涉及信访接待,有以下几点需要注意。

一是对于脾气好点的群众,比较好接待,他们不会有太多纠缠,对于他们的提问,简单解释工作性质、协调到相关科室就可以。

二是对于脾气不好的群众,他们可能会吵着见领导,还可能会大闹单位,更有甚者会录音录像传至网上,造成舆论影响。即便面对这样的无礼要求和蛮横态度,你的态度还是要好、要软。就当是朋友、亲属见面,送上一杯水,唠唠家常。如果领导不在,要积极解释;如果领导在,要积极协调,争取让他与领导见上面。如果领导没有时间,在力所能及的范围内帮忙协调安排时间见面。如果领导实在不想见,合理解释后让他知难而退也可以。

三是按照"归口受理、属地管理、谁主管谁负责"的原则,按程序转给下级办理,把人领走。

不管是上级来访,还是平级来访,抑或是群众来访,都要做到礼貌谦和。在做接待工作时,一定要注意自己的言行举止,做事要有分寸,不要夸夸其谈、大放厥词,以防"说者无心,听者有意",而引起不必要的麻烦。

07
督办工作的技巧和主要事项有哪些

我在国有企业工作,近日接到了一个全集团的督办工作。请问作为一名年轻员工,在和各个部门领导沟通督办事宜的过程中,有什么好的方法、技巧及需要注意的事项?

督办工作主要是监督工作的进展情况,并协调各方面的资源,对当事人的综合能力和沟通能力都要求比较高。因此,在沟通督办的过程中,"急他人之所急,想他人之所想",尽量让对方感觉到你在为他考虑,

这样更利于工作的开展。

第一，发放督察专报要"快速"。

作为大集团，肯定有督察专报。在制作的过程中尽量快速，这就要求你在领导交办督察事项时认真听、快速记，迅速形成文字资料。特别是陪同领导下去督查时，一定要仔细聆听。

制作完毕之后，立即通过打电话等方式通知对方接收，在沟通过程中，你可以说："大领导对这件事情特别重视，有些事项需要你部门完成，为了不耽误你部门的工作，还请你部门立即接收专报。"这样就能显示出，你站在对方的角度考虑问题了。如果事情紧急，你可以和对方的部门领导直接沟通，或者告知自己的直属领导，让直属领导沟通也可以。

第二，沟通协调要"及时"。

对于交办的事项，都是有时间节点要求的。你要时刻关注督办工作的进展，以防领导突然咨询你。

快到时间时，如有部门尚未反馈，应及时催报一下。你可以说："上次发放了督查专报，时间节点马上到了，需要向大领导反馈，还望你部门抓紧报送一下。"

如果多次催促无果，而时间又紧急，你可以向直属领导汇报情况，听从直属领导的安排。

第三，态度要"热情"。

在和对方联系的过程中，一定要显得热情，从声音中显示出你的诚意。不要觉得自己是在督办工作，就语气强硬，这样会引起对方的反感，破坏自己的形象，不利于以后开展工作。严重的话，会影响自己以后的发展。试想一下，我们平常打电话时，对方是否热情我们都能够听得出来。对方热情，我们就觉得舒坦；对方冷漠，我们心里就觉得不舒服。

第四，自己摸索要"深入"。

每一项工作都有门道，你要认真总结、思考督查工作，研究如何做好督办、沟通工作，尽量做出成绩，让领导的意图迅速传达和实现，让领导感到满意和放心。比如在沟通的时候，要适时突出大领导，表明这是大领导安排的，而自己只是在执行命令，这样有利于迅速推动工作开展。当然，提大领导的次数也不能太多，否则会让对方觉得你在拿大领导给他施压。

08
如何把繁杂的办公室工作做出彩

我是一名40岁的女性，办公室的临时负责人，单位机构改革未下"三定"方案，故未任命。我想进步，领导也比较认可我，我认为在办公室更能发挥我的特长。我的问题有以下三个。

一是办公室这种工作琐碎又不易显现成绩的部门，我怎样才能带领团队做出让人眼前一亮的成绩？

二是我的身份是事业编,办公室是行政编,但我觉得办公室工作很锻炼人,所以希望能留在事业部门任命为正科,但仍留在办公室岗位工作,不知道这样是否可行?对我有没有好处或者有没有这样的必要?毕竟办公室事多又杂还容易挨批评。

三是昨天办公室干部值班被上级通报,因为我是负责人,结果我也得连带着一起做检查,我觉得很冤枉,但我也知道负责人就得负责任,我是该用制度去批评人,还是从鼓励的角度去调动大家的积极性?

老部长:

第一,关于办公室如何做出成绩的问题。

办公室工作通常比较琐碎,要想解决日绩有余、岁绩不足的问题,要结合实际,在"三抓"上做文章。

一是抓重点。对于领导关注或办公室的自有业务,每年要捋出几条来,集中精力做出成效。比如说文明单位、档案先进单位的创建,既可以获得荣誉,还能对干部、职工多发奖励,对这样名利双收的事要下大气力。

二是抓亮点。做事不光要抓重点,还要抓亮点,亮点能够锦上添花。比方说,信息工作是办公室的一项常规工作,如果你通过信息把单位出彩的工作放大并传播出去,可以让上级行业主管领导、当地党委政府的领导了解和肯定你单位的工作。这种给领导脸上贴金的事儿,做好了领导肯定高兴。

三是要抓服务。经常性做好服务领导、服务科室、服务同事和服务下级的工作，让领导感到满意、信任，科室和同事信赖，下级单位信服。

第二，关于职务和工作分离的问题。

关于这一点，目前还是有比较大的难度的。

一是理论上编制管理规定不允许混编混岗。

二是目前各单位编制和领导职数普遍稀缺。若按你的想法操作，等于你一个人占了两个中层岗位，实际工作中很难做到，弄不好还会把自己搞成众矢之的。

三是也不利于你的工作。不在办公室任职而又负责办公室工作，一开始可能不会有什么问题，但时间一长会因为名不正言不顺，各种矛盾也就慢慢出来了。

因此到事业编单位任职和工作比较妥当。只要你的能力够强，一样能干出成绩，一样可以提拔。

第三，关于管理问题。

没有规矩，不成方圆。无论单位大小，搞好管理既要靠人更要靠制度，因此要建立一套激励奖惩的制度规范。用制度管人管事，做得好的既得表扬又得实惠，做的差的既挨批评又受损失，这样才能形成人人争先的氛围。

在具体工作中，可以温情操作，讲究方法。比方说对那个值班被通报的干部，不能一顿臭骂了事，而是要耐心、细心地帮他认识错误，使之心服口服。

09
会议中倒水有哪些注意事项

会议中什么时间给领导加水合适？开会时一直都有人讲话，感觉加水时机选不好很尴尬。另外，加水应该是按什么顺序？是从一侧开始逐一加吗？还是从其中官职最大的开始？

第一，何时加水。

加水的时机关键看"是否在讲话"，如果对方在讲话，不宜倒水。一般讲完话要喝水，喝完水放下杯子，你再去倒水，这才是最佳时机。

第二，是否加水。

是否需要加水关键看"水杯的倾斜度"，越倾斜说明水杯里的水越少。在领导端起杯子喝水的时候，可以注意观察下杯体的倾斜度，满杯一般是杯体和桌面垂直约 90°，还剩半杯时杯子与桌面约 45°，水越少杯体越倾斜，一般倾斜度小于 45° 你就需要格外留意了。

第三，加水的顺序。

倒水根据级别讲究先后顺序。会议中先给一把手倒水，再给二把手倒水。主席台上，无论领导是单数还是偶数，一把手的左侧永远是二把手，右侧是三把手。如果是一个人倒水，就先给一把手倒水，然后从二把手开始，给左侧的领导依次倒水，之后再从三把手开始，给右侧的领导依次倒水。如果是两个人倒水，就比较好办了，从中间位置开始，以一把手为中心，分别向两侧依次倒水。

10 如何看待业务工作事事追求完美

我是一个责任感强、工作标准高的人。虽然现在事情很多，上级单位的要求又高，但我还是希望尽心竭力地把事情做好，弄得自己只好压缩睡眠时间，导致觉也睡不好，压力还巨大，真担心长此以往，自己会扛不住。我该怎么办？

工作中追求完美是正确的做法和态度，但是如果把完美搞成了完美主义，等同于把形式搞成了形式主义，成为自身的一种负担、一种累赘，成为一种挥之不去的内心纠结，那它则完全走向了我们初衷的反面，甚至是背道而驰，不仅会影响工作的完成、业务的完美，还会影响我们的身心健康。

现实工作和生活中，完美主义者的痛苦大多数来源于自身，总认为不管做什么事情都应当没有瑕疵，什么工作都要争第一、做到满分。一句话，这就是喜欢把简单的工作复杂化，清晰的目标烦琐化，自己总是在不满和纠结中耗费自身的精力和时间。实不可取，应该改变。

第一，走出认识误区。

从以上分析可以看出，这种完美主义实际上并不完美。表现的形式是追求完美，其本质是一种拖延症；看似在追求高质量的目标，证明自己的优秀，其实是对自己缺乏信心，总是担心做得不够好，做得不全面，做得领导不满意，而不停地反复。所以，要认识到这种完美并不是真正的完美，而是一种病态，必须摒弃。

第二，凡事先完成再完美。

我很赞成《办公室工作手记》的作者"石头哥"的一个观点，他说写材料应该先完成，再完美。我觉得不光写材料可以这样，做其他业务工作或者做任何事情也都应该这样。在规定的时间内，先追求把工作完成，如果有多余的精力、时间和兴趣再去精雕细刻；如果没有，就不必苛求。

第三，善于抓主要矛盾。

在工作中，我一直劝导大家要学哲学、学理论，这样的确可以提高自己观察问题、分析问题、解决问题的站位和能力。完美主义者有一个很大的毛病就是不善于抓主要矛盾，总是习惯眉毛胡子一把抓，什么都要抓，什么都想抓好，这是不可能做到的。因为人的精力和时间都有限，所以在工作中要学会抓主要矛盾，重要的、主要的事情可以追求完美，一般的事情、次要的，保证不出太多错误就可以了。

第四，学会放弃。

完美主义者遇事总是习惯自我设障碍，凡事想得太多、太复杂，想得到的也太多、太复杂。因此要学会自我调节，该舍弃的舍弃，该简单化的简单化处理；不要事事总是背着证明自己优秀的"包袱"，不要事事总是考虑别人的感受或评价。如此一来，你将会觉得轻松很多。

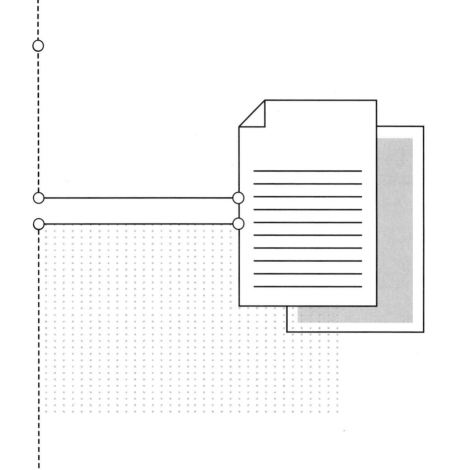

第六章

写材料

01 如何持续输出高质量的主题教育"材料"

石头哥,您好!我在单位主要负责写材料。我之前替分管领导写的类似民主生活会的发言材料,曾被几个主要领导都表扬过。近期,单位开展主题教育,还要写很多类似的材料,但这次心里感觉没底气,我该怎么准备和积累呢?

主题教育的材料或素材非常多,为我们的写作提供了特别多的参考,其实这是比较好写的一类材料,因此不要有太大的心理负担。想要把主题教育的材料写好,建议你关注以下这几个方面。

第一,搜集相关素材。

写作离不开素材的积累,而素材的积累往往靠平常的发现和记录。你现在要写的是主题教育方面的材料,如果之前有在主题教育方面积累的素材,那么就可以直接拿来使用。如果之前没有涉及这方面的素材,那么现在就要临时去搜集。对于主题教育方面的素材,其实在网上有很多与这方面相关的内容,你要学会使用关键词进行搜索、整理、提炼,将其变为有用、可用。

第二，多结合业务工作。

在材料写作中，素材往往是一些典型案例，反映的是一些典型问题，从而带出一系列业务工作。所以，写材料不是简单地将搜集的素材进行堆砌，而是结合问题带出业务。如果只是素材的堆砌而没有具体业务内容，那么这篇材料也只是假大空，没有实际意义。所以本着发现问题和解决问题的目的，要多多结合业务工作进行展开。在业务方面要切合实际，避免虚话、假话和套话。比如，对于检视问题环节，主要是体现业务工作中有哪些问题，在材料中便可以多结合业务工作来谈。

第三，结合领导个人的经历。

很多工作的开展往往是上行下效，教育也一样，这次主题教育的开展和效果肯定离不开领导的推动。因此可以在主题教育材料中增加一些领导的个人情况，比如，领导做了哪些工作，推动了哪些事儿，看了哪些书，想了哪些问题。这种结合领导个人经历的写作也是主题教育材料的亮点，领导看了也会觉得亲切、真实、接地气。

第四，跟上节奏。

不同的主题教育所要求的重点不一样，同新闻类似，主题教育也有时效性。主题教育办会经常会发一些通知，对主题教育的各个时间节点做出部署、提出要求，每个时间节点都有不同的工作重点。比如，第一轮主题教育发过如加强党史学习之类的通知。对于不同时间节点的通知的要求，可以及时地体现到你写的材料中，跟上主题教育的节奏，就会使你的材料显得有理论高度，而且内容比较新颖。

02
如何写好办公室工作总结

你好,我是一名秘书,今年是我第一次写办公室工作总结,领导要求比去年有创新。之前的总结是这样分类的:一是会务与接待;二是文字综合,包含材料起草与审核、文件收发管理;三是服务管理工作,包含了文件传阅、督办落实、保密管理、印信管理、档案管理、信访、车辆管理、法律咨询;四是统筹协调,包含了协调各部门完成的工作。请问在这个基础上如何实现分类创新呢?

一方面,概括来讲。

关于工作总结的角度,可以有很多种不同的方法。你描述的之前的工作总结的分类是按照工作职能进行的分类,如果转换成其他的逻辑分类方法,再加以总结提炼,就可以使领导觉得眼前一亮,达到领导要求的"比去年有创新"的效果。

比如说,可以按"三个服务"来分,服务领导、服务部门和服务群众;可以按机制、做法和效果的逻辑来分;可以按解决问题的逻辑来分,看看解决了哪些方面的问题;还可以把重要的专项工作、主题工作单独拿出来凸显。

另一方面，具体来讲。

"横看成岭侧成峰，远近高低各不同。"写工作总结也是一样，首先要选取合适的角度。善于选准角度，既是一种技巧，又是写好工作总结的重要因素。

下面归纳总结了工作时常用的八种角度，以便从中探索写好工作总结的方法。

第一，根据工作职能进行总结。

各个部门各司其职，社会状态才能井然有序。因此，根据工作职能进行总结，是一种主要的总结角度，常用于年度工作报告，用于对工作进行全面的总结。如税务部门的主要职能是"执好法、收好税、带好队、服好务"，某省税务局在总结工作时就归纳为"税收收入跃上新台阶；依法治税得到新加强；队伍素质有了新提高；纳税服务有了新改进"等部分，这就是从工作职能出发来总结工作的。

第二，根据工作思路进行总结。

在工作中，思路不同，带来的效果也会不同。因此，如果工作思路与众不同或别有创新，也可以围绕工作思路来总结。例如，某省税务局抓税收分析工作，先从宏观税负查找可能存在问题的行业，再对该行业可能存有疑点的企业进行微观评估，然后进一步总结经验、汲取教训、制定制度，形成长效机制。整项工作思路清晰，层层递进，富有启发性。该单位在经验总结时就归纳为"宏观分析定方向；微观分析找问题；健全机制求长效"三部分，在全国交流时产生了很大反响。一般来说，以这种角度来总结工作，效果好坏主要取决于思路是否清晰、深刻、新颖。

第三，根据工作特色进行总结。

这种方法常用于专项工作的经验介绍，对执笔人的要求比较高，不仅需要充分掌握材料，而且还要有一双善于发现的眼睛，能从大量的资料中挖掘出闪光点来。

笔者刚参加工作时，有位同事承担了撰写本单位思想政治工作总结的任务，但反复修改，几易其稿，还是通不过，十分苦恼。

一位从事文字工作多年的办公室领导提醒他，可以先从原始材料中提炼出特点和特色来，然后再围绕这些特点进行总结。

可谓"一语惊醒梦中人"，这位同事听后迅速调整思路，抓住本单位思想政治工作"工作扎实、细致耐心、方式灵活、领导带头"的特点进行总结，归纳为"立足一个'实'字，增强思想政治工作的针对性；着眼一个'细'字，增强思想政治工作的感染力；突出一个'活'字，增强思想政治工作的吸引力；强调一个'带'字，增强思想政治工作的感召力"等部分。

领导看后十分满意，认为不落俗套，写出了新意，还要求大家作为范文来学习。选用这种角度写起来比较难，对文字工作者的写作能力要求也很高，但写好了就别具一格，很有说服力。

第四，根据采取的工作措施进行总结。

工作中会遇到各种问题，针对不同的问题往往会采取不同的措施进行解决。因此，根据采取的工作措施进行总结也是很常见的方法，主要用于对某方面的工作进行总结。例如，某市纪检部门抓"执行力建设"时采取了"统一思想、转变作风、加强督办、素质培训"四大措施，总结时就归纳为"统一思想抓落实;转变作风抓落实;督促检查抓落实;提高能力抓落实"四部分。

又如某市工商局从"教育引导、内外监督、健全制度和严格惩处"等方面抓规范执法工作,总结时就归纳为"创新载体,提升教育的针对性;内外并重,增强监督的实效性;建章立制,确保机制的长效性;狠抓不懈,提高查处的准确性"。这就是根据工作措施进行总结的典型例子。

第五,根据开展工作的时间进行总结。

这种方法一般用于对专项工作进行总结。完成某个重点项目需要很多流程,从节点开始,到中间落实,再到项目完成,每一个过程都有不同的内容、心得和体会,可以从始至终对项目的开展进行总结。例如,对于某个项目可以从"领导重视,精心组织;制定方案,分工负责;加强协调,形成合力;抓好试点,健全方案;狠抓落实,强化执行;总结提高,优化改进"等六方面进行总结。这个例子所采取的角度就是开展工作的先后顺序。应该说,这种方式能完整描述整项工作的全貌,但缺点是重点不突出,特点不明显,写不好很容易变成流水账,难以给人留下深刻的印象。所以,采用这种方式总结要提取中间部分流程中的特别方法和成效。

第六,根据"关键词"进行总结。

党代表会议、中共中央全会等各种重要会议,往往会提出一些新的理念,出现一些热点词汇。合理利用热点词汇来总结工作,既可以体现时代气息,又可以提升文稿的高度。

例如，有次笔者参加市政协的一个会议，市领导在讲话时抓住政协的"协"这一关键字进行总结论述，"第一，所谓相'协'，首要之义为协商；第二，所谓相'协'，又有协力之义；第三，所谓相'协'，又有协和之义；第四，所谓相'协'，还有协同之义"。讲得富有新意，十分精彩，赢得了满堂喝彩。

因此，作为一名秘书，如果经常关注党中央的最新精神和理念，能善于提炼、总结关键词或关键字，也能开阔思路，提高总结的水平。

第七，根据参与主体来总结。

不管什么工作都离不开参与主体，因此参与主体起着重要的作用。当某方面工作或者某个重大项目完成后，一般都要召开会议，总结工作，表彰先进。这种场合的总结部分，往往围绕参与该工作的各个主体来构思。例如，某次抗洪抢险救灾工作总结表彰会议的总结部分就采用了这种方法，"在整个抗洪抢险中，党中央高度关注……受灾省区的各级党委和政府，认真贯彻执行党中央、国务院的方针……人民解放军和武警部队坚决响应党和人民的召唤……人民群众是夺取抗洪抢险胜利的主力军和真正英雄……"，这是按参与主体总结的一个经典范例。

第八，根据解决的问题来总结。

对发生的问题进行归纳总结可以从中汲取经验，在以后的工作中将会事半功倍。在总结工作时，针对解决的问题来归纳，往往也会取得很好的效果。有一次，笔者所在单位的服务部门总结工作，客观来说这个部门做了很多工作，也采取了很多创新的措施，成效也比较明显，但上级领导听了汇报并不满意，批评他们思路不清楚，工作针对性不强。

回去后，该部门对材料进行了重新补充和梳理，从解决"脸难看、事难办、门难进"等问题出发，将工作总结为"进一步提高服务意识，尽量让老百姓少受一点气；进一步改进服务环境，尽量让老百姓少跑一点路；进一步优化服务手段，尽量让老百姓少花一点钱；进一步提升工作效率，尽量让老百姓少排一点队"四个方面，得到了领导的认可。从这种角度来总结工作，针对性强，直接鲜明，能给人留下深刻的印象。

上述是根据工作经验归纳的几种角度，在实际中它们往往不是独立使用的，而是根据情况进行有机组合的。在撰写工作总结时，应当认真收集材料，掌握总结对象的特点，尝试从多个角度出发，把思路向四面扩散，沿着不同的方向、不同的侧面思考问题，然后再进行比较分析，找出最佳的总结角度和方法。

03
如何实现从看书到写作的飞跃

你好，我是从事行政工作的，经常需要写一些类似公文之类的文章，有的时候能下笔如有神，而有的时候却又感觉才思枯竭、无从下笔。所以，我有两个问题想请教您：第一，在上班业务不忙时，我该如何通过自学提高自己的写作水平？在上班时看书往往会让人感觉比较闲，是看电子版还是读纸质书更合适？你是怎么做的？第二，《公文写作技巧与案例》《从零开始学公文写作》《秘书工作手记2》等讲公文写作的，实操性很强，让我对公文有了更切身的领悟，能讲讲你从开始写作，到写好，再到教人写作的大致历程吗？

第一，关于上班看书。

在上班时看的书，一定是要和业务相关的，至少是理论类的书籍。比如看《公文写作技巧与案例》《从零开始学公文写作》的这类图书，肯定一点问题都没有，还会受表扬。总之，党政文化类的书一般都没有太大问题。如果是看公务员考试的书，那就不太好了。

第二，关于写作。

一是要敢于写，敢于记录和表达。是不是一定要写得很好，才能介绍写作的经验？不一定要这样。你说我写得有多好，可能也未必。跟那些有几十年经验的老笔杆儿相比，可能写得也不怎么样。如果说必须等到写作水平高或必须写出好的东西才开始写，那恐怕迟迟不会动笔。关于好，哪有止境呢？所以，不要想着等到什么都做到最好才开始，现在开始就是最好的，要敢于迈出第一步，内容输出的过程也是对输入的刺激和整理，能从中发现问题，改正问题，并不断完善，这样才会逐步提高。

二是记录和表达要趁早。机关惯常的价值观总是冷板凳要坐十年，要静水流深。从某种程度上来说这是对的，但并非唯一的真理。平时只要觉得是自己思考的东西，对别人有用的东西都可以记录下来。不要等到自己写得多么多么好，才开始记录、总结和表达。凡是你觉得对别人有帮助的一些心得体会，都可以记下来。也许，刚开始写出来的东西，对于某些有经验的人来讲可能会显得很幼稚，但对于一个初学者，你的记录还是有借鉴意义的。如果有想法不及时记录下来，等到时机过去，可能灵感就会消失，可能也就没有表达的欲望了，又或者拖延之后的表达方式很难被大家理解和接受了，所以，有想法要及时行动。

04
如何写出优秀的年终工作总结

老部长，你好！我刚被提拔为办公室主任，还没有做出成绩，但是现在临近年底，大家都已经忙着工作总结，然而我被提拔后没有特别突出的贡献，怕徒负虚名，该如何写出一篇优秀的年终工作总结？

虽说万事开头难，但是良好的开端是成功的一半。写好这次年终的工作总结，是你上任后的第一把火，一定要烧好、烧旺、烧亮，给领导和同事们留下一个好的印象，有利于你以后的工作开展，强化领导对你的信任。具体建议有以下几点供参考。

第一，取长补短，青出于蓝。

一定要把单位前几年的工作总结全部找出来研究学习，既学习它们的特点，又避免重走老路。学习之前的工作总结可以了解单位的全局工作和方方面面的具体业务，可以学习之前写作人的思路和方法，还可以学习年终工作总结的基本套路和不同风格。同时，可以避免重复之前的老套路和老框架，知之为何而破之，在此基础上才能有新的突破，开拓新的思路。

第二，谋篇布局，突出亮点。

年终总结不能简单地就单位各项工作进行总括概述，还要把领导的活动轨迹、单位的典型做法和先进经验突出和体现出来。建议分为三个部分：一是概括主要工作和成绩，重点突出单位工作的特色和亮点，尤其是上级表彰的工作事项；二是主要工作的探索、创新和突破，重点从领导们的活动轨迹中发现工作举措上的推进和创新、探索和突破；三是明年的工作思路和展望，这一块内容可简要一些，对标当前的中心工作目标，把理论的高度、成绩的厚度、思考的深度融为一体。

第三，适当炫技，打造亮点。

在盘点完单位的业务工作后，还可以从语言风格、框架结构、逻辑清晰、观点鲜明等几个方面优化。比如标题齐整，排列整齐、逻辑清晰、生动形象的一级标题一下子就能抓住人的眼球，并能让人对整篇总结有一个概括性了解，文章脉络非常清晰。再如语言风格凝练，工作总结的风格一定要言简意赅，用最简洁明了的语言展示丰富的工作举措和实绩，这既能显示出单位务实的工作氛围，又能凸显个人干练的形象。

05 如何让竞选发言稿助力成功竞选

你好，想请教下竞选方面的问题。在单位职级晋升的公开竞选中，竞选发言稿通常需要从哪几个方面准备？怎样才能让自己的发言达到"眼前一亮、入木三分"的效果？除了发言，还有什么其他需要注意的事项吗？

职级晋升是为了提高大家的工作积极性，给一些职务还未达到的干部的提升机会。开展职级晋升公开竞选是发挥职级晋升的激励作用的重要方式和实现途径。当有机会参加晋升竞选时要尽全力去争取，努力公平竞选，竞选发言可以参考以下几方面。

第一，展示自己。

对于竞选发言，首先要介绍一下自己的基本情况。因为是职级晋升，所以要把自己具有优势的一些客观条件进行重点突出。比如，任现职现级别的年限、近几年的考核情况等，如果有优秀或几等功，都要特别突出地说清楚。

第二，竞选理由。

竞选的理由大同小异，无非是觉得自己有能力胜任更高的职位。自己觉得不算数，大家都觉得才算数。所以，怎么才算有能力胜任，还得靠工作来证明。因此，在竞选的时候，要有一个说服大家的理由。理由虽然很简单但有含金量，可以从工作有成绩、有亮点、能力比较强这一块进行重点陈述。将自己特别突出的业绩说出来，但要记得加上一句"是在部门领导的帮助之下"，毕竟个人的进步很难离开领导的指点，要表现出感恩领导的心。在能力方面，要说点特别的能力、过硬的能力，不要说每个人都有的普通的能力。

第三，下一步打算。

下一步打算主要就是"如果竞选成功"后的计划，这一部分要相对简短一些，概括式地说两三点主要的就行，比如，如何带领团队，以什么样的心态和状态工作，完成什么样的工作目标等。最后表态，如果竞选不上也会兢兢业业地做好本职工作。

第四，关于"提亮增彩"。

想要达到让人"眼前一亮、入木三分"的效果，重点还是在工作成绩上做文章，要有特别大的亮点。除了工作成绩，还有工作心得。对于工作心得，要感悟比较深刻。再者就是，表达形式上注重运用名言警句，而且是有力度、有内涵的那种名言警句。此外，演讲的气势要跟上去，要有一定的感染力，而且逻辑条理要清晰，设定的小标题要简洁明快且有一定的特色，但也不能太花里胡哨。

第五，前期准备。

除了以上几点，还要做好一些其他工作，比如，在演讲前如果有机会的话，最好能提前给领导做一次汇报，了解下评委都是谁。所谓"知己知彼，百战百胜"，就是在事前充分了解自己和了解对方，才能战无不胜。这个用在这里也是一样，充分了解评委会更容易取得成功。除了了解评委的特点，还要提前了解你所在单位的竞选氛围，以便保持一个良好的状态。最后就是，要与领导、同事处好关系，不要产生矛盾，但也不用曲意逢迎。

06
怎么样进行引人入胜的座谈会"发言"

你好，我们单位将举办一次重要的座谈会，我作为年轻人代表需要在座谈会上发言，其他发言人均为有突出成绩的中层领导，只有我是没有太多经验的年轻人。发言的主题主要是工作体会，听众有本系统的重要领导，也有其他系统的领导。请问如何做才能让发言出彩？

老部长：

座谈交流会上的发言汇报是领导发现人才的一个重要途径，因此必须高度重视，精心准备，年轻人更要认真地把握和善于抓住机会。根据你描述的情况，建议从以下几个方面进行准备。

第一，把准站位。

发言的开始，要明确表态"自己是抱着学习目的来的"，态度要诚恳、谦虚，语言要简洁、凝练；发言的最后，要坚决表态，会按照领导的指示或者讲话精神，借鉴前辈的经验抓好落实。篇幅不能太长，几句话即可。

第二，关于**语调语速**。

作为年轻人，要充满朝气。发言要全程铿锵有力，语速要适中，并要有节奏感，不能过快或过慢。过快会给人紧张感，过慢会给人拖沓感。用自己熟悉的方式自然而然地进行表达，比如觉得用方言更自然就用方言，觉得用普通话更舒适就用普通话。

第三，关于**内容**。

既然作为年轻人代表发言，就要准备下发言内容。发言的正文可从以下几点下功夫。

一是观点要体现高度。可以结合正在开展的主题提炼观点，体现新意和创意，能够一下子抓住人心，使人眼前一亮，不要太平淡。

二是内容要体现厚度。要紧紧联系自己的思想、工作和作风实际，多用发生的事实、具体的事例说话，要少说或不说大话、空话、虚话。能用讲故事的方式说出一两个事例，将会使发言更加生动，从而给人留下更加深刻的印象。

三是表达要体现力度。这个力度能体现出个性，个性是给领导留下印象的重要表现形式。发言要符合自己的身份、工作和环境，要展现出自己的特点，用自己的话来表达自己的事。

07
有没有"万能"的主题发言框架

您好,想向您请教以"过紧日子,为公司提质增效"为主题的党会的发言大纲。

由于全球整体经济发展趋势走低,国内经济大循环也受到很大的影响,学会"过紧日子"已成为各行各业必须直面的一场大考。为此,你可以围绕这次党日活动的主题,从以下几个方面展开发言。

第一,思想。

"过紧日子,提质增效",要在思想上"紧"起来。我们认真学习领导重要讲话和指示批示精神,让"过紧日子"的思想内化于心、外化于行,成为自觉行动。

第二,行动。

"过紧日子,提质增效",要在行动上"硬"起来。特别是对企业来说,厉行节约就必须摒弃"大手大脚"的毛病,既要学会做"铁公鸡",更要学会打"铁算盘"。

第三,细节。

"过紧日子,提质增效",要在细节上"抠"起来。要眼睛向内深挖潜能，向一点一滴的浪费宣战，比如日常管理开支的一张纸、一吨水、一度电……从细节做起，聚沙成塔、集腋成裘，以日积月累的量变赢得效益提升的质变。

第四，责任。

"过紧日子，提质增效"，要把责任担起来。以"不驰于空想、不骛于虚声"的精神，以"埋头苦干、担当作为"的干劲，多为节支降耗支一招，多为改革创新解一题，共担促进发展、经营创效责任。

08
动员致辞有"模板"吗

你好，我们集团最近准备在我们公司开展基层党建及工会业务培训，参培人员有集团的业务部门领导、外部大学老师，以及其他各公司的党支部书记和党务、工会工作者。会议安排由我们公司的总经理进行开班致辞。接着是集团董事长做开班讲话。想请教您，公司总经理的开班致辞大致需要包含什么内容？

你好,你们公司作为承办方,而不是主办方,那么你们公司总经理作为承办方的领导,致辞的主基调就是欢迎,可包含四个层次内容。

第一,欢迎。

这层内容就是欢迎集团公司领导、各地各单位参加培训的领导和同事,到本公司莅临督导和参加培训,本人代表公司及全体人员热烈欢迎。

第二,介绍。

这层内容就是介绍本公司的整体工作情况,主要成就和贡献,尤其是党建、工会工作的开展情况,包括主要做法、典型经验和突出成绩。

第三,表态。

这层内容就是表明态度,诚恳地表示:本公司会按照培训班的总体要求,搞好各方面的学习和生活服务,为大家提供优质的学习和生活环境。

第四,祝愿。

这层内容就是祝愿这次培训班取得圆满成功,祝愿参加培训的领导和同事在培训期间学习进步、生活愉快、万事顺意。

注意: 发言要做到观点明确,层次清晰,言简意赅,这样就会收到好的效果。

09
什么是高水平"竞聘演讲"的主线

老部长你好,我准备参加办公室主任竞聘演讲,但我没有在办公室工作过,请问该如何准备办公室的竞聘演讲呢?怎么表述更有说服力?

如果你想要在办公室主任的竞聘演讲中,讲出高水平、讲出特色、讲出亮点,从而胜出,就要围绕"为什么竞聘,凭什么竞聘,竞聘成功后怎么做"这个主线来展开。

第一,为什么竞聘。

至于为什么竞聘,也就是说明参加竞聘的理由,理由充分方能打动人心,所以理由要能获得他人的认可,引起他人的共鸣。例如,在表达时可以形容办公室具有参谋部、后勤部、服务部、协调部、信息部等职能,主要内容是搞好"三服务",因为自己对办公室工作有深刻的理解,更容易做好服务工作。

第二,凭什么竞聘。

要想在竞聘中脱颖而出,需要凭真本事,还要具有别人不具有的优势。例如,在阐述凭什么竞聘时,可以说自己有"三个一"的优势:一片忠心、一颗诚心、一直用心。用这"三个一"作为一级标题,既有新意又有清晰的逻辑，不但能引人入胜，还能展示出干练的形象。

第三，竞聘成功后怎么做。

做事情要有目标，没有目标就像没了头的苍蝇——乱撞一气。竞聘也一样，竞聘成功后要有目标，方能带领别人加油干。办公室的工作有了目标之后，还得有实现的方法和措施，而且还要做好服务工作。概括起来讲，竞聘成功后可以这样做：围绕"一个目标"，即单位工作目标；做到"两个结合"，即带头干与带领干结合，动脑与动腿结合；搞好"三项服务"，即为领导服务，为机关和基层服务，为教职工服务等。

总之，要做到观点明确、层次清晰、逻辑严谨、言简意赅、语言干脆，这样就会使人眼前一亮，赢得评委和领导的认可和信任。

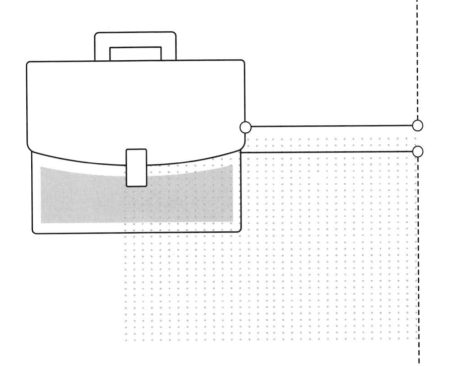

第七章

新岗位

01
到新单位任一把手，如何让原负责人心服口服

您好，我是一名女性，今年38岁，即将任分局下属事业单位的正科级主任，目前这个单位的负责人是一位47岁的男性副主任科员，因为我去了会把他"挤"下去，所以他对我比较排斥。单位让他去别的地方任实职副所长，他也不愿意去，非得在原单位待着。他是一个"笑面虎"，总是和另外一个老同志抱团，我担心他会有事不知会我，从组织内架空我。我的升职是我兢兢业业干工作干出来的，并无意触碰他人利益，但我无法顾及每个人的感受。下周一就要交接上任了，感到有些焦虑。我该如何面对他们？是否该把不听招呼的人换掉？

古人说，每遇大事要有静气。你到基层单位担任一把手，这就是人生的重要节点，是一件大事。此时，应该坚持缓烧"严格工作、严肃待人、立制革新"的"三把火"，谋定而后动，以积极的心态、冷静的姿态、扎实稳妥的措施，开好局、起好步。

第一，逐人谈心谈话，摸清情况。

所谓"知己知彼，百战百胜"，就是了解自己也了解对方，才能战

无不胜。这句话用在工作中也一样，只有全面了解对方，才能做到心中有数。因此，你可以全面了解单位的历史和现状，比如工作的成绩和问题、人员的心态和表现，做到心中有数。尤其是重点跟两个老同志敞开心扉去谈，希望得到他们工作上的支持，友好合作共事，做到"有言在先，仁至义尽"。

第二，坦荡真诚，一碗水端平。

俗话说，真诚是永远的"必杀技"。人都是有感情的，真心往往能够换取真心。无论在生活中，还是在工作中，我们都喜欢真诚的人，因为真诚的人可以让人放心。因此，真诚对待别人，也能收获同样的真诚。到了新单位，不管新同事怎么对待你，都要坚持以坦诚坦荡、大方大气、大度大量、认真不较真、严格不死板的人设为人处世，平等对待班子成员、对待同事、对待大家，尽量不分亲疏。时间久了，大家心里都会有杆秤，也都会信任你。

第三，冷静观察，以静止动。

古人云，"静观其变，不欲其乱"，就是要不动声色地观察事情的进展和变化，不要受到其影响而扰乱内心，从而做出有效决策。在你上任之后，可以先维持原单位的工作机制和程序进行日常工作运转，在运转中学会观察，掌握工作动态，把握人员心态，不要着急做出决定，"让子弹飞一会儿"，先让他们把工作品行和生活品性尽量展现出来，如果有问题，就让问题暴露得充分一些。这样，更利于"对症下药"。

第四，抓住重点，逐步理顺。

上任大概两个月后，如果两个老同志配合得好、各项工作进展得比较顺利,那么就按照有利于巩固自己的权威思路,进一步完善工作制度、程序和运转规则;如果两个老同志配合得不好,在谈话谈心做到仁至义尽之后,你就可以先从调整分工入手,让他们分管或从事任务较轻或者边缘化的日常琐碎工作,把他们暂时搁浅起来,以儆效尤。

若需调整人员,一次不宜太多,先主后次,各个击破,以防他们抱团儿。对于表现好的同志,要及时安排到重要岗位上,以发挥正面引导和激励作用,这样可促使更多的人积极向上、团结工作。

02 新晋办公室副主任,如何统筹办公室繁杂的业务

我刚被提拔为办公室副主任,办公室的业务很繁杂,办文、办会、汇总、督办、人事、薪资等都需要我来阅办,感觉每天都很忙碌。虽然有人配合,但有的下属做得"不到位的地方"还得我来改正,很多活儿干不过来,所以每天都特别疲惫。应该怎样分配好这些工作,有什么好的经验吗?请给个意见方案,或者具体的思路。

凭海临风:

从你的表述能感觉到你是个责任心很强的人,办公室工作确实很繁

杂，若你希望每件事都做得很好，那真的会很累。总体建议，你如果不是办公室负责人，可以和主任商量一下，重新按业务分类，负责办公室工作中的办文、办会、接待或服务领导等具体业务分类中的几项工作，有利于提升业务水平和工作质效。如果你是常务副主任，是具体负责人，则需要好好谋划一番。

第一，明确分工。

俗话说，"众人拾柴火焰高"，因此在工作中要学会分工协作，并且要明确分工，这样工作的效率更高，而且不累。根据人员组成情况，把所有的工作按照业务性质和类别进行明确分工，尽量细化到具体工作事项。另外，事先征求相关工作人员的个人意见，并请常委主任或主管领导出席办公室全体会议，会上以纸质版文件的形式正式宣布分工安排，以利于工作的顺利开展。

第二，用好"传帮带"。

所谓"传帮带"，简单地说就是传输经验。安排和布置工作是讲究方式方法的，落实和开展办公室日常工作更是讲究方式方法的。一方面，你个人要多向往届前辈请教，汲取经验；另一方面，要注重让老同志带新同志，帮助后来者学习和进步。这样也有利于搞好内部团结，营造积极向上的工作氛围。另外，可以用正能量影响身边的同事，激发他们积极向上的工作态度，从而带好队伍。

第三，科学管理。

领导者不是只告诉别人怎么干，而是要学会合理安排和科学管理。因此，对于具体的工作，要放手让办公室其他成员去做、去负责，不要让自己缠身于具体的事务中。要多琢磨如何用好的制度管人，学会事前安排、事中督办、事后考核，并形成一套详细的规则和制度，让人家追着你跑，要求审核、要求把关，而不是你追着大家干事，追着找人落实。

第四，精进业务。

领导者之所以能成为领导者，必有一些过人之处。在你晋升副主任之后，不能一味地自己埋头苦干，还要带领大家一起发光发热。但是，要赢得大家的信服和做出成绩，首先自己要有一定能力，才能起好带头作用。因此，要精进各方面的业务，提升个人业务能力和水平，只有自己的业务熟悉了，才能精准地发现其他人业务上的问题，并能有效地进行辅导，真正帮到他人，才能真正成为让人信服的中层干部，带领大家共同做好工作。

03 提拔到"缺人少钱"的小单位，如何让工作出彩

今年1月份，我被提拔为团县委书记，3个多月过去了，还没有找到推进单位全面工作的节奏。最近，更是感觉被工作压得喘不过气来。市里、县里安排的工作任务不比一线部门少多少，但单位要钱要不到，要人也要得不顺利，压力非常大，感觉都快抑郁了。有时候，我也在想，现在的工作局面

也不是我造成的，单位自身有历史欠账，县上领导也不是很重视团委工作，要扭转局面，也不是一朝一夕的事情，干脆就有多少钱办多少事。但转念一想，就算换个工作岗位，也会遇到各种各样的问题，自己还是要学着想办法去解决。请老部长指点。

团县委书记是一个重要的岗位，也是一个很有发展前途的岗位。你凭着自己的努力和组织的信任，走上这样的领导岗位，确实不容易。正如你文中所述，在目前的形势下，任何地方、任何单位、任何岗位的工作都不轻松。不要说做出成绩，就算是确保不出问题，都得有足够的事业心、较强的责任感、扎实的新举措。无所作为、得过且过是一天，迎难而上、奋力拼搏也是一天。与其平平淡淡，不如奋起搏击。工作和生活的意义，就在于不断地寻找新的起点，挑战自我，挑战困难，实现新的跨越。尤其是年轻人，更要有点奋发向上的朝气，迎难而上的勇气，做出一些成绩来。

当然，在县级机关，团委还是一个相对弱势的部门，要做出一番成绩，也非易事。那么，作为新官上任的你，如何选好突破口、实现破局呢？古人曰：势者，利害之决。因此，你应在"势"上多琢磨多做文章，尤其是在开局起步阶段要趋利避害，积聚"利"的要素，逐步形成"势"的优势。具体有以下几点建议供参考。

第一，从"三个一"开篇，造势。

凡事预则立，不预则废。造势就是谋篇布局，营造出有利于事业发展的局势、人脉和气场。而领导的重视和支持是最大的"势",你可从"三个一"开始,来争取领导重视。

一是开展一次团的工作大调研。在全县范围内自上而下开展一次团的工作大调研活动,全面掌握工作内容,摸清存在的问题,集思广益提出工作建议,形成一份成绩足、问题准、思路清、分量重的调研报告。

二是向县委常委会汇报一次工作。在向县委分管领导和主要领导汇报工作的基础上,向县委常委会汇报一次工作。包括调研情况,需要解决的问题,下一步的工作思路、建议与措施等,以引起重视。

三是召开一次工作大会。以县委的名义召开一次全县团的工作会议,请县委主要领导出面讲话和站台。这样一来,全县团的工作就形成了气势,更利于后面的工作开展,得到其他各常委的支持。

第二,紧紧靠拢组织部,借势。

团的工作有一句行话叫"党有号召,团有行动",组织工作与团的工作有很多联系和交接,比如团组织建设、推优发展党、团员工作等。因此,在日常工作中可借组织部影响力大的优势,开展团的工作。要有意识地借鉴组织工作的思路、举措、办法,来开展团的工作。

比较简单的办法就是,组织在党员中开展一项什么工作或开展一次什么活动,团的工作就要紧紧跟上,同步展开、同步推进,遇到问题共同研究,总结经验,联合推广,使团的工作深深地嵌入和融入组织工作之中。这样,团的工作就有了依靠和依托。

第三,重点抓活动抓典型,成势。

团的工作千头万绪,要做出成绩,就不能平均用力,必须抓主要矛盾,突出重点。开展活动既符合团的工作特点,又是青年人喜闻乐见的有效方式,还是最易出成绩和形成声势的有效载体。

要紧扣县委的中心工作、围绕县委的中心工作、服务县委的中心工作,每年策划1~2次主题活动,集中人力、物力和精力抓实抓好,抓住特色。活动既可以单独开展,也可以与组织部或其他的职能部门联合开展,并注重突出抓好培养典型、发现典型、总结典型和宣传推广典型的工作,以点带面,形成影响,从而起到事半功倍的效果。

第四,注重争取领导支持,保持态势。

在县里,团的工作一般是专职副书记或组织部部长分管,这是搞好工作的有利条件。因此,要充分利用工作和生活这两个平台,同分管领导多接触多接近,工作上多汇报、多请示、多联系,生活上多联络、多交流、多交往,这样既可增加互信,又能增加感情;既有利于工作的顺利开展,又有利于个人的成长和发展。

04
到新单位,如何预判和打好"有准备之仗"

目前,我被调动到一个新部门,观察发现部门领导和分管领导经常会抽带本部门的同事下县进行调研,请问跟随领导调研要准备什么?这种跟随领导检查、陪同领导工作有没有什么程序化固定模式的准备？比如，出发前准备什么？在路上有没有必要主动跟领导聊天？到了目的地怎么做？以及回程是否有什么需要准备的？

 尘埃：

"细微之处见风范，毫厘之优定乾坤。"建议你要做的就是把一切随意都变成心意，把一切小事都当成大事，让领导如沐春风般地享受到你温馨的服务。有两个方面供你参考。

一方面，从"道"上讲，要把一切随意都变成心意。

你所做的任何动作，都要自然，不要矫揉造作，在顺其自然中为领导做好服务工作，并从中学习。

如何才能做到拿捏自如、举止大方呢？我觉得，从内心里不要把领导当领导，要把领导当长辈，以一个晚辈的心态去服务，就好像在家里照顾长者一样，这样开车门、提包、倒水，才会有亲切感，不会让外人感觉总是曲意逢迎，规避了讨好的嫌疑。

另一方面，从"术"上讲，要把一切小事都当成大事。

你要做好固定工作，更要做出水平，显得与众不同，显得更有水平。

一是出发前。需要什么就要提前准备好什么，坚持"宁可备而不用，不可用时无备"，在大脑里想一想整个调研的过程和细节，思考每个阶段需要的物品，同时拿出一张白纸，想起什么写什么，慢慢地就能列出很多事项。比如文件资料、水杯茶叶、对方的联系方式、充电宝、纸巾湿巾等。如何显得有水平呢？那就要做到细之又细。比如，准备好领导爱喝的茶叶、有多个插头的充电宝、可能用到的药品等。如果领导突然胃疼，立即拿出胃药，领导会认为你做事周全，事无巨细，让人放心，你自然也能得到领导的赏识。

二是在路上。工作不同于生活，说话、做事不能肆无忌惮、无所顾忌，对领导还是要有点敬畏感。因此，即便是下县不在办公室了，也需要谨言慎行，要记住别乱说，别多说。要懂得不该问的不问，不该说的不说，没必要主动寻找话题，因为领导可能在思考问题，可能在闭目养神。如果要说就得说好，那么，如何显得有水平呢？领导说话时仔细听，对于有关问题，不懂就上网查询。这样领导问你时，才有可能说到位。另外，可以提前了解一下被调研地点的风土人情、历史典故，在闲谈中显得知识丰富。

三是到目的地。到达目的地之后，要及时联系当地人员，并做好沟通，对接好各项议程，准备好所需材料，不要耽误事。那么，如何显得有水平呢？和对方沟通交流时要有礼貌，一起吃饭时要为领导服务好，休息时，要提前查看房间是否通风，温度是否适宜等。

四是回程时。提前查看任务是否完成，资料、物品等是否带齐，如果需要结账的话，应提前结账，千万不能等到快走了，再去排队。这又该如何显得有水平呢？估计着领导到家后，再给领导发条信息表示这次外出调研得到了领导的指点，如感谢领导在这次调研中给予的照顾，自己学到了很多知识。另外，可提醒领导早点休息，等等。

05
新上任后，该怎么对待体制内不求进步的老同志

问

我刚提升成为办公室主任，很想把工作开展得井井有条，然而新调来的副手，虽然比我年长几岁，但什么都不会干，最简单的电脑文档都不太会使用，跑腿等简单的活又不愿意干，部门内部除他以外仅有一个干事，遇到这种情况该怎么办？

石头哥：

先说一个可能让你感到沮丧的实际现象，很多单位确实都会存在个别不求进步的老同志，也是有综合原因的。

或是历史原因，或是特殊因素，前几任负责人或者分管领导都没有合适的方式解决，建议你先把精力放到主业主责上。对于"这样的老人"，先求不添乱，不求做贡献。建议你少管他、少理他、闲着他、由着他即可。

换个角度想一想，这么多年过来了，或许他的父母都改变不了他，激发不了他的内在积极性。而你新任履职，有很多工作等你来安排，人的精力是有限的，哪有精力去改变他；你在他身上花精力，到时候解决不了问题，反而可能产生矛盾，那就太得不偿失了，投入产出比太低。因此，不要把太多精力放在他身上。

俗话说,"从自己身上找原因,一想就通;从别人身上找原因,一想就疯"。人不能被以往的经历和经验埋葬,也不能被眼下暂时的困难和不配合的个别人耽误了重要的事,更不能因为一时的人和事而贻误人生前途和工作大局。在工作中,如果有大部分人员能够配合,大部分业务能够顺利开展,有一两项工作能做出彩,那就很了不起了,哪能事事如意、事事顺心呢?

06 到新岗位,如何克服个人不适应、能力不匹配、下属不买账、领导不满意的瓶颈

我是一个新提拔的"90后"乡镇组织委员,以前是团委书记。我想请教,到了新岗位后,如何克服人员紧、任务重、效率低的问题?

一方面,我业务不熟,以前没有接触过现在这块的工作,两个手下是"85后",业务啥的比我早接触一年,对我不太服气。对于怎么领导他们,我觉得比较头疼。其中有一个人是"军转干",有时候会"阳奉阴违";还有一个人业务能力还可以,但是因为我不怎么熟悉业务,她有时候会直接跟原来的组织委员汇报,有些事情不跟我汇报就直接做了。

另一方面,乡镇党委书记的工作节奏特别快,交代的活希望立即干完,

我觉得我已经很卖力了,每天基本18个小时扑在工作上,书记还是不满意,跟我说"有些工作没做好,哪怕24小时做都要做好"。本来组织科本身的工作就已经很忙,最近主题教育又加塞进来,即使把工作给下面人分担,还是感觉力不从心。

老部长:

根据你的描述,感觉你现在最大的问题是提拔后遇到了瓶颈:自己不适应新环境、能力与职位不匹配、下属不买账、领导不满意,这往往是新提拔干部初期普遍遇到的问题。要突破这个瓶颈、解决这些问题,先不要在管人上做文章,而要把根本和重点放在提升自己的综合素质上,做到以能力立足、以工作树威、以成绩塑形。建议具体从以下几个方面入手。

第一,抓紧时间学。

组织工作集理论性、法规性、政策性、程序性于一体,不熟知就会感到茫然,不知从何入手。

一是学法规政策。从干部工作到基层组织建设,从干部监督到党员教育管理,都有一系列的法规条例,比如党章、公务员法、干部任用条例、发展党员细则、基层组织建设相关条例等。

二是学具体业务。这个业务主要是指工作程序,组织工作程序非常严密、细致,也非常繁杂,比如说,"干部工作"从动议酝酿到考察研究,从公示到决定任职,每个环节的要求都非常细致。"发展党员"从入党积极分子到确定入党对象,审核填写的志愿书,支部委员会、党员大会讨论到上报党委审批，程序也非常多。"基层组织建设"包括学校、行政村、"两新"组织都有非常明确、具体而又不同的要求等，应尽快全面熟练掌握。

三是学工作方法。孔子云：三人行，必有我师焉。每个人都有所长，在工作中要学会学习。可以向过去的老组织委员学，也可以向身边的同志包括你的下属学，要学会放下架子，不耻下问。只有把工作中所要掌握的这些东西学精、学透、学深并理解了，才能上道奔跑。如果学不精、悟不透，那么工作就如盲人摸象。如果作为领导，总说"外行话"，做"外行事儿"，又怎么能领导大家干呢？大家怎么会服气呢？

第二，突出重点抓。

组织工作内容庞杂，要求高，要求急。因此要善于突出重点，提纲挈领地制订计划，不能眉毛胡子一把抓，更不能东一榔头西一棒槌。重点内容主要包括：上级党委安排的全局性工作，比如正在开展的主题教育；党委书记安排的工作；上级组织部安排的重要工作等。

对于这些重点工作，要集中人力、物力和时间将其突出抓好。做到有计划、有安排、有检查、有督办，一项一项地落到实处，一项一项地进行汇报反馈。

第三，结合实际创。

组织工作博大精深，要想样样抓好、样样出彩不太可能，也不太现实。因此要结合本地本乡镇的实际，选择几个小切入口，研究载体和方法，逐步进行推进。要善于总结经验和宣传典型，用典型经验推动工作。

比如说"主题教育中,外出务工经商党员、'两新组织'党员怎么抓"是工作中的薄弱环节,你如果在这个方面有什么好的方法,就要做实、做新、做出特色,及时推出好经验和好典型,肯定会受到上面的关注。又比如乡村振兴是个热点,可以围绕"如何发挥基层组织在乡村振兴中的战斗堡垒作用"做点文章。

第四,及时汇报。

对于开展工作的进展情况、呈现出的问题和总结的经验,都要分别及时地向党委书记和上级组织部门领导进行汇报,听取领导的指示进行下一步工作,解决工作中出现的问题,补齐工作中的短板、弱项,从而及时推进工作进度。

在工作中,要学会进行工作汇报,这样对于发现的问题能够找到有效的解决方式,并能快速提升自己的个人组织能力,因此不能只埋头拉车,还要学会抬头看路。

第五,合理分工。

在你对工作还不熟悉的情况下,要学会把任务按职责分给大家,这样才能充分调动大家的积极性。合理分工之后,要学会鼓励大家,比如说"大家放手去干,如果工作干好了,成绩肯定会记在咱们部门的功劳簿上,咱们部门的人员都会受益",这样,大家干起工作来也会更积极。

总之,只有把工作做出成绩,使组织认可、书记满意,下属才会自然主动地团结在你的周围,所遇到的问题也都会迎刃而解。

07
主要领导让我抗衡分管领导，怎么办

问

我从基层提拔到上级政府业务部门担任负责人，但是领导之间思路不统一，我该怎么破局？

一方面，分管领导的能量很大，工作格局较小，只让开展他安排的工作，对下属有自己的想法非常反感，不喜欢下属太强，更反对越级汇报。我提出过一些经过深思熟虑的工作建议都被婉拒。

另一方面，主要领导对我的要求很高、期望很大，让我大胆开展工作，大力推进、积极创新，有问题还要多汇报。但他对分管领导也无计可施。我实在是左右为难，不知道怎么做才能破局。

另外，科室人员也不太得力。科室干部大都是借调和临时工，懒散惯了。总说"干不了"，即便干了也不认真，做事标准低。我咨询过以往的情况，前任负责人说，"也是熬过来的，没法破解"。

老部长：

根据你描述的情况，主要领导和分管领导之间估计有矛盾，至少不和谐，不要掺和，也不要得罪分管领导。在进行工作汇报时，要尽可能少地越级汇报，但可以通过书面或其他方式定期向主要领导汇报你的工作成绩和思想情况。有几点建议供你参考。

第一，事急从缓。

"木秀于林，风必摧之。"虽说新官上任三把火，雷厉风行地做出成绩才能服众，但如果是乱烧一通，则得不偿失，难以服众。

因此，上任后不要急于烧"三把火"，更不要用力过猛。先认真地摸清主要领导和分管领导的基本情况和矛盾点，然后有针对性地采取对策。

第二，灵活应对。

学会以不变应万变，即在办事时要注意观察事态变化，才能处变不惊、灵活应对。

因此要学会在有限的空间里开拓创新，就是说在分管领导安排的工作中，你要学会发挥作用，进行创造性的工作，并往深处做、往高处做、往精处做，在"高、精、尖"中体现出你的能力和智慧。

第三，讲究策略。

无论做什么工作，都讲究方法和策略，好的策略能让你事半功倍。既然你的分管领导与你的主要领导不和，你又不好越过分管领导直接开展主要领导有创新性的工作，那么在主要领导安排工作时，最好能把你和分管领导喊到一起，共同交办工作，这样分管领导也不好说你什么，那你就可以大胆开创和落实工作了。

第四，开辟新的渠道。

你的两位上级领导之间的矛盾或多或少会影响到你的工作，为了跳出他们的束缚，那么就要不断地提升自己的能力。

一方面，在工作上扩大影响力，把你开创性的思路、想法变成理论文章，刊登在大的报刊上，不断形成和扩大影响，为发展创造环境。

另一方面，以制度管人，加强内部管理完全是你的权限，通过"目标管理＋激励＋思想政治工作＋感情交流沟通"，调动同事们的积极性，获得更多人的支持。

08 新入职公务员如何应对多头领导布置的任务

我是一名新入职的公务员，入职后部门科长、处长、副处长都会给我安排工作任务。尤其是处长，因为部门的年轻人较少，对于文字宣传、信息工作、党建活动、跑腿送文件之类的事，他都会让我去做。

我感到困惑的是，在完成处长交办的工作时，科长说"这不是我们科的工作任务，你不该接"，也提醒我此前有同事，因忙于非分内工作而未完成本职工作被问责。

对于多位领导交办事情，我应该优先完成谁交代的工作呢？科长的提醒是否正确？如果不是科室内工作，公务员新人需要拒绝吗？如果需要，该如何拒绝呢？作为一个新人，我该如何应对多个领导布置的任务呢？

作为一名新人，出现这样的情况，明显是经验和经历不足造成的，要尽快提升自己，不光是自己的业务能力，还有人际关系能力，都要尽快提升，才能快速适应工作。下面有几点建议供你参考。

一是快速适应。

尽快提升自己的个人能力，包括办文、办会、办事和服务领导等体制内工作必备的素质。领导交办的工作不能不办，虽然感觉有点复杂，但何尝不是一种挑战呢。挑战成功则会"晋级"，无论能不能获得实际职位的提升，但起码会锻炼自己的个人能力，也会赢得各位领导的信任和赏识，更是加强了与各个部门的沟通和联系，利于以后的工作安排和开展。

二是关于工作排序。

做工作就像运行程序，也分优先级。对于多位领导交办的事情，先看事情的紧急程度，紧急程度高的优先办，紧急程度低的次之。同时要考虑领导的级别，因为职位高的要报往更上一级或者下达下一级，紧急程度通常会高一些，因此在分不清事务紧急的情况下，也可以考虑谁的职位更高一些，优先办职位更高的领导交办的事情，切不可本末倒置。

三是关于应对。

俗话说，不听老人言，吃亏在眼前。虽然科长的提醒有一定道理，但你作为一个新人，绝对不能拒绝副处长、处长交办的任何工作事项，还要表现出十分乐意接受的态度并抓紧完成。回来后，及时向科长汇报，建议由科长在合适的场合和方式，向领导汇报说明科内的业务工作情况，以免领导将业务弄混带来麻烦。

09
无兵少人光杆组织委员怎么干

我现在是团委事业编副科级，工作轻松且能顾家。我刚被考察，去乡镇任组织委员，家人也支持我去基层，但我所顾虑的，一是乡镇有80多个村，我没有基层工作经验；二是我将去的乡镇班子不团结，党委书记年底将调走；三是乡镇组织科室几乎是个空壳科室，没有组织干事，没有一个兵，选调生、大学生村官们都已被各科室要走，主题教育工作滞后，年底脱贫攻坚、党建等各种考核，我不知道该怎么应对？

体制内用人都是通盘考虑和综合考量的，将你任命到乡镇组织委员的职位，是通过考察等方式了解了你的工作能力和水平之后，领导班子共同做出的决定，说明你具有潜力，能够胜任。这里有几点建议供你参考。

第一，坚定信心。

信心比担心更重要。团委的工作经历，为你开展组织工作打下了一定基础。没有基层工作经历不要紧，只要有一颗火热的心，勤学善思，一样可以胜任工作，人没有生而知之，只有学而知之。同时，问题多的地方也比较容易出成绩，只要用心和努力解决就会发生变化。

第二，突出重点。

俗话说，"家有三件事，先打紧处来"。在认真学习政策、了解掌握情况的基础上，近期应主要抓好四件事。

一是突出抓好主题教育，确保规定动作落实到位，马虎不得。

二是抓好年底的考核准备，包括资料、现场准备，力争有个好成绩。

三是要抓紧组建工作专班，光靠你一个人是完不成这么多任务的，可从财政所、学校等镇直单位抽调得力的人员集中办公。

四是要考虑明年的工作计划及重点，选好突破口。

第三，多干少说。

由于目前镇上处于领导交替的敏感时期，应集中精力干好自己分内的工作；对同事的工作少评论、少发表意见；大会讲话要做到有依据、有出处；班子内部的交流和发言要中规中矩，不偏不倚；对干部、群众反映的问题和意见，要认真倾听，调查核实，情况不明的不要急于表态。

第四，等距离交往。

人只有在了解环境的情况下，在能在该环境中更好地生存。因此，到了乡镇，对班子成员、干部要多观察、多了解；对同事要一视同仁、平等对待、和谐相处；即使有老乡、朋友、同学，也不能搞亲亲疏疏。

第五，严格要求自己。

人无论在何时何地，都要严格要求自己，才能取得进步。调到新单位，依然要做事有原则、讲原则，工作作风和生活作风保持优良。在工作和生活中，都要展现出组工干部的良好形象和人格魅力。

10
提拔到更大的平台，如何应对焦虑

我已担任正科级办公室主任三年，服务的是正处级领导，今年有机会到外地任职，服务的是正局级领导，所以非常焦虑、紧张，怕这做的不好、那做的不对，还要经常参加单位的办公会和党委会，面对的全是公司的最高领导层，心里特别紧张焦虑，有时严重影响正常水平的发挥。我很焦虑，请您指点一下。

从一个小平台到一个大平台，从一个熟悉的地方到一个陌生的环境，多数人都会产生一些负面的情绪，是非常正常的，这个不用太紧张。要明白的是，你的情绪产生的根本原因，是一种责任感和使命感的应激反应。你担心自己不能胜任目前的工作、完不成领导交办的任务、服务做不好导致领导不满意等，因为担心进而焦虑。根据你目前的情况，我的建议有以下几点。

第一，及早地静下心来。

古人说得好，"过犹不及"。有责任感和使命感是好事，但责任感和使命感太强了、过头了，就会产生应激反应，具体表现就是不自信，怀疑自己的能力，从而导致出现紧张害怕、忧虑不安等不良情绪。打个比方，我们身体的免疫力本来是用来保护身体的，是个好东西，但免疫反应过急了、过头了，就会产生病症。你现在要做的，就是尽早地把这个焦虑情绪解除掉，使自己的心尽早地静下来，定下来，使自己的情绪尽早地稳定下来，回归正常。

具体怎么办？俗话说，解铃还须系铃人。因此，还是要靠自己，要增强自信，树立"我能行"的信心。相信你完全有这个自信，因为过去你的服务工作做得很好，所以领导才会看中你、挑选你到这个更高的平台。这充分说明，你在这个方面既有责任心又有能力，是完全具备胜任这个工作的潜力的。

具体的做法有以下三方面，仅供参考。

一是心理暗示。你可以把"我能行"三个字，写成一个大纸条贴在床头上。每天早上起来读三遍，准备出门上班的时候再读三遍，中午在心里默读三遍，晚上回来睡觉之前再读三遍。通过强烈、持续的心理暗示，可以有效地缓解紧张情绪，回归自信本位。

二是及时转移注意力。当感到焦虑情绪出现时，马上转移自己的注意力，不必纠结于当前的情绪，可以找一本书看一看，也可以在大脑里想一想辽阔的草原、宽广的大海、浩渺的天空。

三是健康作息。要注意保持充足的睡眠，睡眠不好也会导致精神紧张、状态低落。可以抽空进行一些低强度的体育锻炼，比如说，晚上工作之后散散步、走走路、打打球等，都是放松心情很好的办法。

第二，尽快进入角色。

担心服务不好，是因为没有进入角色，情况不明，心里没数，不知从何干起。因此，要尽快进入角色，首先从熟悉各方面的情况入手。

一是要熟悉企业的基本情况。包括企业的前世今生，即企业的历史、现状和发展，企业的主要特色和特长等，情况掌握得越多越好，越全面越好。

二是要熟悉企业领导层。每一个领导的简历都要打出来看，对每个领导的分工、工作风格、习惯作风和特长爱好，都要摸清楚，最好烂熟于心。这样服务起来才能有的放矢。

三是要熟悉企业的运作程序。对企业的工作程序、人事程序、请示程序、汇报程序、向上向下的程序、横向联系的程序，都要搞得清楚明了，这样你才会做到心中有数。

四是要熟悉主要中层人员。包括总部的中层干部、重要部门的干部及二级单位的主要干部。他们的电话号码、联系方式等，都要记下来，储存在手机里，领导一说要找谁，马上就可以找出来。领导一说要了解哪个方面的情况，你就可以立即联系到那个具体负责的人。

五是要结合实际。根据需要，对其他方面的情况也要尽快熟悉，比方说，办公大楼的布局等，把这些情况都了解清楚、掌握具体，你就会感到充实很多，底气会更充足。

第三，调整工作方法。

虽然都是体制内，但党政机关和国有企业在很多方面还是不同的。所以要尽快改变过去的那个模式，按照企业的运作方式和习惯，重新调整自己的思路和方法。

一是工作要有计划性。既要有周计划，又要有日安排。这样你就不会打乱仗。

二是要多请示多汇报。对搞不清、拿不准、记不住的事务,一定要该请示的请示、该汇报的汇报、该核实的核实,不能想当然。所有提供给领导的情况必须翔实、具体、准确,绝不能搞好像、大概、基本是,更不能似是而非、模棱两可。

三是要养成记日记的习惯,做到日清月结。每天工作之余,要把当天的主要工作、主要收获、失误及改进的措施,用日记的形式记下来。做到每天一反思一小结、一周一总结。这样,你就会在总结经验、改进失误中不断提高。很多大领导都有写日记的习惯,比如《李鹏回忆录》,实际上就是根据他的日记整理出版的。

四是"三多一少"。到了一个新岗位,有很多东西不了解,为了避免出错,要多学、多看、多思考,尽量少说话,坚决不议论。

第四,加强自我修养。

从事服务领导工作,代表的是单位,代表的是领导。从这个意义上讲,自我形象已经超越了自我,或者说,你的形象已经不属于你自己,而是属于单位和领导。在坚持学习、加强自我修炼的基础上,有这么几点尤其需要注意。

一是要沉稳低调。说话办事要有条理,即有条不紊、有张有弛。不要总是显得急急忙忙、慌里慌张,遇事要沉得住气,还要学会低调做人,不能趾高气扬,更不能把自己也当成领导,颐指气使。自己能干的事应该自己干,不要偷懒耍滑。

二是为人要谦虚和善。做到谈吐优雅、行为谦和、举止有度、待人礼貌,还要虚心地向领导学习、向同行学习、向基层学习。

三是要自律自持。做到工作有所为,生活有所不为。自觉、严格地遵守有关政策、法律、纪律、规矩。领导最忌秘书心里有个小九九,因此,对领导要忠心、诚心、实心,说真话,说实话,时时处处让领导放心。

对自己要狠心,不该做的坚决不做,不该说的坚决不说,不该要的坚决不要,更不能拉大旗做虎皮,打着领导的旗号办私事。总之,要以良好的形象和人格魅力赢得领导和同志们的信赖和信任,这样对你顺利开展工作和今后的发展必将大有裨益。

11
如何度过繁忙的新岗位的磨合期

我是某乡镇新任的组织委员,下半年的工作压力特别大,很多活要在短时间内完成启动、推进和收尾,而且现在主题教育的推进进度抓得特别紧,我基本每天都要加班到晚上十一二点才能完成一天的工作。

任职两个月以来,已经感到身体吃不消,休息不够经常会头疼。试用期一年,此期间又不能申请调岗,好想跟组织说我的身体吃不消,我真的不知道还能撑多久。

请老部长支支招？

老部长：

组织工作是一个任务非常重、要求非常高、非常辛苦、费神费脑、费心费力的工作，当然也是非常锻炼人的工作。若非身体出现特殊情况，建议你坚持再坚持，不要轻言放弃成长的机会。度过这个磨合适应期，必将迎来好的局面。在熟悉组织工作方面的法规政策、业务内容和全面情况的基础上，可以从以下几个方面进行改善。

第一，突出重点，兼顾一般。

组织工作头绪多，程序繁杂，要捋出头绪，突出重点。做到重点工作抓好，一般工作不出错即可，切忌平均用力。所谓重点，主要是指上级党委或组织部安排的重要任务、镇党委书记交办的工作、阶段性的重要工作等，比如近期开展的主题教育。

这些工作要集中精力抓好，其他的工作可以适当地推一推、拖一拖，有的工作也可以适当应付，没有必要样样都搞出精品来，这样你会轻松很多。

第二，善于借力借势，不要单打独斗。

一是要借书记之势。要多向党委书记汇报，把组织工作纳入党委的议事日程，有时候党委书记一个讲话、一个安排，就会省去你个人很多烦琐的协调工作，尽量让党委书记多讲多安排。

二是要借班子成员之力，让大家帮助你做工作。比如主题教育，每个班子成员可以建立村（社区）和所属单位的联系点，把任务责任明确给班子成员，使他们配合去抓。

三是要借基层党支部书记之力。紧紧抓住支部书记，发挥支部书记的带头和表率作用。要循序渐进，不宜什么事都一竿子插到底。

第三，配齐配强工作专班。

把乡镇的选调生和大学生村官集中起来，组建组工专班，根据不同时期的任务轻重，采取集中办公与分散办公相结合的方式，帮助开展和完成具体的工作任务。这是你完全可以直接指挥和运用的一支重要力量，一定要用好。不要事必躬亲，大事小事都一个人干，要学会合理分工，善于借力，调动大家的积极性。

第四，注意培养、挖掘和宣传典型。

工作中如果做出了典型，就会容易得到大家的认可和赏识，因此要努力做好典型。在工作中，注意发现好的工作经验或个体典型，可以请宣传部门来帮你总结宣传和推广，这也属于"借力"或"外包"，也是促使工作出成绩的一个很好的方法。

第五，学会调节，张弛有度。

"磨刀不误砍柴工"，无论再忙，也要学会适当的休息。比如，晚上抽出时间走走路、跑跑步，调节一下大脑神经，这对改善睡眠、提高工作效率很有帮助。不要一天到晚都埋在工作里，这不但会使人头昏脑胀，难以集中注意力，还会导致工作效率很低。因此，熬夜加班并不是一个好的工作习惯，要学会张弛有度。

12
晋升后，该如何转换角色、打开局面

 问

我原来是厅二级机构的办公室主任，此次局里改革，调整到厅机关办公室任副主任。沾沾自喜的同时也有些忐忑，原来自己引以为傲的文笔、统筹协调的能力等，在厅机关办公室根本不算优势；原来都是自己请示汇报对象的文秘处、接待处等处室领导，现在成了自己的下属。在新的工作岗位，我该如何快速打开局面、站稳脚跟呢？该如何转换自己的角色，和这些下属处室的领导相处呢？该注意哪些？

 老部长：

从基层单位到领导机关担任中层干部，这对一个人来说，既是一个大的飞跃，又是一次机遇，同时也是一种考验。要想在新单位迅速立足立身，打开新局面，给领导和同事留下好印象，应重点在以下几个方面下功夫。

第一，状态要好。

状态就是一个人的气场，要想给人以耳目一新的感觉，就要始终保持一种昂扬向上的精神状态，要用向上的朝气、向前的锐气、向善的和气，使领导和同事都感觉到你总是充满旺盛的精力，总是有使不完的劲儿，总是对工作充满着热情。进而使领导从你这种高昂的状态中感受到你对工作的责任心和担当精神。

第二，姿态要低。

尽管现在你的角色跟过去不同，但在面对过去的领导成为现在的下属时，要表现得比过去更加谦虚谨慎、大度低调、坦诚大方、虚心好学、谦逊有礼，而且不虚、不假、不做作。在工作上自觉地放低姿态，主动以平等的身份与他们多沟通、多交流、多商量。切不可以领导自居、趾高气扬，甚至颐指气使，给人以"一提拔脸就阔"的印象。比如，商量某一项工作时，你可以主动到下属办公室去征求意见，而不是要求他到你的办公室来汇报。这种看似不经意间的一进一出，其效果就会完全不一样。

第三，脑活手勤嘴严。

到了一个新单位，工作业务还不熟，人际关系也不熟，很难熟络地开展工作。因此要多看多学，多思多干，少说勤干，不评论、不议论，尤其是要有眼力见儿，注意揣摩和领悟领导的意图，紧跟领导的思路和节拍。尽快熟悉和了解机关的基本情况、人员状况、运转程序、工作要求，快速进入角色，主动融入新的团队当中。

第四，严守规矩。

在私下里，可以低姿态，做到谦逊低调、虚心包容，但在工作上还是要做到严谨，要讲程序、守规则。机关越大，规则越多，程序越严。作为机关新人，无论是工作运转，还是请示汇报，都要按层级管理的要求办理，切忌越层、越级、越位。不能因为领导的信任而使言行变形走样。

第五，展现特长。

能够调入上级机关任职，说明你的能力是很强的。但要得到领导的认可，让同事服气，关键要在工作中把实力表现出来，做出成绩。因此，要围绕服务领导、沟通左右、联系上下、办事办文办会等方面，做到专注专心，精进业务，打造自身的特色和亮点，在机关发挥不可替代的作用，使自己成为单位少不了的人、领导离不开的人、同事喜欢的人。

13 到新单位，如何做好职业规划

你好，我今年30岁，是一名科员，刚由市级某职能部门选调入市政协，请问工作会有发展空间吗？该如何规划？

老部长：

政协机关大领导比较多，在为人处世方面一定要真诚谦虚，勤勉工作，多出成绩，同时要注意跟同事，尤其是领导搞好关系。政协主席是党委领导班子、人大领导班子、政府领导班子、政协领导班子"四大家"的主要领导之一，市委组织部在人事任免使用上，对政协干部的提拔任用一般都很重视，市委主要领导都会非常重视政协部门的意见。因此，平时要积极地接近、接触主席，赢得他的好感和信任，这对于加快个人的发展会有很大帮助。有两点建议供你参考。

一方面，关于发展空间。

市政协机关层级高，大领导多，对外联系广泛，这对于开阔个人的眼界、增长见识、提升综合素质和能力等方面都会有很大的帮助。同时，市政协内设机构多，有各专门委员会，还有办公室各科室，县级领导职数和科级领导职数都比较充裕，相对于一般的职能局，无论是在职务上还是职级上，都会有更大的提拔和晋升空间，是很好的发展单位。

另一方面，关于发展路径。

作为一个30岁的优秀年轻干部，在政协机关更是大有可为。在具体的发展路径上可以这样规划，首先，在政协机关努力工作，在达到资格条件以后，及时向领导提出自己到县（区）基层锻炼、担任党政副职的愿望；然后，按正常的发展路径继续向前走，这样发展的前途将会更为广阔。

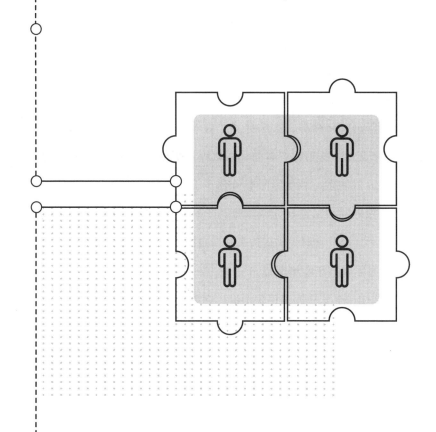

第八章

带队伍

01
领导性格温和，下属不服管怎么办

你好，本人刚走上科室负责人岗位，性格属于温和型，又是那种跟同事拉不下脸面，不容易发火的类型。上面让自己负责这个科室，于是感觉科室所有事情的好坏都跟自己有关，都是自己的责任，工作压力很大。最关键的是底下几个同事的工作积极性不高，经常需要亲自安排好本属于他们分内的工作（这些工作他们精通），然后催着他们完成。有时甚至自己加班到很晚，他们却悠闲自在地早早下了班。因为自己老是放不下这份责任，怕自己所在科室受批评，就像是在批评我，所以心很累。下属太缺乏自觉性、主动性，感觉什么事情都是我自己在担着、在想着，现在感觉非常累。有时看到其他科室负责人很轻松，到点就能下班（可能每个科室的工作分工不同），心理很不平衡。对于这种情况，应该怎么办？

根据你的描述可知，你是一个责任心和荣誉感都很强的人，也是一个与人为善的人。你说得对，自从你担任了这个科室的负责人，那么这个科室的成绩和荣誉，失误和错误，当然都跟你有直接的关系。科长和办事员最大的区别就在于，不光自己要干，而且要带头干，更重要的是把大家拧成一股绳,带领团队一起干,这样才能事半功倍。根据你描述的情况,这些人不太服你管,既有自身原因,又有他人原因。那么就要立足根本,围绕解决一个"服"的问题,想办法定措施。主要应从以下几个方面着手。

第一,克服胆怯心理,胆子壮起来。

俗话说,慈不掌兵,义不理财,善不为官,情不立事。当领导带团队的本质就是带兵,如果过度仁慈、软弱、姑息迁就,就很难带出队伍。作为一个管理者,首先不是学会管人,而是学会敢管人。因此,你目前第一位的任务就是克服胆怯心理、害羞心理,放下面子,厚起脸皮,大胆说"不"。要充分地意识到,管人管事对你来讲,是天经地义,是组织重任,职责所在,是公不是私,是组织行为而不是个人行为。只要你时时刻刻想到,你背后的靠山是组织、是领导,对自己要有信心,这样你就不会再害怕了。

第二,转换角色,以能力服人。

领导被下属轻视,原因往往是性格软或是能力差。之前作为一个办事员,你只需要有把自己的事做好的能力就行了。现在作为科室负责人,必须有考虑全科工作的能力和格局。因此,这对个人能力和素质提出了全新的要求,要尽快适应,尽快转变。尤其在出主意、谋思路、抓协同、创特色等各方面,要比其他同志看得更远一点,想得更深一层,做得更精一些,要样样都比他们高一点,强一点,能起到一个榜样作用。这样使大家感到工作有奔头,有盼头,有学头,才会心甘情愿地跟着你干。因此要学、思、践、悟,不断地增知识、储能量、长才干、长本事。这才是立身服人之本。

第三，实行目标管理，责任到人。

现在什么事都是由你自己做，主要是责任不清、任务不明造成的。因此，要把目标管理作为科室管理的重要任务来抓。

一是任务到人。根据科室的工作范围，把具体任务分配到每个人的头上，做到任务明确，责任清楚，谁出问题，板子就打在谁的身上。

二是工作落实到天。每个人每一天做什么事都要记下来，并且定期公布于众。

三是定期评比公示。对工作的完成情况，可以采取一周一考核，一月一评比的方式，并公示于众。

四是奖惩分明、公开。要把工作完成的情况同年度考核、评选先进、晋升职称、绩效工资、评比表彰等奖励奖金紧密地挂起钩来，真正做到奖优罚劣。

第四，抓"两头"带中间。

科里的几个人不可能都处在同一层次，你要紧紧抓住想干、能干或跟你关系亲近的人，帮助你开展工作，在工作方面多商量，在同事面前多表扬，在领导面前多汇报，以争取人心。对个别调皮捣蛋不服管的，该帮助的要帮助，该批评的要批评。如果有同事确实是属于事事处处跟你对着干，而又屡教不改的，则要采取相应措施，向领导汇报，调出本科室，不可姑息迁就。这样一头抓住先进，一头抓住后进，就会带动更多人向你看齐。

当然，还要多做一些柔性工作，比如平时多关心同事，多和同事交心谈心，逢年过节与同事一起聚聚拉近感情，帮助解决同事们家里出现的困难，让同事们感到温暖和温馨。做到以心换心，以柔克刚，以外助内。

人都是有感情的，这样的事做多了，总会感动一些人。

第五，积极争取领导的支持。

领导的支持是做好管理工作的基础，更是自己开展工作的"尚方宝剑"，所以要十分重视处理好与领导尤其是分管领导的关系，要学会借势借力开展工作。比方说，科里举办周例会、月例会，你请分管领导来参加，做指示；在安排科里的工作之前，先向领导汇报取得领导的重视；对于工作中的成绩、问题和困难，要及时向领导汇报，争取得到领导的帮助。如果科员想拒绝你的工作安排，你要坚决地说，这是某某领导的要求，必须按时完成。这样对某些人从心理上就会起到威慑作用。

麻雀虽小，五脏俱全，一个科室就是一个小社会。工作中要学会当好科长，生活中也要学会当好家长。把工作和生活紧密地结合起来，联系起来，互促互进，这样就更有利于工作的推进。

02
个别人员不配合、工作进度慢，怎么办

你好，我是新上任的部门负责人，最近部门在启动一些建设项目，每个项目都有负责人，因为上级领导即将长期出差，所以我一直在催大家抓紧办理手续，以便在领导出差前把项目建设的采购等需要上级领导签字的工作都

完成。大家基本上都能根据通知按时完成，但其中有个项目负责人，平时就比较散漫，被催促了好几次也不动，不以为然。对于这种下属，应该怎么处理比较好？同时，也想因此对其他人起到警示作用。

老部长：

如果大部分同事能够积极配合，那么说明你的工作方式没有大问题。对于某个同事不配合，如果你劝不动他的工作，说明这个人觉得你拿他没办法，对于这个不配合的同事，那就只能求助于领导。处理人事的工作一定要争取领导的支持和帮助，让自己变被动为主动。对于工作不配合、态度散漫的人的整个工作处理过程，包括处理情况及进展，要及时向领导汇报，确保领导始终心中有数，更加重视和支持你的决定和措施。根据你描述的情况，有以下建议供你参考。

第一，同他当面谈一次。

对于不配合的人，其中必定有缘由。首先要先主动找其了解情况。对其开诚布公，动之以情，晓之以理，把工作做细，说明项目上报、设备采购的重要性和紧迫性，以及不按时上报产生的危害性、严重性，还有这个事件的后果会给他带来的影响和利害关系，督促他按要求完成。同时提出警告，设置最后期限，并表明坚决的态度，明确如果到最后期限不能完成就必须换人。

在此之前，你要及时将这个处置的想法和措施向分管领导汇报，争取得到领导的重视和支持，以免恶人先告状。并将谈话的时间、地点、内容、要求记录在案以便备查。

第二,同时制定备选方案。

在谈话之后,还要对该项目负责人做好跟进工作,并制定备选方案,以备不时之需。一方面对该项目负责人做好督促工作,及时了解进度情况,以做到心中有数,并向领导汇报沟通,做好准备;另一方面,可以参照其他项目设备的有关情况做个预算,一并报领导审批,并说明情况,以取得领导的理解和支持,免得影响整体工程的进展。

第三,要根据情况,依规处理。

俗话说,无规矩不成方圆。为了便于后面的工作能够继续顺利开展,一定要制定好规章制度和奖惩措施。如果原来那个项目负责人能按期完成上报,则既往不咎。如果不能按期完成,则坚决依规处理,该换人则换人,该处罚则处罚,并将情况和处理结果通报全体干部、职工,要求大家引以为戒,吸取教训,抓好整改,发挥警示作用。

03
如何平衡"工作量大"和"下属不想加班"

你好,最近主题教育的各个任务时间节点紧张,需要临时加班去赶,有时候有加急的任务派下去,有些下属会表示"我还有家庭有孩子,我没有时间加班"。是不是要求下属在周末加班挺不人性化的?我真的感觉有点无可奈何,求老部长指点。

主题教育的工作任务确实繁重,有时候不得不加班,但是加班不应成为常态,更不能天天加班,这样的加班确实不够人性化。建议从以下几个方面入手,尽量减少加班。

第一,明确责任分工。

贯穿这次主题教育全过程的四项重点措施是:深入调查研究、突出问题导向、强化政治引领、推动制度建设。主题教育虽然不分阶段和环节,但四项措施的任务还是比较明确的,可以相对把学习、调研、检视、整改等各项工作任务分工到人,并做到责任明确、要求具体。这样每个人对工作量都心中有数,便于各自安排。

第二,提高工作效率。

主题教育工作量大,事务繁杂,只有抓大放小,才能减少工作量,提高工作效率,一定不能样样求精。这个"大",就是主要领导安排的工作要先做、重点做,其他的可以放一放、缓一缓;这个"精",就是出特色、出亮点的工作,可以集中精力突破,做好一点,一般性的工作保证不出错就行。想保证每项工作每件事都做出精品,既不现实也不可能。

第三,多关心下属。

工作中也要有人情味,在对下属安排任务时,要注意其情绪变化。如果下属遇到些烦心事、困难事,要主动询问,尽力解决。工作的强度本来就很大,大家难免会有一些消极态度,要及时送上关怀,有时哪怕只是一句贴心的话,也能温暖人心,调动大家的工作积极性。这样人性化的工作方式是激发下属干劲的重要方式,要注意运用。

第四,适当增加人手。

在主题教育期间,工作的确有些繁重。要综合考虑分配到每个人手中的工作任务与总体进度,对于经常加班,要分析是工作效率的问题还是人手不足的问题。如果任务多而人手不够,那么必然会忙不过来,就会导致经常加班。对于这种情况,应及时向分管领导或主要领导进行具体汇报,申请适当地抽调人员增加力量。这项工作各级组织都非常重视,只要理由正当,领导一定会给予支持。

04 到新部门,如何快速调动积极性和掌控局面

你好,我在高校工作,近期调整到新的部门任副职,新部门多年没有人员调整或提拔,人员的心态都已疲乏了,工作没有积极性、没有动力,对我也只是面子上过得去,而我刚到新部门,业务上还不如他们,我该怎么做才能够掌控局面?

根据你的描述，一个部门长期让人看不到希望，大家肯定会没有积极性，这是人之常情。因此你现在的重要任务是在保持正常运转的同时，尽全力调动大家的情绪，从而调动人员的工作积极性。具体建议有以下几点供参考。

第一，尽快熟悉情况，保持工作正常运转。

在到了一个新地方之后，要尽快地熟悉环境，才能更好地生存。在工作中也一样，到了新部门，要尽快地了解部门情况，才能更好地开展工作。首先，应尽快尽可能地全面掌握新部门的情况，包括单位的基本情况、人员情况、主要工作、阶段性和常规性工作、工作运转程序等，这样才能做到心中有数，保证工作有序地开展，并且不出问题。

第二，逐人交心谈心，了解人员的思想动态。

根据你描述的情况，新部门常年没有工作变动，人员心态已经疲乏，要想带动大家的工作积极性，首先要融入群体。在新部门开展工作，应该在态度上谦和，在工作上严厉且高要求。要学会主动放下身段，以平等的姿态诚恳地同每个同事交心谈心，了解大家真实的想法、要求和愿望，真心地听取他们的意见和建议，以实际行动调动大家的工作积极性。

第三，积极向领导汇报，争取解决一两个问题。

经过谈心后，综合大家的想法和意见，形成工作报告，提出解决问题的办法，并向领导汇报，以争取领导的支持。然后从最容易或积累最多的问题入手，力争在短时间内解决一两个问题，使大家能够得到实惠，看得到希望，感觉到跟着你做事有奔头、有干头，这样大家在工作中才有劲头。

第四，多表扬、多鼓励，融进去、成一体。

你刚到新部门，业务还不熟，要尽快将业务熟悉起来才能起到一个好的带头作用。一方面要不耻下问，虚心向大家学习，早点成为内行；另一方面要紧紧依靠大家开展工作，多用表扬、鼓励、激励的方式，多用商量的语气，工作上一起干，生活中一起玩，经常进行一些沟通感情的聚会，在同事过生日时送去祝福，及时地帮助大家解决一些具体问题，真正地与大家打成一片，融为一体，争取大家的理解和信任。感情拉近了，工作起来才更加顺利。

05
履新后，如何使老同志信服

你好，我是新任组织委员，手底下有一个军转干，时常阳奉阴违，有时候分派给他活，他觉得没必要干的就拖着，真的要被他急死，虽然想团结他，但不知道他是觉得我年轻好欺负，还是对我的能力不信任，因此不知道该如何恰当地处理。他有时候也会做事，有时候就一点也不干，我也说不动他。他是我们科室最闲的，我不知道该怎么办。请老部长指点。

在工作中遇到不服管的同事很正常，这是因为他心里觉得不服气，还没有从心底信服你。对于这种情况，能做的就是通过实力说话。根据你描述的情况，有几点建议供你参考。

第一，理解他。

你年纪轻轻就被提拔为组织委员，他在部队锻炼多年回来不仅没有一官半职，还要被你领导，心里自然是不平衡的，甚至感到十分失落。加之从部队到地方，工作、生活会有许多的不适应，心理的波动自然会较大，有时甚至还会说点儿怪话，这大多是一种情绪发泄，并不是对你个人有多大意见。

因此，不要对他抱有偏见或持有情绪，要做到心平气和，从心底试着去理解他，多从他的角度去考虑，让他感觉到被理解。理解往往是拉近人与人之间距离的方式之一。

第二，尊重他。

尊重是相互的，尊重别人才能赢得别人的尊重。除了给予他理解，也要给予他尊重。

他是军转干，之前是部队的领导，加之部队的层级管理又很严格，在自己管理的范围内，往往是说一不二，战士和下属对他更是尊重得不得了。虽然到了地方，但由于惯性使然，他同样渴望得到尊重和认可。那么你就要从思想上和态度上做到真正的尊重他，肯定他的工作，使他感受到自己的价值，这样关系就会逐步变得融洽起来。

第三，哄着他。

当一个人感觉自己没有存在感和价值感时，就会出现消极态度，如果能及时地表达出关怀和认可,将会使他感觉温暖,从而产生积极态度。

对于这个不服管的下属,在遇到工作分配任务时,既不要对其使用强迫或命令的语气,也不要硬邦邦地直接表达,而要尽量用微笑的面容、温软的语言、商量的口吻,做到以柔克刚,并且多用激励的方法和激将的办法,使他感觉到这件事非得由他来办不可。从而激发他工作的积极性和主动性。如果硬碰硬,那么效果将会适得其反。

第四,关心他。

军人的性子一般都比较耿直,不会拐弯抹角,也不太会委婉。虽然性格比较耿直,但内心通常较为真诚。这样的人虽然暂时不服管,但如果他认可了你,那么他就会坚定地支持你。

在私下里,要经常主动地同他交心谈心,交流思想和感情;业余时间经常小聚一下,加深感情联络;平时主动关心他的工作、生活和家庭,尽最大努力帮他解决一些实际困难等。这样的事儿做多了,一定会触动他的内心,激发他的工作热情。

06
如何解决"闲的太闲、忙的太忙"问题

您好,我是一名新任的办公室主任,手下有两个工作人员。其中一个是有编制的,不太听从工作安排,虽然平时很会说话,但是在安排工作时总是不吭声,让人心里很不舒服;另一个没有正式编制,工资比较低,我不忍心总让她多干,所以只能自己经常熬夜加班。请问有没有什么好办法能减轻我自己的负担?

老部长:

工作中如果出现忙的太忙、闲的太闲,不是工作分配问题,就是个人效率问题。对于你说的这种情况,主要是责任划分不清造成的。要解决这个问题,最好的办法就是实行目标管理,把工作任务和工作责任明确划分到人。

第一,制定工作目标。

俗话说,人心齐,泰山移。在工作中,只有人心齐了,工作才能进行得顺利。而要想人心齐,就要有共同的奋斗目标,因此要给办公室制定一个明确的工作目标,这样工作起来才有方向。

第二,划分工作范围。

工作目标确定了之后,就要开始为了实现目标而分工协作。要实现分工协作,就要划分工作范围。在明确了工作范围之后,每个人就要各自负责好自己的那一块,谁也不好偷懒。对于公布的活儿,也就知道谁干没干,这样大家才能干好自己的活。

因此,建议你把办公室的工作范围、工作内容捋清楚后,将办公室工作分成几块,根据工作人员的个人能力和特长进行分工,将工作任务和工作职责明确到人。

第三，明确奖惩制度。

在划分工作范围之后，如果还有人想偷懒耍滑，而自己又劝不动，那就有必要建立奖惩制度，公布奖惩措施。有了制度的约束，想偷懒的人也就不得不认真地对待工作了。

因此，可以结合工作内容，建立与之配套的工作纪实、定期考核公示、奖惩通报等一系列奖惩制度，能量化的部分尽量量化，做到把工作量的多少和好坏与年度考核、绩效工资和奖金、评比表彰等挂钩起来。通过制度管人管事，以制度进行激励，让干得多、干得勤的员工多得实惠，让大家看到干多与干少的结果是不一样的，从而激发、调动每个人的积极性。

07
新人不懂事、交办工作没有回音，怎么办

您好，我是一个单位的中层职员，领导给我安排了一个新人（聘用），刚开始觉得他会的还挺多，现在发现交办给他的工作怎么催都没回音。如果很严厉地说他吧，怕影响同事之间的关系，而不说又觉得很憋屈，还害怕领导问我"这件事办得怎么样了"，我只能回答交办给谁谁谁办理了。直接这

样跟领导说,又觉得像在告状,所以应该怎么做比较好?

▼

　　一个人到新单位,在还没熟悉环境时,往往是谦虚谨慎、积极主动的。在融入环境之后,如果觉得潜力无穷,那么他在工作中依然会积极主动。而如果他觉得大家都在"躺平",可能也会被同化,从而产生一定的懈怠感,少了之前的那种雄心壮志。所以,想找到解决方法,要先了解这个人变化的原因。遇到这种情况,建议你先找这个新人谈谈心,然后对症下药。

　　第一,表达关心,了解生活状态。

　　一个人到新环境之后,难免会产生情绪波动。作为带头师傅,理应表达关心。再者,这个人还是领导安排的,也是想让你带带他,一定要先表示下关心,然后了解一下他的个人情况和思想动态。有个大概的了解,方便询问工作。

　　第二,放低姿态,询问工作状态。

　　如果生活状态没有问题,那肯定是工作出了问题。工作问题可能有两种情况,一是能力不足;二是工作态度问题。在了解工作状态时,要放低姿态先询问他对你的工作有什么意见没有。如果是因为对你有意见而老不给你回音,就解开疙瘩。如果对你没有意见,那就得问问他为什么老不给回音了。

　　第三,开诚布公,找好应对方法。

　　对于工作,要实事求是地讲清楚他的工作态度对工作造成的影响和危害。说清楚是为了工作,不是对他这个人,更不是欺负新人。并把"刚开始认为你懂得挺多的,就是后来总不给回音"的感觉也告诉他,让他知道你对他是有好感的,也是想带着他进步的。

先听听他的说法,如果顺利,比如是因为他没有这个习惯,或者没有注意这个事情,那就可以适当地讲些道理,要做到件件有落实、事事有回音,这是工作的基本要求。他这儿有回音了,你才好给领导回话。然后再关心关心,愉快地结束谈话。

如果不顺利,这个人很执拗,那今后在工作安排上适当地调整一些不是很重要的、很紧急的事情给他,并慢慢再做些思想工作。

如果是工作能力的问题,那么看看能不能帮他提高,给他一些指点,帮助他进步。

如果不出现太大的问题,新人刚来没多久,还是尽量不要到领导那里说他的不是,也显得你的领导能力不足。如果后期发现更多的问题,甚至严重性的问题,确实需要给领导汇报,那么该汇报就汇报,该换人的就换人。

08 怎么管理"应付工作、不太负责任的下属"

你好,我担任办公室主任一年有余,办公室有个30岁的女职员,是派遣员工，负责单位固定资产、报刊及办公用品发放，从去年起，就一直有领导和其他科室的同事反映经常看不到报刊，办公用品申请后很久没有发放等问题，我也多次叮嘱这个职员，但是她总有各种理由，比如邮政、供应商没及时送来等，很明显是在找客观理由，遇到这种情况怎么办？

工作中如果偶尔出现问题，可能是偶然因素，但如果总是出现类似的问题，那么就不再是偶然因素了，而是态度问题。对于上述情况，很明显是态度问题。如果态度不认真，那么工作也就如一盘散沙，必然无法做好。对于此类情况，有必要和这个员工深入地谈一谈。

第一，了解情况。

俗话说，事出必有因。在做出决定之前，要先了解原因，这样才能做到公平公正。出现这种情况有两个可能的原因：一种是个人工作态度，另一种是家庭原因。在不了解情况的前提下，先委婉地询问下工作是否顺利，再提出当前的问题。

如果是家庭原因，她觉得心力交瘁，那么该关心的关心，但不要耽误工作，帮她一起找到好的解决方法。

如果是态度问题，首先要在面儿上说一说，看看接下来的效果。如果继续出现这种情况，那么就需要严肃对待。

第二，明确制度。

俗话说，再一再二不再三。批评还不管用的话，就要单独找出一件事查个水落石出，给其一定的震慑。比如，她说供应商没送过来，那么可以把供应商找过来,或者是让她说清楚,到底是哪个供应商没送过来,供应商到底多长时间送一次,具体是怎么安排的。就是把这个事儿深究下去,起到警示作用。

如果继续出现前面提到的情况,任由其散漫下去,不光是影响她自己的工作,也影响大家的工作,同时影响大家工作的积极性。必须提出批评或进行处罚,以儆效尤。

09
如何提升领导权威和能力

您好,我是新上任的国企基层干部,手下的员工都很难用,想向您请教一下怎么做才好。有一个是年轻女孩,每次交给她的任务都拖沓,对我也很不尊重,常常质疑我的业务能力(每次我都要花很多时间和精力来说服她,最终证明我是对的)。

最近开始发现她有时没有完成我交给她的任务,而且还不跟我沟通,企图蒙混过去,被我发现之后还狡辩。我平常对她很和气,她做不好的工作我来加班做,搞得我天天加班,她从来不加班。

我没什么在基层带队伍的经验,也不希望领导觉得我带队伍的能力不足,所以她的情况我没有向上反映。"下面的人跟我对着干"这样的事对于我就是有苦说不出,自己干活干得累死,还天天被下面人怼。请问我该如何破局?

王主任:

其实针对这个女孩,你的一些做法是错误的,你要改变自己才能解决现状。

第一,不要跟她费太多口舌。

作为一个领导,在一定程度上还是要强硬起来,该有的态度还是要有。对一个下属,你为什么要花很多时间和精力来说服她?对于你安排的工作,如果她质疑你的能力,你可以给她机会证明你的能力,但再一再二不再三。

对于她总是质疑你的情况,你必须明确你的态度,要求下属服从管理。你可以直接说她:"你是领导还是我是领导?让你怎么做就怎么做!"或者说:"如果你有精力的话,就按照我说的做一份,按照你说的再做一份,然后把结果报给我,不用啰嗦太多。"又或者可以说:"前面你质疑过我几次,最后不都证明我是对的了吗?所以别再废话了,做就行。"

第二,要学着去管事儿,而不是管人。

你不要老想着要管她,或者让她服你。你要以结果为导向,以事情为核心,你要关注的是哪件事情她完成了没有。只有这样,你才更容易把事情办好,把目标完成。

第三,要让领导欣赏你,至少要表现出领导很欣赏你。

有些人是"看人下菜碟",如果你很得上级领导的欣赏,下属们也会信服你，对你会有更多的顾忌，不敢随随便便否定你。

在得到领导肯定的前提下，一定程度上是可以向领导汇报一下你所付出的努力，请教一下你的困惑。否则的话，如果她们越过你，向领导汇报你的表现，你又没有及时跟领导沟通，领导反而可能会对你有误解。

刚当领导时不知道怎么"当好领导"，可以看一看你的领导是怎么领导下属人员的，回忆一下你以前的领导又是怎么当领导的，或者你喜欢的领导是怎么当领导的，去研究，去琢磨，去模仿，慢慢地，你的能力就会得到提升。

10 如何成为优秀的领导小组负责人

你好，我是一个新人，最近才接手一项工作，和下面领导小组的人都不是很熟悉。领导让我做领导小组的负责人，我该如何在单位成员之间开展工作？怎么去提高单位成员的工作积极性？怎么去加强和他们之间的联系？现在比较迷茫，不知道该如何入手。请您指点。

领导小组负责人的具体职责主要是总揽全局、统筹协调。你作为这个领导小组的负责人，为了确保领导小组顺利地开展工作，你可从以下几个方面入手。

第一，印发一个工作方案。

从领导小组的工作职责、内容、运行机制、各单位的职责任务、联系方式等方面，形成一个完整的工作方案，报领导审批后印发各单位，这样就可以形成一套规范的运行机制，使工作有章可循。

第二，确定联系人。

每个单位确定并固定一名联系人，平时你主要通过联系人来沟通、协调、部署和督办落实各项工作。

第三，建立工作机制。

建立考评制度和微信工作群，定期发布信息、部署任务、安排工作，通报进展和工作奖惩情况。

第四，定期总结。

定期召开各单位负责人或联络员联席工作会议，总结工作，查找不足，推广经验，互相促进，共同提高。

第五，评比激励。

对各单位的工作开展和完成情况，实行季度通报、半年初评和年底总评，进行表彰评比，这样可以有效地激发各单位的工作积极性，形成比学赶超的竞争局面。

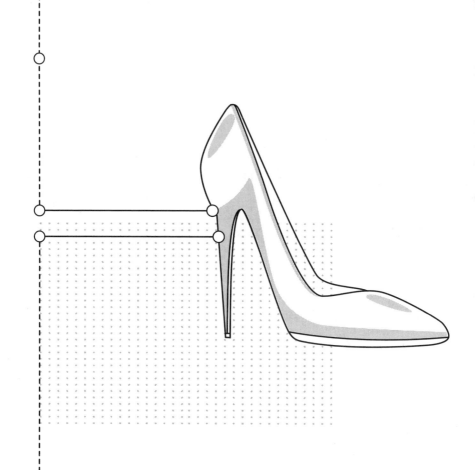

第九章

女同志

01
面对体制内性骚扰,该怎么办

 问

你好,我刚从国企借调到办公厅工作,不是公务员编制,只是单位给我机会让我来锻炼,我非常珍惜这次机会,一直都认认真真地工作,对人态度友好和善。办公室是两人一间,我和一名大我8岁的已婚男士在一间,这位已婚男士会偶尔过来看看我在干什么并把手搭在我的肩上或者背上,我会转过头看他,他放下但是一会儿又搭上来,我觉得很不舒服,毕竟男女授受不亲,而且别人看到也会觉得很暧昧,我是来工作的,只想好好工作。我不是编制内人员,不好跟他们起矛盾,原单位级别也比这里低很多,没法跟原单位领导说,这里的领导也不会太管我,我该怎么办呢?求支招。

 石头哥:

遇到这种事要先稳住心态,再就是你一定要勇敢,尊重自己内心的感受。即便是更高一级的单位又怎样,也不能让人占这点小便宜,你的默许只会纵容别人的嚣张。

但你的编制决定了你不可能调进来,在这里你只是一个干活的人,哪怕因为反抗而起了矛盾,你能失去的也并没有那么多,所以你的内心不必有太多的忌惮。在这个借调单位中,他们给不了你什么,也拿不走你什么。面对这种程度有限的性骚扰，不必大吵大闹，也不必到领导那儿告状，因为你没有能拿到别人面前的证据，所以，虽然能杀敌一千，但也会自损八百。

此外，这种事儿如果挑明了说，若不是特别勇敢的女性，自己的心理上也会受到很大的伤害。

如果不想让对方得寸进尺，可以把问题放在你们两个中间去解决，用行动表达你坚决抵制的态度。

第一种办法是立即躲开。

只要他再出现这种行为，马上变脸，起身就走，但也不必说破。机关的人都要面子，他吃了憋，如此反复一两次，一般都会知难而退。如果他还不知收敛，你在躲的时候，可以弄出一些动静，比如说摔门、推凳子。要让对方知道你对这种行为是比较反感和恶心的，自己也是懂得反抗的。

第二种办法是开个玩笑。

如果觉得弄出动静会撕破脸，也可以利用语言巧妙地拒绝。例如，"不好意思，你碰到我了"之类。说完恢复原样，该说工作说工作，该怎样就怎样。不必觉得尴尬，也不必有所忌讳。这样委婉拒绝一次后，相信他就不敢有第二次行动。

不管是用行为直接表示，还是用语言婉转地表达，都要让对方知道你拒绝被冒犯。总之，你一定要有所反应和行动，而不是默不作声，默不作声的结果就是情况愈演愈烈，甚至酿成悲剧。

02 拒绝潜规则会影响升职吗

您好，请问女同志应该怎样委婉地拒绝领导的职场性骚扰，且不影响升职呢？

如果一个人道德出现了问题，那么这个人无论有怎样的成就，都是可耻的，即便是领导，也不会被人从心底尊重。对这样比较无耻的领导，既要委婉地拒绝他的潜规则，又不想影响你的升职，那么你就要做好三个方面的工作。

一是从工作上发力。

找一份工作不容易，不能说辞就辞，要长远考虑。如果不想被迫辞职，就要有出众的工作能力。

出众的工作能力也是你在一个单位的底牌，即便你拒绝了领导的潜规则，他也不敢怎么样，一个能力出众的人"被辞职"必然会引起同事的猜疑。

二是借身体欠佳之名。

对于职场的潜规则，身为女性，你的力量可能有限，即便不是你的错，你也可能会成为舆论的受害者，所以如果没有充足的证据，就不要硬碰硬。

既然硬碰硬不行,那就转换思路,例如,在身体健康问题上说谎,彻底打消他对你的想法。

三是直接拒绝潜规则。

对于职场方面的性骚扰方面的潜规则行为,要学会说"不",而不是隐忍和纵容,一味地隐忍只会让别人得寸进尺,纵容别人的嚣张,因此要学会直接拒绝,即通过自己的态度和语气,明确地告诉对方自己拒绝这种行为。

03 遴选对女性有歧视吗

 问

本人32岁,女,985研究生,现在县局机关工作,多次参加遴选无果。因为有研究生学历,所以还有2年遴选机会,但又看到很多遴选考试结果大部分选择的是男生,快没有信心了。

想请问:如果您作为主考官,在领导要求只要男生的情况下,怎样的女生才会让你们专门向领导汇报留人?

对于上述情况,只是你自己的猜测,未必是对性别的歧视。

关于你说的观点和问题。

从实际情况来看,你所说的情况在现实中应该不存在或者说是个伪命题。

一是遴选方案里面如果没有性别限定,遴选后续工作也不会有性别歧视。

二是遴选面试的主考官和考官都是异地产生,进入面试驻地后封闭管理,面试哪个职位都是距面试前很短的时间内临时抽签产生的,考官跟用人单位的领导根本见不着面。

三是遴选的结果主要是以笔试和面试的分数加权决定,如果没有否定事项,分数决定一切。主考官的意志已经体现在面试分数里,他不可能也不允许再去找某个领导推荐说哪个人好,即使说了也没用,领导根本不会采纳。

关于下一步怎么干。

不管你的性别是男还是女,能力都是必须具备的。只有不断地拓展自己的能力,才有机会获取资格。因此,你可以按下面方法去做。

一是要瞄准目标,坚定信心。对于公务员招录遴选,其实都是比较公平公正的。实力决定一切,这个完全不用担心。

二是要认真总结这几年自己参加遴选的经验和教训,找出薄弱环节,有针对性地采取措施补齐短板。

三是要下功夫提升实力。你若成绩第一,哪怕有性别歧视,也没有人敢把你怎么样。

04
离婚对职场女性的影响有多大

 问

我是事业编,女,33周岁,因感情不和、长期异地而离婚,独自带着孩子。请问离婚对我的工作会带来什么影响?现在还没有人知道,我该如何调整自己,来面对别人可能的有色眼光?

 老部长:

虽说工作是工作,生活是生活,两者互不影响,但工作和生活都会占据一个人的精力。如果生活占据过多精力,那么多少会对工作有影响。离婚虽说是个人的私事,与工作无关,但对工作来讲,多少也会受点儿影响。

关于离婚对工作的影响问题。

坦率地说,离婚一开始,对工作肯定或多或少有些影响。

一是自己的心态带来的情绪波动。从某种程度上来讲,离婚既是一种解脱,也会带来一些伤害,尤其是对女同志的伤害可能会更大一些,容易造成心态失衡,情绪不稳定,自然会影响工作。

二是一个人培养孩子带来的精力分散问题。一个人的精力有限,时间有限。既要照顾家庭,又要培养孩子,还要忙于工作,肯定会分散一些精力。

三是个别人的看法会带来一定的心理压力。尽管现代社会对离婚的包容度已经很大,但总有个别人或少数人喜欢指指点点说些小话,也可能会有一些异样的眼光,于有形无形中给自己造成了不应有的压力等。

所有这些,归根结底都会集中到对你个人心态、情绪、精力的影响上来。

关于如何减少对工作的影响问题。

一个人最好的状态,也许是工作生活两不误。要想做到这点就要把离婚对工作的影响降低。

一是要彻底放下。既然是自己的决定,并变成了现实,那就要尽快从这个阴影中走出来,彻底放下,不再纠结,不再思虑。把它当成是一种自身的解放,生活的解脱,自由的放飞,生命的重启,鲜花的绽放。这样一来,你的心胸就会敞亮许多,情绪也会好很多,精神也会振奋很多。

二是要坦然面对。鞋子合不合脚,只有自己知道。自己的生活要靠自己过,自己的路要靠自己走,不要被别人的议论所左右,也不要被别人的眼光所打扰,坦然面对社会,坦然面对单位的同事。该吃就吃、该喝就喝、该说就说、该笑就笑、该做就做,该昂首挺胸就昂首挺胸。抬头看天空的视野总比低头看脚下的视野要广阔得多。

三是集中精力投入事业。钟爱事业,投身于工作,会使你忘记烦恼,忘记忧愁。因此,要提升自己的综合能力和整体实力,发挥自身的优势,瞄准重点,打造亮点,取得好成绩。类似你这样的典型,无论是体制内还是体制外都有很多。须知，别人看你的角度，取决于你的高度。你站得高，别人只能仰视你；你站得平，别人就会平视你；你站得比人低，那别人就会俯视你。

四是生活要丰富多彩。磨刀不误砍柴工。丰富多彩的生活方式可以调节人的精神和情绪，可以增强人的体力和智慧。因此，在繁忙的工作之余，也要创造条件，挤时间多走进社会、走向大家、走进大自然，学会调节自己的心情，不要把自己封闭起来。这样一来，既可以培养开朗、大方、乐观的性格，又可以为你的事业发展建立良好的人际关系，两者相得益彰、互促互进、良性互动、同频发展。

05 职场女性如何平衡家庭和事业

问

我在国内某一线城市985高校做行政工作，已经7年，本校硕士留校，是一名女性，快31周岁。领导们都不错，我工作认真负责，去年争取解决了正科，但竞争激烈，觉得升职到副处非常难，而且即便解决了副处也觉得没啥意思。因为我觉得自己的工作很无聊，没有意义和价值，基本上是为了父母安心、为了自己经济独立和有一定社会地位而工作。迷茫中有两个想法，一是考博，纠结过许久，不考又不甘心；二是生二胎，老公不想要，但我自己想要。可能我的问题是太贪心了,精力有限,想要的却很多,总想要进步不想做"咸鱼"。应该怎么办?

老部长:

就你目前的情况看,在多数人眼里,应该算是一位比较成功的女性了,"平台不小,职务不低,家庭和睦,机遇可期"。在回答你的问题之前,我们先分析两个问题。

一是对女性而言,平衡好家庭和事业是比较困难的。

其实,这跟我们所受的教育有关,因为我们所受的教育是典型的完美主义教育。在学校,要好好学习,天天向上,做德智体美劳全面发展的学生;在单位,要全心全意为人民服务;在社会,要做五讲四美三热爱的社会主义新人。在这种教育的熏陶下,很多人都成了完美主义的追求者,不仅追求人生完美,而且追求事事平衡。

这个理想化的目标虽然是没有问题的,但实现起来却很困难。一个人的精力是有限的,时间有限、思维有限,很难把什么事都做得滴水不漏,尽善尽美。具体到结婚的女性,绝大多数人也很难把家庭和事业都兼顾得很好,或者说平衡得很完美。

许多职场女性为了实现家庭和事业的平衡,牺牲了家庭的温馨、子女的成长、自己的健康。举个我身边的例子,一个985高校本科女性选调生,刚参加工作就是市委领导的秘书。为了事业,很晚才结婚,目前在一个办事处当主任,至今未育。像这样的牺牲,即使换来职场上的成功,生活上也会有很多遗憾。

心理学研究表明，对于既要事业又要做母亲的有完美主义倾向的女性，患上抑郁的风险很高。完美主义只是个神话，如果你期待一切都极其完美，那么必然会导致希望落空，从而滋生内心的焦虑与压力。在现实生活中，即使是有一个平衡或完美的事物，但从不同的角度看，可能也会有不同的结果。比如说你的情况，有些人从他的角度看，你已经做得比较完美了，令人羡慕了。但你从自己的角度看，好像跟你自己眼中的成功人士还有很大的差距，不怎么完美。所以，作为人，尤其是作为职业女性，一定要放下完美和平衡的执念，深悟完美和平衡是不存在的，学会接受生活和工作中的不完美，接受工作和生活的不平衡，这样你的身心会变得轻松很多。

二是人的一生，实际上就是一个不断选择的过程。

自然发展是这样，社会发展也是这样，人的发展更是这样。上幼儿园上小学，我们要选择学校；上高中上大学，我们要选择分科或专业；到单位到社会，我们要选择职业，选择爱人，等等。人生的种种选择，不是多选题，就是单选题。如果是单选题，那么怎么选择，就要看你个人最本心想追求的是什么，最希望得到的是什么。有人看中仕途，就拼命地加班，服务好领导、落实好工作；有人看重金钱，就拼命地用时间和精力钻营，去获得更多的物质财富；有人看重人际关系，就不停地组织饭局，获得八面玲珑的处事本领；也有人追求自身的宁静和安逸，过着得过且过的佛系生活。从这个角度上看，选择是没有对错的。

鱼和熊掌不可兼得。既然是单选题，选择必然是有得必有失，有失必有得，没有十全十美的。面临选择，不可能什么都会得到，必须学会取舍，学会断舍离。就像行军打仗一样，为了抢时间占山头，只能放弃辎重，放弃背包，轻装前进。在生活中也是，我们不能什么都想要，什么都不想舍弃。否则，就会陷入纠结中。

回到具体问题上来，有以下几点建议。

第一，善于从工作和生活中创造快乐。

既然选择了目前的工作，而一时又没有其他的选择。那么我们就要真心爱上这份工作，并用心做好这份工作。当然，一份工作做得时间长了，会感到有一些单调和重复，无聊和烦躁。我们要学会从新的视角来审视这个工作，寻找它的闪光点和不同点。具体到学院的活动，当然也可以设计出这样或那样的新载体，琢磨出这样和那样的点子。总之，要不断地折腾，搞点儿花样翻新。这样，你也会从中找到乐趣。同时，我们的生活包括家庭生活也是一个万花筒，是丰富多彩的。只要你用心地不停地转动万花筒，它就会不断地给你惊喜。

第二，搞清楚考博士的目的是什么。

考不考博士实际上也是一种选择，因此要搞清楚考博士的目的，是为了获得博士学位，还是为了提升自己的综合素质，这是首先要搞清楚的问题。如果没有博士学位，就难以在学校立足和发展，那肯定要考；如果没有博士学位，也可以干得很好，那就没有必要去考。

如果要通过考博士这个过程来迫使自己提升素质，那就注重学习的过程和学习过程中的心得体会，不必在意结果，不必纠结考不考得上的问题，更不用纠结能不能毕业的问题。这样转换思路，心理上就会觉得轻松很多。

第三,想要生二胎可以坚持自己的选择。

至于生二胎则更是一个简单的选择题。很多人是在一个大家庭中成长起来的,孩子多的家庭都很热闹,虽然有时候麻烦多,但欢乐也多、其乐融融。如果你想生,就要大胆地去追求,主动地作为,把你老公不想要二胎的"心魔"或"症结"找出来,采取有针对性的措施去解决问题,卸下他的包袱,解开他的心结,慢慢地说服他。

过来人经验分享:如何平衡工作与生活

五一假期第一天,陪同领导跑了几个地方,参加了几场活动。回程车上,领导关切地问:"假期还在工作,家里没意见吧?"

我回答得"口是心非",其实家里不是每次都完全理解,但是嘴上连忙答:"谢谢领导关心,家里理解,都习惯了。"如何平衡好工作与家庭,事业与生活,似乎是一个永恒的话题,常论常新。借此机会,我也反问领导:"您那么忙,又是如何平衡好的呢?"

领导答:"我也平衡不好,回到家也要向我家那位'领导'解释,去哪儿也要向女儿请假的。这个问题啊,总体而言,一定要分阶段来谈。

第一阶段,职场青年,也刚组建家庭,两边都需要你,这个时候建议你根据自己的长远目标来选,如果只想平稳进步,就多把时间留给家人,如果决心踏步前进,就多考虑下工作。这个阶段因人而异。

第二阶段,小有成就,当个小领导,这个时候你的孩子应该也大了,牵扯的精力也不像小的时候那么多了,你可以多花点心思和精力

> 在工作上，把自己的一亩三分地耕种好。
>
> 第三阶段，走上了领导岗位，这个时候需要全家支持你，你的大部分时间或者几乎所有时间都在忙工作。不过这个时候，很多情况下，工作、生活都融为一体了。"
>
> 我继续问领导："就没有办法兼顾吗？"
>
> 领导答："别想事业、生活都考双百，不现实，总有这样那样的遗憾，在每个阶段都尽力去做好，尽力扮演好每一个角色，也就圆满了。"

06 哺乳期被抽调，如何应对

问

我刚跨县跨部门调入某县直单位工作两个月，孩子1岁零几天，还在哺乳期，每晚都需要照顾小孩，最近孩子有点积食，身体不舒服，导致我的睡眠严重不足，精神状态不好，觉得压力巨大。

最近系统里开展一个专项行动，县级领导组点名抽调我单位一名优秀的写手，但是单位领导不同意，请求换人。

周一下午下班前，听说可能换我或另一名新来的同志去。

周二早上，单位突然通知说，我被抽调到县级专班组，周三报到，抽调半年。报到后,我发现抽调单位经常加班,长期周末不休息,办文办会多且要求高,同时我还要当原单位的联络员。

周三下班,我回原单位向分管领导汇报,申请每天中午和晚上下班后回家一趟哺乳孩子,分管领导同意了,并让我向抽调单位汇报。

周四上午,我向抽调单位汇报了中午和晚上回家一趟哺乳孩子的事,抽调单位的领导不高兴,还说要跟领导和原单位沟通。这两天对我的态度也很冷淡,可能因为单位领导换了他们指定的写手,也可能因为我才进这个系统,工作经验少,办文办会等专业能力不足。

昨晚十一点多,收到微信通知,统计原单位数据,要求今早8:30前报,我今早八点才看见信息,联系原单位,被告知昨晚已报,意思是抽调单位没有联系我,直接打电话给原单位了。

今早,原单位领导让我回去,找我谈话,大致意思是:抽调不换人,让我克服困难。同时,再沟通每天中午和晚上下班后抽半个小时回家哺乳孩子的事。最后说,有事可以向他和我以前的分管领导汇报。说到后面我哭了,自己都觉得不好意思,内心不强大,第一次感觉被别人嫌弃。请问接下来这半年,如何处理好和原单位、抽调单位的关系?如何克服生活与工作的困难?如何开展办文办会专项工作,还要有亮点?

老部长:

你初来乍到,会面临人员、环境和工作不熟悉的情况,要想融入其中,这需要一段时间,针对你的问题,给你提一些建议。

第一，不要着急，放松情绪，放平心态。

抽调单位对你表现出来的不满意，其实是他们对你单位领导不满意的一种表现和发泄形式，并不是真正地对你不满意，不要过于在意，更没有必要纠结。因此，当务之急是要静下心来，尽快地熟悉情况，学习政策，了解工作，融入其中，这样才能做到心中有数，工作有条不紊。

第二，目前应以借调单位的工作为主，尽快进入角色。

俗话说，家有三件事，先从紧处来。既然是借调，肯定是人手不足，需要你去帮忙，那么你就要尽力做到最好。先将在借调单位自己应承担的工作捋出头绪，分清轻重缓急，每天早晨把当天的工作列出清单，然后一一落实。每天晚上再进行一次复盘和总结，查漏补缺，并长期坚持下去，做到有章有法。

第三，加强与原单位领导的汇报和沟通。

虽然被借调到了其他单位，但还是原单位的一员，要加强与原单位领导的沟通与汇报。

一是随时沟通。对于双方的大事要事，要及时向领导沟通和汇报。

二是定期汇报、沟通。对于常规工作，坚持做到每周回原单位向分管领导系统地汇报一次，并形成惯例和制度，这样才能使领导对你的工作有更加全面的了解。

三是对原单位的重大活动，比如重要会议、集体活动，要尽可能地多参加，防止脱节。

四是虚心请教。对于自己不懂和拿不准的问题，比如办会和办文等问题，可以通过电话和信息向原单位领导汇报，请求他的支持和帮助。

第四,本着"先不急着出彩,但尽量不出错"的原则行事。

借调时间只有半年,在短时间内想出彩是很难的,而如果出错,就会给借调单位和原单位留下不好的印象。所以,在借调期间,当务之急不是想着在工作中做出成绩,而是尽力做好工作不出差错。因此,要先把工作重点、主要精力和时间用在不出错上,凡事要三思而后行,尽量不出错或少出错。在保证不出错的前提下,能出彩就出彩,不能出彩也无所谓,无须勉强自己去承担过重的心理压力。

07
产假后与社会脱节,如何快速适应竞争

我感觉最近有点心急,我工作5年了,和我同一年入职的几个同事都已经升职了。2019年有一次竞聘的机会,但那时候我请产假了。错过机会后,我该如何适应职场中的竞争?

竞争是体制内永恒的主题。上下级之间有竞争,同事之间有竞争;今天有竞争,明天也有竞争。可以说,竞争贯穿于我们职业生涯的全过程。一个人在竞争中能不能脱颖而出,既取决于对手和环境,更取决于自己。虽然前期因为生育可能耽误了一些时间和机会,但现在奋起直追还不晚。

第一,做强自己,是竞争取胜的核心。

一个人要在单位立足并胜出,主要靠自己的能力和人品。这个能力就是自己的核心竞争力,就是别人比不了而自己独有的砝码。如果你在单位有特色有专长,那领导肯定会倚重你来开展工作。因此,要结合自身的优势和岗位实际,在能写、会说、善干上选择一两个方面集中锻炼,以出色的成绩展示自己出众的能力,赢得领导的认可和信任。

第二,领导支持,是竞争胜出的关键。

在体制内成长,除了靠自己的能力和人品,还要靠组织的关心。这个组织,在某种程度上就是领导的代言。从一定程度上讲,领导的看法可能会决定一个人的走向。

因此,要充分利用工作和生活这两个平台,多向领导靠拢接近,在工作上多向领导进行汇报和请示,在生活中多同领导联络交往,既能增加领导对你的工作的了解,也能增加领导对你个人的好感,从而在工作上赢得领导更多的支持。

第三,构建和谐,是竞争胜出的保障。

前面说的两点可以算是天时和地利,这里重点讲的是人和。个人能力和领导的支持固然重要,但单打独斗难成大事,团结他人才能干成大事。一个人要有所成就,除了同领导要处好关系,还应与单位的同事处好关系。与同事相处,要以诚相待、和谐相处、互帮互学,取他人之长补自己之短,为自己的成长和发展创造良好的环境。

08
体制内女性应该奔仕途还是图安逸

我是大龄单身女青年,家境一般,没什么背景。目前我很迷茫,感觉到了人生的十字路口,不知道是应该努力奋进还是安逸地"躺平",不知道到底该怎么走了。如果奔仕途,是不是先到乡镇锻炼,过几年再找机会回到县里更好呢?如果图安逸,是不是就到县直单位了呢?

俗话说,只有付出才会有收获。一个人如果选择了"躺平",那结果注定不会出彩。而如果奋力一搏,也许还有机会,即便没有得到理想的结果,但起码是尽力了,自己也不会留遗憾。而且,你的努力领导们也会看在眼里的,在其他方面,领导也许会考虑到你。

种瓜得瓜,种豆得豆。

从总体而言,一个人的付出和收获是成正比的;你流几分汗水就有几分收获。县直机关工作相对轻松一点,生活舒适且规律一点,但上升的空间相对有限。

如果想在仕途上有所成就,到乡镇去工作,发展渠道就会更通畅一些,机会也会更多一些。当然,乡镇工作相对要辛苦一些,付出也就会更多一些。

两利相权取其重。

如果你喜欢舒适的生活,那你可以选择上升机会不多的县直机关。如果你想提升自己,就要选择不怕吃苦,接受去乡镇锻炼。人生苦短,何不奋力一搏?不过你选择哪种生活方式都没错,关键要遵从内心的选择。

客观因素是避免不了的,但你的选择和行动更重要。因此,你可以根据自己的志向和追求,做出判断和选择。

09 产假后销假第一天,怎么向领导报到

我产假休了7个月,下个月初就要回单位了。休假时单位领导也都很关照我,该有的福利也都有我的份。我想请教的是,上班第一天,我该怎样向局长和分管副局长报到呢?如果你作为领导,希望听到怎样的话?

产假休了7个月,很显然已经超过法定假期,看得出来你所在的单位及领导非常人性化。俗话说,"你敬我一尺,我敬你一丈",上班第一天到领导办公室,建议你把握一个原则——"表达情谊,展示形象",重点做好以下细节。

第一，时间适宜。

九点左右到达两位领导的办公室，不宜太早，因为早晨刚上班，领导有些事情需要处理；不宜太晚，去得太晚，显得没有诚意。谈话的时间控制在 3～5 分钟，内容不拖泥带水，既充分表达意思，又不耽误领导工作，展示出干脆利索的良好形象，让领导明白，虽然你有了孩子，但工作能力和素养还很强。

第二，先表达感谢。

感谢是发自内心的真情实感的流露，因此要突出亮点，切忌空话套话。比如，感谢领导批的假期长，感谢领导给发的福利，通过点滴小事来表达情谊，既让领导体会到你的诚意，觉得你这个人为人实在、懂得感恩、值得栽培；又让领导发现你说话脉络清晰、主旨鲜明，表达能力强，觉得你有培养的潜力。

第三，再表达愧疚。

说实话，7 个月的假期时间挺长的，这期间的工作肯定有领导来协调了。这么长时间也可能会让你在工作上有些脱节，可能会给工作带来一些不便，心里肯定会有些愧疚。在表达愧疚时，态度要坦诚，对自己因为休假时间过长，给单位的工作带来了一些不便，深表歉意。通过此举，可以让领导觉得，你是一个具有责任感的女下属。

第四，最后坚决表态。

在工作中遇到一个好领导是一大幸事，做人要懂得感恩，对领导最好的报答就是要做出成绩，休假回来要尽快进入工作状态，方不辜负领导的照顾。要向领导表态，在今后的工作中，自己一定不辜负领导的厚爱，努力平衡好家庭和事业的关系，加倍努力工作，以自己的实际行动，为单位争光，让领导满意。

注意：频频点头。你讲完之后，领导肯定会向你做一些嘱咐，你一定要时不时地点头示意，表明你在认真地听。

10 如何做一个领导、同事都喜欢的女同志

我是名女同志，对待工作认真负责，领导交办的事情也是尽心尽力地完成。前领导也是名女同志，对我挺关照，但总说我太认真了。在工作和生活中，与同事相处中，我应该怎么把握"认真"这个度呢？

古人说，过犹不及。从你描述的情况看，领导说你太认真，既是一种善意的提醒，也是对你存在的缺点点到为止。这句话的潜台词就是说，你为人处世到了较真甚至有点呆板的程度。既然领导已经提出了这个问题，那就要结合自身实际，认真总结和反思，努力改进和完善，在为人处世方面尽量做到圆润一点，而不是圆滑。圆润是恰到好处，圆滑则有一定的贬义。

第一，改善表达，说话让人听着舒服。

说话是门艺术，会说话不代表尽说好听的话，而是说话让听的人感到舒服。因此，说话不要直来直去，要学会婉转地表达。比方说，有个同事请你帮忙，如果你想拒绝，可以直接说："我正忙，没有空。"或者换种方式说："等我忙完这个事以后，再帮你干，好吗？"这两种方式都是拒绝的意思，但后一种肯定会让人更舒服一些。此外，不要吝啬夸赞，要学会多赞美别人，还要少指责，少批评，少埋怨。

第二，多与同事共处，少独来独往。

工作是种集体活动，离开集体，个人的工作很难开展。虽然你工作认真负责，但如果不合群，不参加集体活动，也会给人一种很难相处的错觉，大家会觉得你很孤傲，而孤傲很难使人产生亲切感和愉悦感，进而又会影响你的工作。因此，要学会与同事共处，多融入集体，这样更利于你工作的开展。

第三，办事可内方外圆。

俗话说，日中则移，月满则亏。做事也一样，太过认真就会显得死板，反而得不到认同。在不触犯原则的情况下，对同事不要过于较真，不要事事都计较，更不能认死理、钻牛角尖。凡事都争个你输我赢，实在没有必要。办事时，可以采用"内方外圆"的方法，即做到小事讲风格，糊涂一点；大事讲原则，大气一点。

第四，平时多向领导请示汇报。

很多人虽然工作做了很多，却得不到夸奖，甚至还总是挨批评，究其原因是，领导并不知道他们背后的付出。因此，不要总是一个人埋头苦干,你的努力也需要让领导看到,这样领导才知道你都做了什么。你可以在领导面前多露脸多刷存在感,适时向领导汇报工作进度,让领导知道你在做什么,做出了什么成绩,不当无名英雄。

第五,注重察言观色。

领导在交代任务时,要善于揣摩和领悟领导的意图。因为很多时候,领导的说法不等于他内心的想法,如果不注意揣摩、领会领导的意图,不按领导的意图办事,而是按他的表面言语落实,有时候结果会南辕北辙。因此,听话要听音,不要只看表面。

总之,说话办事要多换位思考,学会站在领导的方位和同事的角度去考虑,要细一点、全一点、深一点,这样就比较圆润了,就能得到领导和同事的喜欢。

11 女同志如何与领导保持适度又紧密的工作联系

我在一事业单位的中枢科室任副科长,主持工作,直接为领导服务,协调调度其他科室工作。我的业务能力一直被领导认可,工作交流也算比较顺畅,但是和领导基本没有工作之外的交流,领导都是男性,我是女性。请教一下,女同志应该怎么有分寸地和男性领导相处或者建立私交?既不让领导有暧昧的误解，又不让领导觉得我是个女同志而保持过远的距离，不要只是干活的时候想到我而好事没有我的份。

老部长：

在工作中，要想做到与领导有理有度地保持经常的工作联系，又使领导对你增强信任，有以下几点建议供你参考。

第一，充分运用工作平台加强与领导的联系。

工作是联系领导最好的平台，而汇报则是接触领导、接近领导、与领导加强密切关系最名正言顺的媒介。因此，在工作上要运用一切时机创造更多机会向领导勤请示、多汇报，比如工作之前汇报方案、工作之中汇报进展、工作之后汇报结果，把工作的完整链条变成你汇报的完整链条。这样领导就能从不断地汇报中感受到你对他尊重的信号，感情自然就亲近了，关系自然就密切了。

第二，从细节入手搭建与领导密切关系的桥梁。

汇报工作最好的方式是当面汇报，最好的地点是办公室，最好的时间控制在30分钟左右。能不用发信息的尽量不用发信息，能不用打电话的尽量不用打电话，尽量创造更多的当面汇报的机会。传统的汇报方式，是最容易拉近关系的。这样既可以当面沟通和讨论，也省去了领导写信息回信息的时间，最大程度地方便了领导。不要小看这样的细节，这种方便领导的方式，每一个领导都能从中感受到你的耐心和细心。

第三，找准时机表达进步想法。

在工作和生活中自然而然地用好上述方式和方法，既能增强领导对

第九章　女同志

你的信任，又不会被领导和其他同志们误解。在通过上述接触方式加强联系的过程中，遇到合适的机会，顺势向领导表达自己要求进步的愿望，恳请领导的关心和帮助，更能在领导心中留下深刻的印象，遇到机会他自然会第一时间想起启用你。

12 女性有作为，要比男性付出十倍或更多的努力吗

作为一名女性干部，感觉职场比较难，既不能像男同事一样经常去应酬，也不能经常和领导出差，因为大部分领导是男性，能做的只有认真工作。但机关中很多工作，只要用心，谁都能做好，可替代性强，加之只是与领导建立工作关系，也不足以让领导信任和提拔你。职场中女性如何脱颖而出，如何获得领导的信任？

职场上女性要有所作为，确实要比男同胞付出更多的努力。但是女同志也有优势，女性通常有思维缜密、工作细心等独特优势，只要发挥得好，运用得妙，一样可以脱颖而出，受到提拔重用。具体有以下几点建议供你参考。

237

第一，善于打造自己的核心竞争力。

核心竞争力就是要求我们在职场一定要有一两样拿得出手、有别于他人的特长。即使是非常平凡的工作，也可以通过想全一点、想细一点、多做一点、做深一点、做精一点，获得自己的核心竞争力。下面举两个典型的例子。

一个是做文书工作的女干部，过去的文书是负责收文件、送文件、传文件，但这个女干部接手文书工作以后，她每次收到文件总是先学几遍，再把文件的重点尤其是关键内容、时间节点用铅笔画出来，便于领导抓重点。遇到普阅件比较多的时候，她会在不同的文件首页贴上黄色的小标签并写上涉及农业、工业、商业工作等提示，便于不同的分管领导阅示；对领导签批的意见，她都会及时地向领导反馈什么时间转给了哪个单位或哪个领导落实等，真正做到了把传阅文件的过程变成了落实工作的过程，变成了事事有回音、件件有结果的过程，班子里的每位领导都对她赞赏有加。

还有一个分管接待工作的女干部，真是心细如发，市里的大领导经常来区里考察调研，在前往考察点的路上，大领导见到沿途的一些工厂，总喜欢问这是什么企业呀？效益怎么样啊？平时大家对这些并不在意，有时候区领导都答不上来，颇为尴尬。这位女干部敏锐地捕捉到这个细节，每逢领导考察，她都要提前把沿途企业逐个走到，把每个企业的特点、产品、效益、规模等情况摸得仔仔细细，包括马路边绿化栽的什么树，都要问个一清二楚，打这以后，再也没有出现被大领导问倒的情况。

在两年时间内，这两个女干部先后都得到了提拔重用。这说明，体制内只要用心琢磨、用心思考、用心去做，善于触类旁通、举一反三，用发散思维进行工作，即使再平凡的事也可以做出精品，再小的事也能让领导留下深刻的印象。这个就是核心竞争力。

第二，始终展现昂扬进取的精神状态。

一个人的精神状态是一个人内在品质和气质的外在表现，精神状态的好坏给领导留下的印象截然不同。好的精神状态主要有三点。

一是心态向上有激情。要打心眼里热爱工作，追求事业，始终充满热情，有主见，有胆识，充满正能量。

二是外在表现有活力。给人以朝气蓬勃、充满活力的感觉，仿佛浑身有使不完劲儿的精气神，而不是暮气沉沉、萎靡不振、满腹牢骚。

三是实际工作有干劲。不要把工作当负担，不要想着能推则推、能躲则躲、能拖则拖，做一天和尚撞一天钟，敷衍应付。而是应该对工作精益求精，主动作为，有一种不怕困难、不怕挫折的勇气，有一种不做好不罢休的豪气，并有一种不甘落后的狠劲，凡是自己不满意的工作则不上交。

第三，注重经常汇报，善于沟通。

要注重运用工作这个平台，多接触、接近领导，把开展工作的链条变成自己汇报过程的链条。通过汇报使领导加深对你的了解，并尽可能地多当面请示汇报，这样可以增强互动、增加信任、增进感情。汇报是加强与领导联系最好的方式，不能只埋头去做而什么都不说，更不要有"我做好了领导自然会知道"的想法。领导一般很忙，不会注意到你做事的细节，更不是"万事通"，所以你要学会主动汇报。

第四，抓住一切表现自己的机会。

对单位或上级每一次举行的活动，比如开会发言、讨论交流、发表文章、演讲比赛、领导调研、各种比赛等，都要精心谋划、认真准备，以展现出最好的自我。这是领导发现人才的一个重要的方式。

第五，保持适度的生活交流。

在生活中，与领导和同事保持适当的交流，能够增进彼此间的联络和信任。比如，可以请教一些问题，或者逢年过节发个问候信息等。

13
女同志的材料之路真的很悲惨吗

我是一个女生，一毕业就考上了公务员，被安排在了写材料的岗位，一眨眼写了三年材料，现在单身没结婚，因为写材料的工作节奏太紧张、太辛苦，平时总是"白加黑""5+2"，导致恋爱也没个着落，我还是个外地人，觉得再这样下去会变成老姑娘。我现在很想换岗位，可是没人愿意干我这个岗位的活，领导也一直觉得我一个外地人又是单身，总是利用我的下班时间让我加班，一直吊着我说写材料好，提拔的机会多，不让我换岗位，请问怎么解决这个难题？

根据你反映的这几个问题，我们针对具体情况逐个进行分析。

首先，说说找男朋友的事。

一般来讲，找对象跟工作忙不忙，没有太多和绝对的关系，很多职场中的人都很忙，不照样谈恋爱结婚生子吗？说到底还是能力和态度的问题，要把找对象这件事当成一件重要的事来做，去积极推进，去四处托人介绍对象，一到晚上就去相亲，材料写累了跟相亲对象聊一下增进感情，这都花不了多少时间。两情若是久长时，又岂在朝朝暮暮。

其次，说说关于写材料之路。

为什么要把一项工作看作是自己的人生道路？写材料只是体制内工作的一项，这个领导让你写，下一届领导未必让你写，应坦然看待和认识工作岗位和性质的不同，要学会拿得起放得下。现在写材料，不代表要走一辈子写材料的道路，写材料只是一种能力展示，只是一块敲门砖或垫脚石。

再者说，你才工作三年，是刚入门的阶段，想通过写材料升职，或许资历尚浅。现在还处于提升素质和能力的阶段，别总想选择什么人生道路，把自己框死，要尽可能地提升办事能力、办会能力、讲话能力和文字材料写作水平等，这些都是体制内工作的一些重要素质和重要能力，擅长哪一项都可以是敲门砖，都可以是立身之本。

最后，提一点建议。

当务之急是先提高工作效率，想想自己有没有充分利用网上的材料？对于各类材料有没有分清重点？对于格式化的材料可以大概弄弄，对于领导最关心的可以重点弄一下。如果在效率上下点功夫，一般不会搞得那么辛苦。如果实在想调换个岗位，而领导又不给调换，那就如实跟领导反映自己的实际困难，同时你可以延迟交稿，但不要降低文稿质量，在汇报时要显出一副力不从心的样子，争取让领导给你调岗。

14 独在异乡为异客，如何在工作中脱颖而出

我最近感觉工作压力特别大，加上人际关系处理得不好，感觉有点焦虑了。有时想躺平，混到退休算了，可想想又觉得很惭愧，也没有躺平的条件和背景。作为一个在异乡工作的大龄女公务员，对以后的路有些迷茫，应该怎样提升自己的核心竞争力？

老部长：

在当今快速发展的社会，无论是体制内还是体制外，竞争都很激烈，工作压力都很大，这是一种常态，能够开开心心地工作和生活并非易事。对此，自己要学会调节，学会取舍，学会抓住主要矛盾，这样才能排除烦琐世事的纷扰，心无旁骛地做好自己的事。

第一，放平心态看问题。

从你描述的情况看，作为一名异地女公务员，要在单位立身立足，

就要把复杂的问题简单化，不要过多考虑人际关系等其他的利益问题，而要静下心来，更要定下心来做好自己的事，打造自己的核心竞争力。只要你的本事大了、本领强了，身边的同事们和领导对你的看法都会发生改变，这就是说，你自己的高度决定了别人看你的角度，是平视、俯视还是仰视。

第二，针对实际想对策。

在体制内，会写材料是一种能力，相当于掌握了一种扩大自己影响、展示自己实力的武器。如果能把材料写好，不光能接触到领导，争取到领导的认可和信任，还能产生高的投入产出比，使自己在单位中脱颖而出。越是大机关，越是重视写材料的人，你如果写出了名气，就会被领导发现和选调。

第三，提升本领立根本。

在基层单位，有很多公务员都是凭着写材料的功夫，争取到了到市级、省级机关大平台发展的机会，因此，要下狠心、下苦功夫精进自己写材料的水平，并在系统内部的报纸杂志及当地的党报党刊多写多发署名文章，不断扩大自己的知名度和影响力。这样用成绩和实力说话，在工作中领导不仅会更加倚重你依赖你，而且会对你高看一眼、厚爱三分。再者，有了真本领，被上级选调的机会也会更多，这样你就比较容易脱颖而出了。同时，会写材料，对于参加遴选也具有非常大的帮助作用。

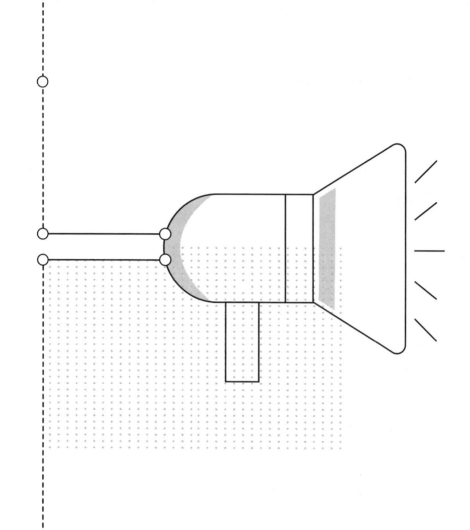

第十章

破　局

第十章 破 局

01
遇到"泼妇"型副职,怎么办

最近在单位遇到了一件特别郁闷的事情。年中市里进行干部调整,新调来了一位女副职,但并不分管我们办公室。她刚来,大家就有耳闻她的名声不好,就是不管在哪个单位都爱跟人吵架。这才来几个月,就多次找我这个办公室主任的茬,最近在单位当着大家的面骂了我好几次,脏话连篇,没有一点素质,但我只是跟她就事论事,并没有骂回去。

第一次骂了我之后,我就决定以后不再跟她打交道了。一把手领导在班子会上曾批评过"撒泼"这种行为,虽然没有点名,但把该说的话都说到了,我想她心里应该明白。但很快又发生了第二次、第三次,因为很小的事情她张口就来骂我,实在过分,领导都知道了,也很生气,但是能看出来大家都不想招惹她。

这两天我的心脏不舒服,请了病假,她又趁一把手和主管领导不在的时候狠狠地骂了办公室的同志。工作这么多年,还从来没有遇到过这样的人,不知道以后该如何应对?

在体制内,不同的领导有不同的脾气性格、工作风格和行为习惯,

但像你在问题中描述的这样脾气不好，甚至人品也不好的领导，还是比较少见的，在你无法改变她的情况下，做到心中有数就可以了，在同她的交往中，具体可以把握好以下几点。

第一，适当忍耐多回避。

既然是领导，面子上还是要过得去，做到礼貌交往，大大方方，当遇到她发脾气甚至骂人时，你就起身回避、一走了之，让她自讨没趣，遇事尽量不与她争辩或直接硬怼，跟这样的领导争个你输我赢，既没必要也没意义。

第二，公事公办不随意。

在吵架方面要多回避，但在遇事方面不要回避。对于工作，始终要讲求原则，因此遇事要坚持按原则办、按规矩办、按程序办，该汇报就汇报，该服从就服从，该落实就落实，不率性而为，更不要把情绪带到工作中。

第三，不卑不亢做好自己。

人无法改变别人，但可以要求自己。遇到这样的领导，你改变不了什么，所以也不用太在意她的看法，更不用去讨好她。当然，也不要背后议论和评论她，你只需要专心致志地做好自己的事，不卑不亢地做好自己，踏实从容干好本职工作就可以了。

第四，敬而远之少交集。

人与人打交道，不可能遇到的都是志同道合的人。在生活中，不喜欢的人可以不理睬，但工作不是生活，如果闭口不谈就没法推进工作。因此，私下可以不交流，但在工作中保持正常的工作汇报即可。比如，平时对她有事就报，无事不扰，尽量少跟她打交道，见她绕道走，说话做事三思而后行，力求稳重稳妥，防止因为失误被她捏住"小辫子"。

02
遇到喜怒无常的领导，怎么办

我发现未来单位的领导是个非常喜怒无常的人，经常劈头盖脸地批评办公室做事的员工，这个员工比我资历老，而且很优秀，为人处世，待人接物，自身业务都非常棒，领导依然会对她发脾气。经常是情绪来了就乱发一通，员工经常觉得很委屈。我不知道自己未来要是处于这样的环境能不能适应，如果真的要和这样的领导相处，有什么建议？

石头哥：

在工作中，如果遇到一个脾气好的领导，可能感觉很幸运，因为在这样的工作环境里，心情舒畅，工作也有积极性。如果遇到一个喜怒无常的领导，或许会觉得不幸地遇到一个"难伺候"的人，导致心情不好，工作积极性也会受影响。

然而，换个角度去考虑，如果遇到一个这样"难伺候"的人，你都能应付得很好，那么说明你的能力很强。所以，问题不在于怕，而在于怎么解决。

第一，排除压力。

如果碰上一个喜怒无常的领导，沟通成本将非常高，同时也会在工作中带来非常大的心理压力。对于性格比较内向的人，被骂之后承受的心理压力可能会更大，甚至都不敢见领导。因此，首先要过的一关是排除心理压力，直面领导。

第二，敢于沟通。

一个人之所以喜怒无常，必然是遇到了问题，连带了自己的情绪。在弄清楚问题的原因之后，也就知道了领导因为什么发火，这样你也可以找到解决问题的方法了。因此要加强与领导的沟通，既然他总是发火，但你可以试着在领导发完火之后，强迫自己马上主动与领导沟通，如果是你的问题，那就诚恳地道个歉，认个错，并说明解决方法。如果不是因为你发火，那可以说些其他话题，转移下领导的注意力，那么事情也就过去了。事后你会发现领导会跟没事儿发生一样，这就说明他真的也就是一股无名火发完就完了，是对事不对人的。这样做几次，你就可以把领导的情绪屏蔽掉，他发他的火，自己该怎样还怎样，脸皮会越来越厚，心态会越来越稳。

第三，灵活应对。

在工作中很难选择领导，因此不管啥样的领导来了，你都得接受，还得能接得住。这不光能体现出你的沟通能力，而且能体现出你的应变能力。工作很讲究技巧，不能一味地闷头苦干，也不能太过分张扬个性，遇到不满就撂挑子不干。无论什么情况，都要有一定的容错能力，碰到不同类型的领导,都能让自己的能力发挥出来,体现出自己的价值,这是一个基本素养,必须练好。

但如果这种情况真的已经严重到伤害了你的心理健康,那么调岗也是可以考虑的。

03 面对领导的打压,我该怎么反击

我们处室有三个人,一个是老处长,一个是今年新来的研究生,我是副处长。处长之前询问我的想法,我们商定我负责其中一部分工作,兼写材料。但是后来,所有的业务都是他俩做,只叫我写材料,这还不算,还把写核心材料的工作分给新来的同事。现在老处长有意打压我,扶植"新势力",对那个新来的同事教得很认真。

老处长还有好几年才能退休,如果这样下去,我在处室里一点业务都不经手,未来在处室里又该如何立足和自处?

从目前的情况看,老处长有点排斥你。然而事出必有因,也许是你的问题,也许是他的问题,也可能是新来的同事的问题。只有弄清楚原因,

才能做到心中有数。

第一，稳住阵脚，内心不乱。

成大事者，内心都有一种静气。在不了解情况的前提下，切勿感到慌乱和自我否定。这样不但会影响自己的工作，还会影响自己的心态。先不管事情如何，你要做的是稳住自己的阵脚，做到心不慌、神不散、日常不乱。

第二，私下沟通，了解原因。

首先反思自己，在工作上有没有什么过错，或者生活上有没有言语冲撞，如果你没有做错什么，那就是别人的问题了。一种是老处长怕你的能力胜过他，怕你抢了他的位置；另一种是新来的同事比较会做人，拉近了与老处长的关系。至于是什么原因，需要与老处长私下沟通，不管是什么原因，你都要保持谦虚、平和的心态。只有了解原因，才方便对症下药。

第三，加强学习，自我提升。

不管在什么时候，都不要忘了提升自己，只有你的能力足够强，才能得到别人的认可。因此，平常要加紧自我提升，提升素质、业务能力和写作水平等，保持向内使劲不放松。

一是在关注中了解熟悉业务。对于少干的那些工作，可以通过多关注来弥补。比方说，某项工作或某一个活动完成后，你可以把卷宗、材料找过来看一看，就了解了整个工作情况了。

二是利用空余时间，多学习、研究行业政策和业务，积累专业政策知识，提升自己的政治站位和专业素养。

三是另辟蹊径。比如，经常在大报大刊上发表一些文章，这也是展示自己实力的有效途径。

第四，和谐相处，避免矛盾。

处长毕竟是你的领导，不论因为什么排斥你，但作为下属，你还是应对其保持应有的尊敬和尊重。除非极端情况，平时还是要以礼待人，注意向处长多汇报、多请示、多沟通，并把关系处理好，不能搞得太僵，更不能把矛盾激化、表面化。因为他的工作时间有限，而你的时间还很长。

04
怎么应对要求高、脾气大的领导

我的性格比较要强，一直以来工作都是勤勤恳恳的，基本是被表扬多、批评少。但最近碰到一个要求严格、脾气暴躁的领导，他有时会莫名其妙地发火，但又不得不面对他，请问应该怎样适应？

俗话说，人上一百，形形色色。每个领导的性格、脾气、经历、修养不同，会呈现出不同的管理风格，有的领导雷厉风行，有的领导性格

温和，有的领导循循善诱，有的领导像暴风骤雨。根据你的描述，有几点建议供你参考。

第一，正确对待不同管理风格的领导。

在工作中遇到脾气暴躁的领导是一件正常的事情。有些人虽然脾气暴躁，但人很善良，这类人脾气发完了，事情也就过去了，不会因为一些小事而记恨谁，更不会打击报复谁。大多数情况下，这种人是对事不对人，所以没有必要过于计较、担心，甚至害怕，应以平常心坦诚对待。

第二，工作中要努力适应不同领导的管理风格。

暴脾气的领导一般都是急性子的人，工作节奏比较快，要求比较高。虽然在这类领导手下工作，精神会很紧张，但却很锻炼人，所以在工作中要学会适应。

一是遇事要在第一时间请示汇报，不能等。

二是办事要提高效率，不能拖，要及时处理。

三是汇报工作要先说结果，少说过程。

第三，善于以柔克刚。

脾气火暴的领导并不代表他不讲道理。面对这样的领导，你不能硬碰硬，而要以柔克刚。

一是面对批评尤其是公开场合的批评，不争辩，不对抗，不顶撞，不火上浇油。确属背锅的事，事后可以在比较合适的场合解释或发信息解释。

二是多用夸奖。这样的领导一般都喜欢听好话，平时要善用多用夸奖、赞美。

三是常常邀请领导小聚一下,这样可以拉近和领导的距离,增进感情,工作中沟通起来也会更顺畅。

第四,精进业务,提升能力,成为骨干。

暴脾气的领导通常做事比较干脆,不拖泥带水,因此这样的领导往往喜欢办事利索的人。对于能干事、会干事、干成事的干部,往往比较受领导的欢迎。新单位要做出成绩,领导也很着急,因此应该把主要的心思和精力放在提高业务能力水平和拓展业务上来,把自己修炼成工作中的行家里手、单位中的精锐骨干。那么领导就会倚重你、信任你,你才能成为领导工作上的帮手、生活中的朋友。

05 如何应对限制、排挤你的领导

在之前的部门遇到一位领导,为人苛刻,非常情绪化、主观化,部门里的人都不喜欢她。但她工作很拼命,也很善于运用各种资源,做出了很多成绩,所以大领导喜欢她,现在已经将她提拔到其他单位了。

我是入职单位几年的新人,一直表现得都很好,得到了几任部门领导的肯定。刚到这个部门的时候,她开始对我的态度还好,并期待我配合她做出成绩。但后来,因为我刚来,业务不够熟悉,导致不能很好地配合她的工作,她便渐渐倚重另外一位同事。

她经常要求我们不准参加各种演讲、比赛、竞赛之类的，不要撰写额外的文章等，因为她觉得这并不能给部门带来利益。而这正好是我的长处，于是我没有听，还是继续在各种场合表现自己，后来她越来越不喜欢我，并暗地里向副职表示，年底评先评优一定不能选我，要选另一个同事。与此同时，她在核心工作上有意地排除我，不让我参加。其实，我和那个同事经常背地里吐槽这位领导。事后，我也在反思，自己太不谨慎了，那位同事会不会使坏，把这些话报告给了她，导致她越来越不喜欢我。再后来，这位领导高升后，我也因为在各种场合表现优秀，被局领导发现，调到文秘部门配合局领导工作，这也算是一个非常好的机遇吧。

前些天，又见到了那位不喜欢我的领导，顿时有种怀恨在心、耿耿于怀的感觉，更有一种被否定的挫败感。心里甚至想，如果有一天我做得好了，有机会的话就很想报复她。我知道这种心理不健康，请教您该如何调节这种心理呢？虽然现在她在其他下级单位，但我们都在一个系统，一想到以后工作中可能还会有机会见面，就觉得心里很堵得慌。我不知道以后还会不会遇到这种人，该如何应对这种人带来的伤害？

老部长：

认真看了你的描述，非常理解你的心情和感受，也非常欣赏你的才华和能力。人生几十年，遇到点沟沟坎坎是在所难免的。正确的态度应该是，既不能被遭受的排挤所吓倒，更不能被这件事产生的负面情绪所左右，而要采取积极的态度化解它，变消极因素为积极因素，使它成为自己成长路上的正能量。具体到你的情况，有如下几点建议供参考。

第一，学会自省，对自己要求得严一点。

从具体事件上看，虽然女领导有心胸狭隘、方法有限、为人刻薄的缺点，进而导致不喜欢你，甚至排挤你的结果。但一开始并不是这样的，而是经历了一个从接受到不喜欢，再到排挤的过程。这个过程的演进，说实话，你也有自己的失误和不足。

从描述中至少可以看出三点，比如，工作上不能达到她的要求，个性上过于张扬不太服从她的领导，尤其是背后议论和吐槽她，这更是犯了职场大忌（你说的那些话她肯定会知道），大多数领导都不太会容忍背后说自己坏话的下属。

《孟子》曰：行有不得，反求诸己。说得是事情做不成功，或者人际关系处理得不好，不要过于怨天尤人，而要反躬自省。因此，你也可以从自身找一找原因。有人说，从自身找不足，一想就通；从别人身上找原因，一想就疯。就是这个道理。这样做，你不仅会豁然开朗，而且可以举一反三，避免类似的事情再发生。

第二，学会放下，格局大一点。

在人生的旅途上，人们往往是负重前行。而有的人却喜欢背着两个包袱行走，一个包袱里是别人的错误，另一个包袱里是自己的过失。如果不学会放下，那么这两个包袱就会越背越重，行走会越来越慢，最终将成为自己成长和前进路上的绊脚石。

如果能放下，我们就会轻松前进。冤冤相报何时了，所以在这件事上，心胸还是要宽广一点，眼界要开阔一点，眼光要看远一点，格局要放大一点，放弃愤懑，放下怨恨，把主要精力、心思和时间用来做好工作，用来发展事业，用来提升自己的综合素质，用来走好自己的人生道路。这些收获和对人生的意义，要比用来记恨、报复好太多。

第三，学会适应，方法要灵活一点。

体制内一个很大的特点就是，领导在某种程度上可以选择下属，而下属却很难选择领导。在今后的工作中，遇到不同性格、不同作风的领导是大概率事件，如果率性而为，随心而动，一种态度走天下，那么心生不爽甚至碰壁也是大概率事件。要走好人生路，就要学会适应，学会变通，学会拐弯儿。就像开车在路上，路直就直着走，路弯就拐弯走。不学会因时因地而变通，只是抱怨路太坎坷太曲折是没有任何价值的。外在的客观条件我们可能一时无法改变，而不断地适应环境，因时而变，因人而动，努力改进、完善自己，则是完全可以做到的。当然，这并不是要改变我们的本性，而是要改变为人处世的方式，使人与环境更协调，人际关系更和谐，人生发展更顺畅。

06
领导总是问我职责外的事情，我该怎么拒绝

今天又遇到一件很郁闷的事情，我们分管领导喜欢找我做事，碰到一些

问题也会直接打电话给我,有时我会说这个不是我负责的,我先了解下情况,然后帮他处理。

今天又是这种情况,他就说:"你总说不知道。"事实上我就是不知道,因为这件事是我们处长分给其他人做的,后来我不得不把负责那件事的同事给叫过来。请问下次遇到这种情况我该怎么说更好呢?

老部长:

分管领导直接给你安排工作,一种情况可能是觉得你的能力强、办事靠谱,交给你直接办,他比较放心,这是一种信任。另一种情况可能是对处里的工作分工不是太了解,认为这就是你职责范围内的事,应该找你办。根据你描述的情况,有两点建议供你参考。

一方面,主动说明情况。

找个适当的机会,主动向分管领导汇报一下自己的思想和工作,表达对领导交任务、压担子、促成长的感谢,顺势把处里人员的分工情况、运转程序、自己的主要工作职责范围一并汇报,使领导掌握你的工作情况,做到心中有数,从而减少误判,在安排工作时就会有的放矢。

另一方面,倒逼自己成长。

向领导汇报说明以后,误安排的情况一般不会再出现。但也可能有万一,如果再遇到这种情况,不宜直接说自己不了解、不知道等,这等同于拒绝,领导心里肯定会觉得不高兴。还是要积极愉快地应承下来,并说以最快的速度处理并及时报告。

如果你是副处长或小领导,建议你平时在做好自己本职工作的同时,对处里的全面工作多留意、多关注、多掌握,掌握得越全面越翔实会越好,这样不仅有利于工作,而且有利于个人的成长进步。

07
遇到挑剔的领导,怎么办

最近遇到一个烦恼事儿,新来的办公厅主任是一个很挑剔的人,几乎每个找他签字的,总能被找出不足,导致我们部门的处长们都不想去送签,稿子都让我送。

我也被说过好几次了,比如,如果他头一天开会,隔天给他送稿子,他会说"怎么隔天才送到这";在会上及时给他,他又说"你的急还是我的急",还会用不信任的语气问一大堆问题。

请问,面对这样的领导我怎么做比较好?

体制内一个最大的特点是,领导选择下属比较容易,但下属选择领导基本没有可能,更不可能去改变领导。根据你描述的情况,有几点建议供你参考。

第一，适应。

你能做的就是努力改变自己，努力适应领导，尽管领导因为性情、性格、经历等不同而呈现出不同的工作风格，但是唯有适应是最好的办法。

第二，磨合。

对于主任来说，他面对的也是一个陌生的环境、一群陌生的人、一种陌生的工作模式。因为惯性的作用，他可能仍然在按过去的思维和习惯来处理工作，这是磨合期的互相不适应，其实是很正常的一件事。时间一长，慢慢地就会好起来。

第三，对事不对人。

主任对所有送材料的处长都是这个态度，可见他是只对事不对人，并不是对你个人有意见，更不会对你形成偏见，这个完全不用担心。

第四，把握机会。

处长让你送材料，这是一个接触领导的好机会，应该积极把握，而不是推诿躲避。需要注意的是，在跟领导接触的过程中一定要有眼力见儿，准确领悟领导的意图，这样既有利于工作，又有利于个人成长。

第五，早汇报。

无论是材料还是工作，第一时间向主任报告是对的，因为早送能让他有准备时间。也许他表面看起来有点不耐烦，但他心里应该还是很欣慰的，这比他催着你推进工作要好多了。

08
分管领导和部门领导不和时,我该如何应对

我的分管领导一向自视甚高,经常与部门主管领导意见不合,对主管领导的意见颇大,很多事情搞不到一块。分管领导又让我按他的意见做事,而两个人都是我的领导,我夹在中间很难办,请问我该如何应对?

对于你描述的情况,这在具体工作中并不少见,但其实并不难办,只要在"心中有原则,判断有是非"的前提下,做好自己的工作即可。具体来讲,主要可以做好以下几点。

一是不掺和。

俗话说,仁者见仁,智者见智。领导们看待问题的角度不同,出现意见不合的情况很正常,这是他们从大局观考虑,对事情做出了不同的分析,但终会调和。而你作为执行者,所要做的是落实。你无须掺和领导们的事,可以先让子弹飞一会儿,等确定了方案,你再大胆地放手去执行。也就是说,不要瞎掺和领导的问题,而应专注干好自己分内的事。

二是不传小话。

如果每个人都觉得自己是对的,那事情就永无定论。要想事情有所进展,终须调停,无非是谁让一步的问题。让步的人可能会心里觉得不

满，可能会抱怨。但工作要以大局为重，不能夹带太多的个人感情。因此，你不要附和任何人，也不要传别人小话，对于两边的不满，最好都能替别人圆下来，让两边各自都能有台阶下，这样你才不会变得很为难。

三是不背后议论。

领导如果意见不合，确实会让下属感到为难，会影响自己的工作和心情，但不要因此而在背后议论。因为世上没有不透风的墙，如果你在背后议论他们，若 A 传给 B，B 传给 C，C 传给 D……总有一天会传到领导的耳朵里。

四是不站队。

工作应以大局为重，不要有站队现象，这样可以避免被卷入他人的纷争和争议，也可以使自己更加客观公正地评估问题。

09 领导总让我服从安排，这会影响提拔吗

工作中遇到一些吃亏的事时，领导总是会以服从组织、服从大局这样的话，去要求同志服从，尤其是年轻同志。但说实话，并不是有些亏吃了，领导就认为你帮他解决了问题，欠你人情。而且，有些亏可能会对个人的影响比较大，尤其是涉及工作调动方面的事情。老部长，遇到领导总是以服从大局、

服从组织安排这样的说辞时,怎么做才能维护自己的利益?

 老部长:

从你描述的情况看,你对体制内自己利益的概念理解还不是很清晰。组织和领导才是体制内资源的掌控者、分配者和主导者。至于提拔、工作调动、岗位安排等与体制内平台相关的权益,并不属于个人,而是属于组织的,受主要领导影响。

第一,准确认识。

在体制内,脱离单位和领导之外的个人利益并不多,主要有三项:一是自己的人格权益;二是法定的经济利益,比如工资;三是法定的休息权利。

第二,把握渠道。

在体制内,一个人要有所成长和发展,既要靠个人努力,又要靠组织和领导的信任,这犹如车之两轮、鸟之双翼,缺一不可。同样,你要维护自己的提拔权、工作调动权等权益,主要从以下两个方面入手。

一是提升自己的价值。使自己真正成为单位的骨干、业务的中坚、工作的权威、领导的左膀右臂,成为领导离不开、缺不了的人。这样就会提升个人的话语权,领导就会依赖你、重视你,在一定范围内满足你的愿望和要求。

二是同领导建立良好的人际关系,成为领导认可和信任的人。这样一来,当你向领导表达自己的愿望和想法时,他才会考虑满足你的要求。

第三,如何应对。

面对这样的处境，要从长计议，徐徐图之。因为要想真正维护你的个人权益，关键还是要提升个人的软实力（包括个人能力及同领导的关系），而不是同领导硬刚。硬刚是不能解决问题的，须得以柔克刚，并耐住性子尽快提升个人的综合素质，等自己的能力足够强时，领导才会依赖你、重视你。

10 业务能力差但人际关系强的领导，能让人信服吗

我刚到新单位，被安排给主要领导写材料。单位的副职是我的分管领导，年龄比我小，人品一般，但名声挺大，从县区一路晋升到市直事业单位班子成员，能力没说得那么强，应该挺有背景。

副职很得主要领导的信任，负责单位人事财务管理及单位的核心业务，性格外向，好揽功劳，愿意干面上的活，不是实干型，有活都往下安排，比如她个人的民主生活会剖析材料、述职述廉报告等材料都找我写，她明知道我负责班子和主要领导的材料，还给我加码，态度一点也不客气。有时加班加点给她写完，连句感谢话都没有。请问该如何与她相处？

从你描述的情况看，你的分管领导还是比较优秀的。她一路升迁，并且目前在工作上深得一把手的信任，这就是她的能力体现，说明她是有"两把刷子"的，并不是像你说的那样能力一般。下面有几点建议供你参考。

第一，清晰定位。

在体制内，领导和办事员的角色不同，职责和任务也是不一样的。办事员更多的是按照领导的安排，做好具体的工作；领导主要是处理好各方面的关系，尤其是同上级领导的关系，从而为下级创造更好的工作环境。她的任务就是向领导汇报，争取领导的支持，而你的任务就是把具体事儿做好，赢得她的认可和信任。对此，一定要摆正位置，正确对待，既不能错位，更不能心理失衡。

第二，客观看待。

你作为下级，从功利的角度看，跟着这样的领导干还是比较好的，同时，你们之间存在的都是工作关系，你做的都是工作之所需而非私事，是岗位上的履职尽责而非帮忙，所以领导对你不说感谢的话是本分，而说客气的话是情分。

第三，关于应对。

做人最基本的礼貌是尊重，尊重别人才能获得别人的尊重，更何况她还是你的领导。关于相处方面的应对，有以下几点可以参考。

一是在态度上要尊重，要发自内心的尊重，而不是表面上的恭敬。

二是在工作上要支持，要心悦诚服，对她安排的各项工作要愉快地接受、认真地落实，以优异的工作成绩，展现你个人出众的能力，赢得她的信任。

三是在为人处世上多加学习,她之所以这么年轻能成为你的领导,在沟通和管理上必有过人之处,因此你要学习她的技巧、方法和情商,为自己所用。

四是在日常相处中要学会互动,人只有在沟通中才能互相了解,拉近关系,你要学会主动靠近她,向她示好,主动跟她联系联络搞好关系,加强私交。这样不仅有利于提升你的综合素质,而且更有利于你的成长和发展,甚至获得提拔。

11
怎么提升控制情绪的能力以加深城府

有些人讨厌别人但不会让对方看出来,有些人心中有怨气但不会表现出来,有些人受了委屈也能像啥都没发生一样,但是我一有负面情绪,就会写在脸上。心里知道这样不好,但很难避免。请问该如何改变?

比如说,现在我对自己的领导有些不满,我也能感觉到他有点不好意思面对我,有点躲闪,可能是觉得有些对不住我吧,我猜测他有无法启齿的原因。只是这种情况,我除了忍,没有其他办法。主要是情绪掩饰不了,还会影响大家的关系，影响后面的工作，如何做到像没事人一样？

老部长：

《三国志·蜀志·先主传》有"喜怒不形于色，好交结豪侠，年少争附之"，意思是高兴和恼怒都不表现在脸上，指人为人处世沉着冷静，且富有涵养，感情不外露，善于控制急躁的情绪。建议你这样提升自己的情绪控制能力。

第一，遇事保持忍耐和冷静。

遇事就情绪化，会让一个人显得很幼稚，因此遇事要保持镇定和冷静，尤其是对重大、关键的事情，要做到"腹中天地阔"，不急于表态，不急于行动，三思而后行。忍耐可以使人变得平静，宁静可以致远，古人说的"春风致和"就是这个道理。

第二，养成自我暗示和调整的习惯。

在容易冲动和情绪表现刚开始产生时，就要及时地进行自我放松和暗示，性子不要太急，表情不要外露，否则只会让事情越来越糟，并不会有好的效果。在自我暗示中迅速调整自己的心态、情绪和表情，露出恰到好处的微笑，通俗一点说，就是要学会伪装，学会隐藏。

第三，强化性格的修养和磨炼。

如果觉得很难控制自己的情绪，那么可以通过刻意练习，来提升自己的修养，改变自己的性格，让自己变得成熟稳重。譬如通过读书、下棋、书画、体育运动等，培养自己的兴趣和爱好，培养自己的耐心和性情，尤其要多读历史和名人传记，从传统文化中吸取营养，从儒家的中庸、道家的恬静、名人的智慧中积淀底蕴，厚积薄发，使自己的性格变得宁静、稳定、平和，遇事不慌，处变不惊。

第四，适当降低期望和目标。

人在没有获得自己想要的结果时，往往会遇事不冷静。因此，在日常工作和生活中，要正确地看待自己，摆正自己的位置，根据自己的实际能力和状况确定目标，看淡利益得失，不争输赢成败，适度地宽容自己、降低胜负欲。

第五，要有恒心和毅力。

俗话说，江山易改，本性难移。要想改变性情，提高涵养，做到处事淡定、老练、沉稳和笃定，达到"不以物喜，不以己悲"的境界，不能急于求成，它不是一朝一夕的事情，而是要经过一定时间的努力和积淀，才能取得好的效果。因此，要沉下心，耐住性子。

12 自恃过高得罪了分管领导，怎么办

我是一名国企职工，因为我是学术型人才，技术过硬且有志向，领导每年都送我出国深造，履历很完美。单位的一二把手都比较器重我，但是部门一把手（50岁了）却百般阻挠我的发展，比如，拉拢属下孤立我，遇到

单位有重大事件给我放假不让我参加,重要的通知不向我传达,无限放大我的错误等。还有提前知道要投票选副职,派我去出差,导致我落选,让他属意的人上位。总之,我一心做事,但性格太直得罪了他和不少同事,现在单位的大领导给出承诺要重用我,但是他百般阻挠,我非常愤懑。我该怎么办?

石头哥:

我觉得问题可能主要出在你自己身上。一是你自视太高,对部门领导不够尊重。二是你以为有一二把手撑腰,部门领导就奈何不了你。这两个都是非常致命的错误,可能当局者迷,你暂时还意识不到自己的问题。

关于尊重领导。

人不能不把自己当回事,这样太看轻自己。但也不能把自己太当回事,这样容易让自己盲目自信。俗话说,天外有天,人外有人。哪怕你的能力再强,也总会遇到能力更强的人。不管任何时候,都千万不要觉得自己是不能替代的,能力强就如何了不得了,业务上的工作其实大家都能干,只不过是干到什么程度的问题。即便单位的一二把手看好你,也不能目中无人。因此,你怎么尊重一二把手的,也要怎么尊重你的部门领导。

关于职和权。

人的本领只有放在合适的岗位,才能发挥出来,离开这个岗位,你可能会无法施展。

即便在一个合适的岗位,如果没人支持,那么工作也很难开展。就是说，你的部门领导直接影响着你的工作进步。职和权永远是相辅相成的，他有那个职，你就绕不过去的，他的位置在那儿，他就有权利影响，甚至决定你的发展和进步，这个一定要深刻理解。理解了这一点，你心里就会平衡一些。

13 现领导与前领导不和，该怎么办

我在县级市一个二级事业单位，单位的风气非常不好，同事之间互相猜忌、举报，现在的领导是一个临时负责人，还没转正。因为他和以前的领导关系非常不好，加上我是通过公开招考考进来的，和以前的领导关系好，所以他现在非常讨厌我，安排我去守大门，入党的事情也卡我，在局长跟前各种诬陷我，在同事之间也各种挑拨是非。

我也尝试过修复和他的关系，但他不买账，搞得我都快抑郁了，现在我一心想通过考公务员脱离这个环境。有时候真的很无奈，明明有些事没有做、没有说，非得说是我。我现在就是保持沉默，但他就是搞得我不舒服，用各种所谓的阳谋去整人。我才二十几岁，确实不知道该怎么面对了，请问您有什么建议吗？

目前单位的状况,既不是你造成的,也不是你所能改变的。世界之大,无奇不有。单位里出现这样或那样的事,并不是什么稀奇事。不要过分地在心里自责,也不要负担过重,而是要学会放下心中的包袱。有几点建议供你参考。

第一,不必再尝试改善关系。

俗话说,"一朝天子一朝臣",自古以来就是这样。就你描述的情况看,是现领导将对前领导的不满发泄在了你身上。无论你怎么做,哪怕做得再多,也无法缓和、修复关系,而且这个领导也不会信任你,他会认为你做得是表面文章,内心根本不屑一顾。因此不要再做这样的无用功和无谓的努力了,这样反而会被他瞧不起。

第二,集中精力做好自己的事。

一方面要做好自己的本职工作,不出纰漏,不叫别人尤其是那个领导抓住你的小辫子或踩住你的小尾巴。另一方面要充分利用闲暇时间抓紧做好考公务员的准备,尽早离开这个地方,这是上策,也是重中之重,必须记住。

第三,学会忍耐。

俗话说,"宰相肚里能撑船"。作为宰相都要大度容人容事,况且现在你还不是宰相,作为一个办事员,这个时候更要学会隐忍,领导对你批评你要学会接受,不能与领导公开翻脸或搞得水火不相容。

14 怎么和带有敌意的领导相处

问

我是刚入职一年的小职员，我们办公室里面一共只有三个办事员，但是我们这里的代理执行主任经常会对我提出一些不可执行的要求，比如："你能不能把工作做得完美一点？"但又没有具体的细节要求。或者说："我听到你与别人交流的时候好像有一种不耐烦的感觉。"（我没有觉得自己不耐烦，因为本人是一个很有耐心去逐字逐句研究的人，对自己的小孩也会很有耐心地沟通，引导他们遇到问题应该怎样去面对和解决。）

另外，因为我到这个单位的时间也不太久，很多事情没有处理过，于是我会去问领导或者问另外一个同事，然后领导就会说："你是要自己去找答案呢？还是要我直接告诉你？"于是我也会说："我希望能在不影响您工作效率的情况下自己找答案。"而当我问另外一个同事的时候，领导又会发话说："你教他做什么呢？这样只会让他越来越依赖你。"于是遇到的很多问题，都会经过曲折离奇的查找后才能解决，效率上是大打折扣的。

当上级领导对我抱有敌意的时候，我应该如何处理相关的人际关系？去完成领导安排的一些不可执行的任务？

良朋：

对于职场新人遇到的很多问题，现在觉得是很大的事，多年后再回顾，

你也许就会觉得不值一提。每个职场新人都是这样过来的，希望你不要泄气，不要太在意。如果解决好了，就能快点往前走。如果解决不好，那就带着问题往前走，逐渐成长。

关于第一个问题。

你认为领导对你有敌意，大概率是你个人的错觉。换个角度想，领导要依靠你为他做事，你们是战友而不是敌人，他没有理由对你有敌意，这对他对工作并无裨益。解决办法是学会主动、理智、友善地与领导沟通，用领导觉得理智、高效的方式和他沟通，这个不是认怂示弱，而是你作为新人的一种策略。

关于第二个问题。

很简单，领导给你安排一些工作或者任务，当你自认为完成不了时，你可以尝试这样做：兴高采烈地领任务，声势浩大地开始落实，愁眉苦脸地报告进度，万分自责地自我批评，竭尽全力地争取支持。除了工作结果，很多时候，领导也会在意你的工作态度。

15
值班时如何和领导相处

虽然在机关单位工作了两年，但我是第一次值班，而且安排的是周末值班一天，除了我还有中层领导（处级）、带班领导（科级），我们一整天都要一起在值班室。请问怎么做好值班工作？值班期间怎么跟领导相处，做点什么？

 老部长：

通常，值班的主要任务有以下三项。

一是守好电话。在来电时，有事情要认真记录，有问题要耐心解释。上级的电话及时汇报，下级涉及安全稳定等情况也要及时汇报。

二是接待群众来访。做到热情、耐心，能解释的解释，能解决的解决，自己解释、解决不了的应及时汇报。

三是看书学习。对于带班领导，见了面首先打个招呼、问个好，看看有没有开水，问问有没有需要跑腿的工作即可，其余时间大家各自工作，不宜过多打扰。

石头哥 编著

职场破局 101 下

从新手到行家

北京大学出版社
PEKING UNIVERSITY PRESS

01 第一章 提拔

- 01 为什么得不到提拔 /002
- 02 有机会时，是否需要主动表达进步愿望 /003
- 03 有职位空缺时，如何能争取到领导的支持 /005
- 04 一直不被提拔，怎么办 /007
- 05 如何突破瓶颈，争取机会成长进步 /009
- 06 如何增加竞争胜算 /012
- 07 提拔后如何感谢领导 /013
- 08 办公室事业编的出路在哪里 /015
- 09 提拔时机近在咫尺，如何抓住 /016
- 10 选调生往上走的规划路径是什么 /018
- 11 乡镇组织委员的成长路径是什么 /019
- 12 推荐却没有考察的原因有哪些 /021
- 13 努力多年进入体制，如何规划未来的发展路径 /022
- 14 现在的工作状态很舒服，还有必要往上走吗 /025
- 15 考察对象被面谈时需要准备什么 /027
- 16 如何通过精彩的演讲为竞岗加分 /029
- 17 竞聘上岗取得成功的关键是什么 /032
- 18 怎么提高民主推荐票数 /036
- 19 如何主动争取提拔机会 /038
- 20 大平台和小进步哪个选择更好 /040
- 21 如何顺势表达进步的想法 /042
- 22 工作务实却提拔无望怎么办 /043
- 23 怎么进行精彩的任职表态发言 /046
- 24 组织部领导征求个人关于进步的想法，如何回应 /048

02 第二章 信任

- 01 如何争取机会获得领导的认可 /050
- 02 如何成为领导信任的人 /052
- 03 边缘岗位如何走近领导 /054
- 04 如何赢得新任领导的信任 /056
- 05 如何走近领导获得助力 /059
- 06 正副职领导意见不统一时，该如何应对 /060
- 07 正副职领导意见不统一时，该如何应对（续） /062
- 08 如何婉拒领导介绍对象又不影响领导信任 /064
- 09 赢得领导信任不是姿态越低越好 /067

03 第三章 服务

- 01 服务领导的程序化注意事项有哪些 /072
- 02 开车接送领导的服务技巧有哪些 /074
- 03 作为主要负责人的联络员，如何搞好服务 /075
- 04 做好秘书服务工作的具体细节有哪些 /077
- 05 秘书与领导有距离感，如何破解 /080
- 06 怎么消减和领导接触时的紧张心理 /082
- 07 如何做好领导的出差随行服务 /084
- 08 如何服务好不认同工作风格的直属领导 /086
- 09 如何调整心态，自信地做好领导的秘书 /088
- 10 扎实做事重要还是领导的感受重要 /091
- 11 如何成长为领导满意的联络员 /092

04 第四章 关系

01 怎么在单位获得好人缘 /096

02 同级别老同事总是针对我,应该怎么应对 /098

03 为人处世方面有欠缺,如何提升自己 /100

04 如何与"圆滑势利眼"同事处好关系 /103

05 和同事们交流不多,民主测评会不会得低分 /105

06 不参加饭局还能搞好人际关系和打好群众基础吗 /107

07 遇到拈轻怕重的女领导,怎么办 /109

08 单位同事真的不适合做真心朋友吗 /111

09 经常在单位受气,怎么办 /114

10 内向性格可以转为外向型吗 /116

11 如何与"小人"类型的同事相处 /118

12 如何获得年轻同事的尊重和信服 /120

13 如何与"嫡系"同事处好关系并掩饰情绪 /122

14 如何与发生过争执的同事缓解关系 /124

15 我与"刺头"同事有冲突,怎么办 /126

16 如何提升机关人际关系 /128

17 如何调整心态和有竞争关系的人处好关系 /131

18 同事总是离岗不请假,应该怎么办 /132

19 同事不经你同意用你的人,该如何处理 /134

20 如何管理好转业人员 /135

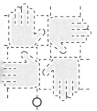

05 第五章 做人

01 被领导评价"太单纯"怎么改进 / 139

02 如何塑造稳妥、高效的青年干部形象 / 140

03 如何改变"老黄牛"人设 / 142

04 如何避免做"鞭打快牛"之牛 / 143

05 怎样做才能让领导觉得稳重、懂事、有分寸 / 146

06 怎么做到"低调做人、高调做事" / 149

07 对新人不合适的行为,应该善意提醒还是视而不见 / 151

08 怎么说话、讲话像一名领导干部 / 153

09 如何改善给领导留下的不良印象 / 154

10 老同志经常用消极思想误导人,如何应对 / 156

11 如何在工作中调整心态,处理好人际关系 / 158

12 如何维护人事变动中的人情往来 / 160

13 如何和领导保持良性的互动关系 / 162

14 如何搞定有抵触情绪的下属 / 163

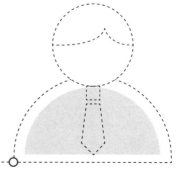

06 第六章 调动

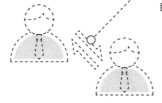

目 录

01 乡镇借调到县城是"去"还是"留" / 166

02 大局委和小群团,选择哪个更好些 / 168

03 如何让领导发现并成为他的秘书 / 169

04 如何实现从国有企业领导干部调任至党政机关工作 / 171

05 如何实现单位内部岗位调整 / 173

06 如何从乡镇调到县直 / 175

07 被上级借调期间,是否能参加原单位竞聘 / 176

08 挂职期满如何回原单位 / 177

09 如何婉拒上级借调 / 179

10 如何尽快从借调单位回去 / 180

11 借调是机遇还是白忙活 / 182

12 借调期间如何保持与原单位的有效联系 / 183

13 正式下文前,怎么应对同事关心"我调动"的询问 / 185

14 如何向领导汇报想换科室 / 186

15 在原单位提拔和调到市直单位哪个更好 / 187

16 工作调动后,如何退出原来重要领导的微信群 / 189

17 下乡镇还是留单位"进退两难",怎么办 / 190

18 借调有哪些利弊权衡 / 192

19 留在本单位好,还是跳出去好 / 195

20 在偏远地区发展会比内地地区差吗 / 197

21 部队机关岗位调整的利弊是什么 / 198

07 第七章 遴选

- 01 面试时，考官最看重哪些方面 / 201
- 02 央企技术岗转公务员是否合适 / 204
- 03 乡镇办公室负责人还要继续考公吗 / 206
- 04 阅卷老师是怎么阅卷的 / 208
- 05 笔杆子参加遴选有优势吗 / 210
- 06 面试时的语音、语调怎么调整合适 / 212
- 07 遴选怎么做准备 / 213
- 08 遴选资料填写一定要细、实、准吗 / 214
- 09 哪些部门的路会好走一些 / 216
- 10 积累知识有没有捷径 / 218
- 11 遴选落榜还要向领导汇报吗 / 219

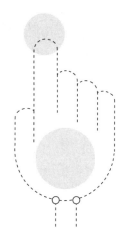

08 第八章
困境

01 工作中被抢功，怎么办 / 222

02 无事生非的同事甩来的"锅"，怎么甩回去 / 224

03 如何反击竞争中的"谣言诋毁" / 226

04 如何重新获得领导的信任 / 227

05 新来的领导不认可我，如何改变被动挨批的局面 / 230

06 在体制内工作10年还是科员，接下来的路在哪里 / 232

07 面对领导"画饼"要学会"抬头看路" / 234

08 事多人少无法开展工作，领导又不给人怎么办 / 236

09 体制内的工资只能解决温饱，当公务员图什么 / 239

10 如何接受领导的批评、纾解心中的委屈 / 241

11 因为太优秀晋升发展受阻，怎么脱离困境 / 243

12 乡镇事务烦琐苦闷，如何逃离乡镇 / 245

13 在国企提升能力和钻营关系哪个更重要 / 246

14 在基层感到自己大材小用，该怎么改变 / 248

15 在乡镇工作总是浑浑噩噩的，我该怎么办 / 250

16 工作两年，如何让领导看到自己的价值 / 253

17 如何去掉"关系户"的"光环" / 256

18 如何提升自己，让自己保值甚至升值 / 257

19 体制内的工作节奏违背了"考公初心",该怎么办 / 258

20 高校的行政岗和教学岗,孰优孰劣 / 261

21 在职读 MBA 研究生对工作发展有没有帮助 / 262

22 "三龄两历"不捋顺,对提拔有什么影响 / 264

23 如何缓解工作压力导致的紧张和焦虑 / 265

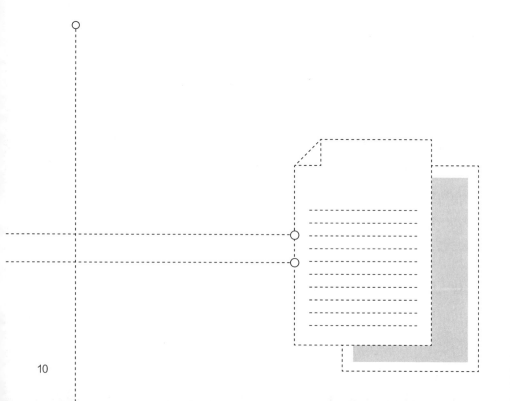

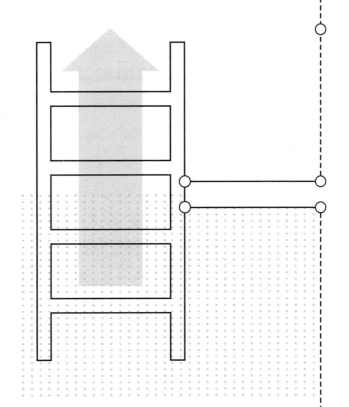

第一章

提 拔

01
为什么得不到提拔

你好,在工作中同样是兢兢业业,为什么有些人能很快升职,有些人却迟迟得不到提拔?

俗话说,是金子总会发光。然而金子得从沙砾中钻出来才能让人看到光芒。其实,工作中也是这样,你的努力需要被看到。有的人虽然工作很努力,却得不到重视,主要有以下几点原因。

一方面是不懂得主动争取。

有的人因为自身性格、成长环境、价值观等,习惯"默默耕耘",而不擅长主动表达。都说"会哭的孩子有奶喝",也有一定道理。在职场上,如果不主动汇报,一般情况下,别人是无从知道你的想法、付出和诉求的。虽然你付出了很多努力、做出了很多成绩,但如果你不去汇报、不去宣传,领导可能因为工作繁忙而看不到你的辛苦和付出。

特别是面临晋升、提拔时,若总是以"是金子总会发光的""做了工作领导都知道的"来劝服自己,而不懂得去找领导表达诉求的话,那么领导十有八九是不知道你的晋升想法的,在晋升提拔、加薪调岗等关键时期，也就没有人替你说话。

另一方面是"安排什么就做什么"。

很多人觉得自己很敬业，明明领导安排什么就做什么，每天都很累很拼，怎么就入不了领导的"考察圈"？因为领导想看到你主动想事、做事的态度，而不是安排什么就做什么。其实，对于"安排什么就做什么"这类人，说不上好，也说不上不好。但站在领导的角度，职工听招呼、执行命令，是本来就应该做的，他们只是履行了基本义务而已，并没有表现出多么过人的能力、做出来出彩的业绩。

因此，要想在单位有发展，不光要努力做好基本工作，也要积极发声，让领导看到你做事的态度和工作的能力，这样才能得到领导的欣赏，更快地得到提升。

02 有机会时，是否需要主动表达进步愿望

我在机关跟着副职领导四五年了，最近领导分管的部门计划多增加一个干部岗位，听说正职领导也在催促他尽快落实人选。个别相关部门的中层干部鼓励我毛遂自荐；后来，领导自己也在公开的场合聊过这件事。前两天，在与别人聊天时，现场也有别的中层干部提到了让我去这个岗位（因为我从

这个部门出来,业务比较熟悉,又是领导的分管部门),虽然提到了两次,但副职领导都没有接话。

我现在科室工作,进入瓶颈期,虽然进入科室的时间挺长了,但是拼劲比不上男同事,想提干部也自觉无门路。我很想把握这次机会,但是又怕领导觉得我的心思活络,同时,领导没有接话,让我觉得可能把握不大。

请问我是否还需要争取这次机会?如果需要,如何表达才能够既表达我上进的心思,又不引起领导的反感?就算被提拔的不是我,我也能接受,但是我也想把握机会,同时了解领导对我的看法及培养规划。

老部长:

从你描述的情况看,领导之所以没有表态,主要有两个方面的原因:一是干部问题不适合在公开场合讨论,尤其是涉及选人、用人的问题,领导更不会公开表明自己的想法,透露自己的底牌;二是你个人也没有向领导汇报你要求进步的愿望和想法,领导并不知道你的真实想法。

在机遇面前,守株待兔、无所作为的想法是幼稚的,是不可取的。必须以积极主动的态度去争取,使领导感受到你对他的尊重,同时使领导感受到自己被尊重和有话语权,这样才会有希望达成目的。即使达不到目的,你已经尽力了,也不会留有遗憾。如果你不汇报、不争取,最后原地踏步,可能会成为你心中一辈子的懊悔和遗憾。

因此,建议你要抓紧时间,主动争取,找一个合适的机会向领导汇报。主要表达以下四层意思。

一是表示感谢,即对领导一直以来的关心和培养表示感谢。

二是表达感受，就是表达跟着领导这几年，自己聆听领导的教诲，耳濡目染，学到了很多为人处事的道理，各方面都有了比较大的长进。

三是表明愿望，说明自己内心渴望到更大的平台去历练，长本领，以后可以更好地服务领导。目前有个机会，恳请领导关心关照。

四是表明态度，说明自己"一颗红心两种准备"，接受组织的挑选和领导的安排，若是被领导看中，今后也不骄傲，依然勤勉工作不懈怠，绝不辜负领导的厚望；若是领导不考虑提拔，自己也不气馁，继续尽心尽力地跟着领导学习，搞好服务。

03
有职位空缺时，如何能争取到领导的支持

在机构改革之后，我的编制落在了一个科室，任副主任，但是后来上级要求空出一个领导岗位，领导在我休产假期间把我的职位给空出来了，给我定了一个虚职。近期有其他岗位的领导职位空出来了，我也快上班了，如果见了领导，应该怎么表达出我对这件事的不满，同时让领导在有空出的领导岗位时优先考虑我呢？

尘埃：

在处理问题时，要抓住事物的主要矛盾，善于从纷繁复杂的矛盾中把握主要矛盾，更加精准地牵住工作的"牛鼻子"。你现在的思路可能需要转变一下，你要明白提不提"你的不满"不重要，重要的是能不能"虚转实"，这才是你的目的。所以，一切的工作都要为了实现这个目的而努力。建议坚持"动静结合"的方法。

一方面，以静制动，简单地提起这件事。

上班后，找个合适的时间见领导。先简单地汇报下最近的状态，感谢领导的支持、关照。先不要主动提起虚职的事情，在谈话的过程中，听听领导怎么说。一般情况下，领导会主动提起你的虚职问题。如果对你的下一步安排有打算，并且对你有利，你就要再次感谢领导。如果领导不提，你就主动提。我认为休假后的第一次见面，此时还是尽量表明自己做好工作的态度和决心，少提不满。即使提，也要委婉，比如：我明白当时把我定成虚职，是领导从全局的考虑。现在我上班了，在适当的时机还希望领导能够让我"虚转实"，我一定加倍努力工作，不辜负组织和领导的期望。

另一方面，以动促动，努力达到结果。

我认为，休假后向领导当面汇报，是必要程序，也是工作态度问题。当然，其他时间、其他途径的沟通交流也很重要，比如，隔一段时间，可以通过党组织活动、业务工作汇报等有效接触的途径，向领导表明态度，争取领导的支持。让领导了解你的态度和决心，虽然刚休完产假恢复工作，但并不会耽误工作，这样领导才能抛开顾虑。

04
一直不被提拔，怎么办

我是文科专业硕士研究生毕业，在西部某省会城市的某国企工作三年多，这三年多完成了从基层一线锻炼到集团办公室的岗位轮换，但一直没能解决职务的问题，看不到有太好的前途，感觉比较迷茫。回老家也没什么好单位可去，其他的只有公务员、事业单位等。

我一直很努力工作，但明显有些问题不是只埋头工作就可以解决的。各级领导口头上认可我的工作能力和成绩，给了我不错的待遇，但并没有解决实际职务的问题。我认为可能是因为自己没有太多的人脉，也不擅长跟领导主动争取和讨论这些问题。

目前，领导让我独立负责一块工作，但把职位给了别人，相当于实际干活的是我。现在这个职位都换了两个人了，我现在该怎么办呢？

你好，从你描述的情况看，你工作务实，能力较强，但迟迟没有被提拔，主要存在三个方面的问题。

一是你从没有向领导汇报要求进步的愿望和想法。领导也许认为你很满足于现在的岗位，安于现在的工作，或者可能认为你有些清高，并不在乎政治上的追求和职务上的提拔。

二是你在工作中专注于业务,虽然表现出了作为技术骨干的专业素质,但没有表现出一定的领导素质和能力,领导认为你只适合做技术类的工作,而不太适合做领导工作。

三是你把主要精力和时间都用在了工作上,忽视了人际关系,尤其是忽略了同领导建立良好的人际关系,导致领导对你缺乏必要的认可、信任和感情。

找到了问题的症结所在之后,那么就要有针对性地采取措施,有的放矢加以解决。

第一,积极地向领导表达自己想进步的愿望。

近日,找一个合适的机会,分别向主管人事的领导和一把手汇报自己的思想和工作,主要表达三层意思。

一是表示感谢,对领导一直以来的关心和培养表示感谢。

二是表明愿望,就是表明自己要求进步和提拔的愿望,恳请领导的关心、关照,为自己提供一个机会。

三是表明态度,就是表明自己服务领导、紧跟领导的忠心,勤勉工作、多出成绩、不负领导厚望的决心和信心,让领导感觉到你的忠诚,增加对你的信任。

第二,充分利用工作和生活两个平台,同领导建立良好的人际关系。

在工作上,要向领导尤其是主要领导多请示汇报,有工作汇报工作,有问题请示问题,没有工作没有问题也要多见面多接触,经常问候报备,多交流多沟通。

在生活上,也要与领导多联系,使领导感受到你的真诚和心意,从而拉近双方的心理距离，增强双方的感情。

第三，注重培养自己的领导素养。

当技术骨干和当领导的要求是完全不同的。技术骨干只需要能做事、做好自己的事儿就行了，而当领导主要是会管理，侧重于组织和指挥其他人做事。因此，平时要注重从技术圈子和事务圈子里走出来，多跟上级、同级、下级接触和联系，多向领导学习，多向身边的典型学习，多做一些统筹、协调、沟通、联系的工作，不断提升自己的综合素质和能力，树立自己具备担任领导干部资格的形象。

05 如何突破瓶颈，争取机会成长进步

我现在是正科实职，本单位的机关党委副书记，在当地体制内（参公和事业兼有的事业单位）工作20余年，一直在行政岗位工作，从事现在的党务工作有整整10年。但是，目前总感觉发展进入了瓶颈期，可能到退休也没有升职的希望。作为副处级后备干部里的差额，感觉只是别人的垫脚石，只有干活的份，没有进步的机会。请问，在这种情况下，应该怎么为自己创造机会再进一步？

体制内正是有了像你们这样扎扎实实工作、默默无闻奋斗的老黄牛，我们的事业才能顺利地向前推进。关于如何争取机会进步的问题，我的建议如下，总的原则是要"应急"和"谋远"相结合，双管齐下，同步推进。

一方面是关于"应急"，就是采取直奔主题的具体措施。

一是认真准备书面汇报材料。体制内只埋头做事、不擅长汇报的干部相对来说容易吃亏，这是不争的事实。因为你只做不说，领导认为你很满足于现状，以为你很满意目前的工作岗位。这个习惯得改，近期就要行动。先抓紧准备一份书面汇报，主要内容包括自己的思想、工作、作风情况，以及自己的愿望和请求。尤其是工作方面的成绩要具体、详细一点。

二是主动向单位"一把手"汇报。大体来看，现在的干部管理体制，一把手在用人和推荐方面有很大的话语权。因此要率先争取单位一把手的重视和支持。带上书面材料，把自己的想法、愿望，简要地向单位一把手进行当面汇报。口头汇报如下：先对一把手一直以来的关心表示感谢，然后表达自己想要成长、进步的强烈愿望，恳请一把手给予关心、关怀和帮助，最好能在本单位提拔，若本单位确实没有岗位或有难度，恳请一把手以单位组织的名义向上一级党组织或组织部门推荐，交流提拔也可以。在书面推荐的同时，也请他做些口头推荐或汇报。

三是主动协调向上级汇报。在做好一把手的工作后，自己也不要闲着。带上汇报材料，直接找到主管部门的领导和组织部门的有关领导汇报一次。当面汇报完毕，留下书面汇报材料。做了这么多年的党建工作，跟上面主管领导或组织部门分管领导应该还是比较熟悉的，要用好这个优势，让更多的领导认识你，了解你，欣赏你。

另一方面是关于"谋远"，就是采取相对长期的措施。

在做好上述应急工作的同时，还要立足当前，谋划并做好长远一点的工作。有些事不可能一蹴而就，尤其是提拔的事更是这样。你做了不一定能够提拔，但是如果你不做，肯定没有提拔的机会。所以还是要立足于多做。

一是思想上一定要意识到领导对提拔的推荐和关键的促进作用，在工作上要有干劲，并要出彩出色，获得领导的认可。除了出色地完成工作，也要与领导增进感情，获得领导的信任。

二是工作上向领导多汇报，勤请示。在工作中，下级汇报的次数永远少于领导的期盼。因此不要担心自己的汇报次数太多，相反要多进行汇报，要定期或不定期地向领导汇报工作、汇报思想、汇报成绩、汇报问题，以及请求指示。工作之前汇报方案，工作之中汇报进展，工作之后汇报结果。即使你的汇报增加了领导的工作量，领导甚至有点烦，但领导一般都能平和地听你汇报完。你汇报得越多，领导对你了解得越多，他感受到的尊重也就越多。工作是名正言顺地拉近感情的重要媒介和载体，必须用足用好。

三是感情上要多联络、多沟通。人是感情动物，只有经常联络才能沟通感情、建立感情、加深感情。因此要结合工作，寻找和创造机会，多与领导联络感情。比如，在单位组织的活动中，可以邀请领导一起打篮球。

四是抓机遇、抓关键。当机会出现的时候，就要考虑能否被提拔，不要考虑单位优劣。既能被提拔又能到好单位，这样的机会是不多的。同时，单位是固定的，人是活动的，先把菜挖到筐里，单位还可以再找机会调整。这一点很重要。总之，不要等，不要拖。一分计划，九分行动，行胜于言。

06 如何增加竞争胜算

我们部门副处长主持工作一年多，现在提拔了，他的职位空出来了。因为这个职位的业务性比较强，领导也有内部选举产生的意思。在部门里，我们几个人的岁数都差不多，我是资历、学历最高，口碑最好的（机关其他领导和处室的评价，但自己部门的人可能因为竞争关系对此不服气），新上任的处长很信任我，私下关系也不错，所以我下一步评上副处长的概率还是比较大的。

请问这种情况下，我该如何处理好与各方面的关系，或是做点什么来增加自己的胜算？

机会都是留给有准备的人，无论能不能在竞争中胜出，都要保持良好的工作态度，提高自己的业务能力，处理好人际关系。建议你从以下两方面着手。

一方面，保持和谐。

要以尊重、诚恳、低调的态度待人接物，尤其是要稳住与领导和同事的关系，既不能冒犯领导，也不能得罪同事。要自律自制，做好细节和小事，防止被别人揪住小辫子。

另一方面，适时主动出击。

所谓主动，就是要以主动的姿态寻找合适的机会。拿破仑曾说"不想当将军的士兵不是好士兵"，所以有晋升的想法就要学会主动出击。在工作中，要寻找合适的机会向领导汇报自己要求进步的愿望和做好事情的决心，并恳请领导给予关心和帮助。

07 提拔后如何感谢领导

被单位提拔后，如何向领导表达感谢？

古人曰:"投我以木桃,报之以琼瑶。"体制之内,最让人开心的事就是得到提拔,而提拔之后最应该感谢的,是推荐你的领导。建议如下。

一方面是表示感谢。

在提拔之后,最好的方式就是在第一时间当面向领导表示感谢,让领导感受到你真诚的心意。这就如同千里送鹅毛,礼轻情意重,重点是心意。例如:"非常感谢领导给了我这个宝贵的机会和平台。我深知,我个人的能力有限,有幸被提拔到新的工作岗位上,完全得益于您平时对我的严格要求和悉心指导,得益于您在关键时候为我争取。可以说,没有您,我不可能走上这个岗位,这个知遇之恩,一辈子都不会忘记,无以报答。"

另一方面是表达决心。

在表达完感谢之后,还要表达一下自己工作的态度,让领导了解你的决心。例如:"今后,无论是在工作上还是在生活中,您都是我敬重的领导和学习的楷模,您的教诲和指示我都会铭记于心,并且心无旁骛地按照您的要求,勤勉工作,抓好落实,努力做好工作,不负您的栽培和厚望,为您争光,请您放心。"

注意,言为心声。当面说这些知恩、记情、表态的话很重要,但你的精神状态更重要。感谢的时候,态度要真诚,感情要真挚,眼神要坚定。这样,领导就会真切地感受到你的感恩之心,会取得比较好的效果。

当然,最好的感谢是在今后的工作中,准确地领悟领导的意图,始终与领导的要求保持一致,尽心尽力做好工作,做出让领导满意、同事信服的成绩。

08 办公室事业编的出路在哪里

我在县委办公室工作,是事业编制工作人员,没有从事专业技术工作,请问该如何"破局",您认为出路在哪里?

人生处处是机会,关键要学会"破局"。下面,提供一些具体建议,请结合自身的情况参考。

一是转换身份。

目前来看,事业编的发展还是有一定的局限性的,事业编的领导职数相对较少。现在公务员招考每年都有,有国家统考、省级统考等,在条件允许的情况下,通过公务员考试转换身份是最便捷的,公务员考试考过了,也将是人生重要的转折点。

二是找准岗位。

在县委办,如果没有背景,还想进步,最快的途径就是撰写材料,当然要写得出色,才能受到领导的赏识。写材料是个技术活,也是很枯燥和辛苦的工作,如果你写得特别好,一般情况下会是研究室主任;即使当不了主任,也极有可能被推荐为某位县领导的公文秘书。

三是提升本领。

无论现在在哪个岗位上工作,一定要锻炼自己,提升能力,做出亮点。县委办公室是个大平台,只要你有实力,就会有舞台,因为怀才就像怀孕一样,时间久了,终究会被发现。

四是等待时机。

在县委办公室工作,只要你踏实肯干,把本职工作做得有声有色,加上有眼色,灵活点,一直待下去,结局一般都不会很差。比如,不断地积蓄人脉,努力构建自己的人脉关系。再比如,抓好"大学生村官直接提副科""乡镇35岁以下公务员优先提副科"等政策机遇。

09
提拔时机近在咫尺,如何抓住

我是某央企驻地区企业办公室秘书,现年29岁,工作能力、工作态度、为人处事都得到了单位领导的认可,主要领导也在不同的场合表达过提拔我到副科岗位的想法。我没有背景关系,干部提拔时出现过很多次领导承诺但没有兑现的情况,请问应该怎么办?

不主动，无未来。在机遇面前，只要始终以战斗的姿态投入其中，积极行动起来，就有希望得到好的结果。领导在不同的场合表达过提拔你的想法，无论他是真是假，你都要当真。要乘势而上、顺势而为、趁热打铁，一鼓作气把这个事做成，具体建议如下。

一方面，主动争取。

机遇往往垂青那些主动作为的人。早起的鸟儿有虫吃，会哭的孩子有奶吃。有时候主动与不主动，可能就是两种完全不同的结果。因此你不能无动于衷，坐等馅饼掉进嘴里。总之，要始终记住这样一条职场规则：在职场上能力很重要，姿态更重要。要主动地向领导表达自己要求进步的愿望，要积极地回应领导的关切，及时向领导表达要求进步的愿望，并对领导的关心表示感谢，因为人都是在被尊重的前提下感受到获得感和成就感的。

另一方面，拉近距离。

要采取适当的方式，多接近领导，拉近与领导的感情和关系。人都是感情动物，领导也是。如果空缺一个职位需要推荐，领导的潜在反应就是把他熟悉的人在心里过一遍。

因此你既要做好工作，也要注重跟领导搞好关系。不同性格的领导，他们的习惯和爱好也会不同。有的领导喜欢看书，有的领导喜欢喝茶，有的领导喜欢体育运动，有的领导喜欢书法……人们往往喜欢与有相同爱好的人交流，也可以根据领导的爱好进行交流，这样更容易拉近双方的距离，增进情感。

10 选调生往上走的规划路径是什么

我是去年研究生毕业考的选调生,今年转正定级四级主任科员,想了解一下以后的发展路径,比如提拔副科长需要什么流程?或者说是需要几年工作经验?具体是怎么样要求的?相比于职级晋升,我还是比较关心职务提拔这块的具体情况,看完《干部任用条例》了解了大框架,但不太具体,请指点迷津。

如果是去年才出校门,进体制一年多,工作时间还是比较短的,当上实职领导是需要一个过程的。一般新人的发展路径,都得先在非领导岗位上磨炼,然后到实职副科,再到正科等。

因为你是研究生毕业考的选调生,所以在工资待遇上就是四级主任科员,算是副科级,但并没有什么实质领导职务。四级主任科员对应的是改革前的副主任科员,应该是可以直接转副科实职的。除非有特别强的人际关系,而且具有非常优秀的业务能力和突出的业绩,才会让你在工作两年后就转为副科实职。一般领导会通盘考虑工作大局和其他同志的感受,在没有上级硬性政策必须配备年轻人的情况下,不会轻易到时间就立即提拔年轻人的。尤其是基层,在基层副科实职就已经是领导了,有很多人都在悄悄地努力竞争，等着呢。

我身边有这样的特例，比如，因为换届，要求每个县必须配两个80后乡镇长，一些年轻人才有机会当上80后乡镇长。也有落实上级政策要求，提拔了一批90后副科。当然，这样的政策对每个人来说都是个机遇，机遇都是留给有准备的人的。

结合你的情况，建议主要从三方面关注当地的政策、形势，一是当前对优秀年轻干部的重视和培养，二是对高学历基层干部的需求，三是对选调生的重新重视。人才是动力，好政策不断地更新，但主动权在你这里，只有尽力扎实干好本职工作，才有可能争取一两年后的进步，先争取当上乡镇宣传委员、组织委员，进而争取在下次换届时当上乡镇党政正职。如果赶不上，那就争取当上人大常委会主任（正科），这样也算一只脚踏进了镇长、书记的序列。

另外，你也可以通过遴选考试，早点考到上级机关。脚下的路还很长，唯有脚踏实地，扎实苦干。

11 乡镇组织委员的成长路径是什么

我想问下乡镇组织委员的成长和发展路径，会不会在乡镇待一辈子？如果想要去县里，我应该如何努力呢？

老部长：

乡镇组织委员在同级干部中的发展优势还是比较明显的，有以下两点建议供参考。

第一，关于发展路径，有两个方面。

一方面，立足乡镇发展，一般情况下，可逐级提拔，由组织委员到副书记，到镇长（如果你是选调生，学历又高又年轻，换届的时候由于结构要求，也可能由组织委员直接到镇长岗位），再到党委书记。优秀的党委书记可以提拔到副县级，大部分会回县直单位任正职。

另一方面，在乡镇提拔到副书记岗位工作一段时间后，组织上会根据工作需要和个人愿望，进行适当的安排，一般到县直单位任副职，或到小单位任正职。再往后发展的空间就比较有限了。

怎么选择，主要是看个人的志向和愿望。如果有志于在政坛上发展，在乡镇会比较有利一些；如果想安逸舒适一点，到县直单位会比较好一些。

第二，关于努力措施，主要两点。

组织委员直接与乡镇党委书记和县委组织部打交道，无论是申请回县直单位，还是就地提拔，都属于近水楼台。主要措施有以下两点。

一是工作要出成绩，得到领导的好评和认可。

二是要处理好关系，主要是跟组织部领导特别是部长和镇党委书记的关系。

12 推荐却没有考察的原因有哪些

 问

我是政府办科级工作人员，这次单位提拔，常委把我推荐给组织部，我们单位说推荐的是我和另外一名同事 A，但是最后考察提拔的是 A 和另外一名文字材料科的科长，这是怎么回事？现在侧面了解到单位的上级是同意提拔我的，这其中有什么奥妙，我现在感觉很被动，不知道应该怎么处理这件事。

 老部长：

首先，分析主要原因。

如果政府办党组以正式的文件向组织部呈报了你和另外一名同事 A 提拔的请示，而在考察时却更换了另外的人选，主要原因可能有以下三个方面：一是在审查你的人事档案或个人事项报告时出现了问题；二是在纪委或其他征求意见环节出了问题；三是在"五人小组"酝酿时出了问题。以上是确定考察人选的必经程序，只要有一个环节出现问题就会终止程序。

其次，具体分析。

如果你不存在前两方面的问题，最大的可能就是"五人小组"在酝酿时，领导提出了新的提拔人选。市长在政府办干部提拔上绝对是一锤定音。你可以通过自己在组织部的关系,具体了解一下没有提拔的真实原因。或是从请教的角度切入,向政府秘书长和推荐你的常委进行汇报,可以表达三层意思:感谢领导的关心;请领导指点,自己应该从哪些方面去努力、去提升;表明态度,说自己能够正确对待这次干部调整,会更加勤勉工作,严格要求自己,争取下一次提拔,恳请领导继续关心关照。

领导对你的汇报必定会有所回应,他可能对没提拔的原因有所暗示,这样你就可以了解到真实情况。

最后,坦然面对,继续努力。

作为政府办科级干部,提拔副处级领导干部基本没有悬念,只是早一点或晚一点的时间问题。面对这个局面,应放平心态,正确面对,坦然接受。因为干部的提拔是多种因素综合作用的结果,不要因为这次没有提拔就灰心丧气。应立足本职,鼓足干劲,针对原因有的放矢,补短板强弱项,继续创造条件,为下一次提拔积累更多的积极因素。

13
努力多年进入体制,如何规划未来的发展路径

我是某高校校长办公室科员,今年 32 岁,我的经历比较坎坷,曾在普

通高校工作8年，没有编制，去年终于考到211高校的重要部门工作，解决了编制问题。但是我现在比较迷茫，发现身边跟我一样大的同事均已是副科长，甚至科长。在我们学校当副科长需要经过笔试和面试，竞聘上岗，请问我如何规划未来的职业路径才能发展得快一点？

老部长：

无论是在体制内还是在体制外，通过自己的拼搏进入一个更高的平台，积极进取，都是有志青年难能可贵的品质。结合你目前的实际情况，我的建议如下。

第一，尽快融入进去。

虽然进入体制内晚了一点，但目前的平台仍然很有优势，加之年龄原因，3～5年之内不应再有折腾的念头，应立足本校发展5年以上，并尽快融入学校，融入集体，融入工作，融入生活，真正成为单位的主人，而不是过客或看客。

第二，及早明确目标。

个人在学校发展一般有两个路径：一个是行政路径，一个是学术路径。如果走的是行政路径。那么就要按副科长、科长、副处长、处长（或院系副职、正职）这个路径明确目标，力争用5年左右时间完成副科级到正科级，再用5年左右时间达到副处级。

第三，立即行动起来。

俗话说，"不怕慢，就怕站"。人生是场马拉松，不是百米冲刺，既要比拼上半场，更要比拼下半场。体制内的大部分人不是输在起点，而是输在终点。一万个计划抵不上一次行动。根据你目前的实际情况,更要立即行动起来,奋起直追。

一是提升自己的综合素质和能力。现在的用人环境总体来讲是比较公平的,竞争上岗为有志青年提供了更为广阔的平台。竞争比拼的是实力,因此要通过多种方式学习,向书本学、向领导学、向前辈学、向他人学、向实践学,全面充实自己,提升自己的综合素质和能力,尤其是办文、办事、办会的能力,真正做到提笔能写、开口能讲、遇事能干。唯有真本事属于自己,长在自己身上的本事是谁也拿不走的,这才是吃饭和安身立命的铁饭碗。同时,在高校工作,具有博士学位是必须的。如果你没有,建议及早准备。

二是要干出成绩,用实绩证明自己的实力。任何一个单位的领导都希望做出政绩,都愿意用肯干事、能干事、会干事、干成事的人。因此,要立足岗位干一行精一行,把你的素质和本事转化成干事成事的能力,把自己的工作做成一门别人不可替代的手艺。比方说,如果你擅长写材料,则把材料写到报刊发表、领导认可、上级肯定的程度;如果你擅长搞接待,则把接待工作做到环环相扣、滴水不漏,让领导放心,让大家舒心。如此这般,领导想不用你都难。

三是注重人际关系建设。目前体制内的最大特点是,上级领导在一定程度上影响和掌控着下属的前途,因此要十分注重与领导,特别是直接领导搞好关系。做到工作上向领导多请示多汇报,勤请示勤汇报;平时有事汇报工作,无事报个平安,保持与领导接触的频率。生活上多联络,尽快增进与领导的感情,取得领导的信任,加深领导对你的印象。

逢年过节问候一下领导也是必要的。遇到合适的机会，可及时向领导汇报自己要求进步的想法，积极争取领导的关心和帮助。

第四，做一个有涵养又低调的人。

高调做事是本事，低调为人是品德。无论是对领导、对同事、对下级，说话做事都要真诚相待。与人为善，乐意帮忙，不要事事都争个你输我赢。至于那些违法乱纪的事、损人利己的事、有损名誉形象的事，坚决不能做。

14
现在的工作状态很舒服，还有必要往上走吗

本人目前 29 岁，在县级业务单位的党办从事文字工作。大致情况如下。

一是当前的工作状态能让自己学到很多东西。目前与主管领导和其他上级的关系都不错，在日常工作中能够获得领导的很多指导。另外，日常工作不忙，有时间做每日总结、每日计划，并针对自己的弱项进行专门的阅读提升。我是闲不住的人，每周的周末会看两部电影，其他业余时间都用于照顾家庭或个人提升。

二是有一定的进步空间。我目前兼任团委书记，与领导班子的成员都比较熟悉。一把手也比较认可我的工作态度和工作能力。

三是在本地工作,压力小,可以心无旁骛地专注工作和家庭。

目前,我对于努力往上走还是维持现状十分纠结,希望能获得前辈的宝贵意见。

老部长:

有想法、有方法、有能力、有前途的青年,都是有志青年、社会主义建设者。有以下几点建议供你参考。

第一,树立远大的志向和目标。

这应该始终是年轻人生活的主旋律。一个人能不能做出一番事业,取得显著的成绩,很大程度上取决于他的想法,取决于他的志向和目标。志向和目标越远大,那么他的动力就会越足。井底之蛙,只能看到井口那么大一点天空,跳出井口才能看到整个天空。心有多大,舞台就有多大。这样的话并不只是鸡汤。青春确实是应该用来奋斗的,不是用来挥霍的,也不是用来闲置的。你的素质、你的条件具备向上发展的空间,建议你可以把目标定得高一点。

第二,选择适合自己发展的路径。

定目标不能好高骛远,发展路径要切实可行。我的观点是,单位之间要优先选择平台,平台越大越好;单位内部要优先选择级别,级别越高越好。你目前有两条路可以选。

一是向上发展。参加中央省市的公务员遴选,跳出来,走出去,进入本地的权威机关或重要部门工作,比方说党委政府两办、纪委、组织部、宣传部等,尤其是你的材料功底还不错,很有优势,可以争取一下。

二是向内发展。即在本单位谋求职务的提拔。你和领导的关系好，工作能力也强，有在本单位发展的优势。目前你兼任的团委书记在"三定方案"中有没有职数和级别，享不享受中层干部待遇，这个在不同地方的具体政策会有不同，一定要搞清楚。如果没有，要优先考虑搞个中层正职，然后再向单位领导班子的副职冲刺，也是一种好的选择。

第三，自己做大做强才是王道。

你现在的工作环境简单，工作时间也比较宽松，不要白白地浪费掉，而要充分利用起来，加强自我修炼和学习，不断提升自己的综合素质和能力。用自身的实力撑起远大目标，跃跳到志向的高度。

15 考察对象被面谈时需要准备什么

我在高校做行政工作，现已工作满两年。最近学校开启科级干部选拔任用工作，单位已将我按人岗1:1上报为考察对象，即作为这个岗位唯一符合条件的人选被推荐。接下来按照程序，科级干部选拔工作小组将会与考察对象进行面谈，深化对考察对象的研判，我应该做哪些方面的准备？

面谈是考察的一个重要环节，必须高度重视，精心准备，客观准确地反映自己工作以来在德、能、勤、绩、廉方面的表现。主要从以下几个方面来准备。

一是基本情况。

这方面包括妻儿、父母、兄弟等家庭关系的情况，以及个人事项报告情况等。

二是主要工作与成绩。

这方面包括学习、工作、作风、廉洁等方面。要重点说特色、亮点，包括受表彰情况。注意用数字、事例、典型等事实说话，不要泛泛地空谈。

三是个人体会与收获。

对于这点，重点是从思想上、政治上、能力上、律己上等方面来准备。

四是自身的不足。

对于这点，可以从原则上讲，不要说得太多，也不要太细。

五是表态。

一颗红心两种准备，要表达出无论选上还是选不上都会积极面对。如果选上了一定不辜负组织重托，勤勉工作开创局面；如果选不上也不灰心丧气，继续努力不懈怠。

同时，要准备书面材料，以备考察组需要。

16 如何通过精彩的演讲为竞岗加分

作为高校行政人员，在竞岗做自我介绍时卡顿，被校领导直接勒令别背了，感觉有些尴尬（自此对进行自我介绍留下了心理阴影），请问在做自我介绍时有什么讨巧的方法吗？既好背又出彩？平时都是找范文，修改后再背诵，而看到领导，脑子里背下来的东西瞬间没了条理。请问面试的领导主要看中我们讲话里的什么内容，如何通过演讲为竞岗加分？

石头哥：

如果自我介绍都卡壳，那说明这次竞岗准备得并不充分。竞争上岗要精心准备稿子，但稿子不是用来背的，而是要按照稿子，反复练习演讲，达到喷薄而出的效果，准备稿子是为了讲得更顺畅、更生动，呈现出更多精巧的细节，而不是逐字照念。所谓竞岗，就是竞争上岗，要抓住"竞争"二字，说的话不能是大路货，不能是不咸不淡的平常话，而是要真情流露，无论是讲故事还是列实绩，都要能感动评委。

一篇好的演说稿在竞岗各环节中占据了举足轻重的地位，发挥的作用不言而喻。那究竟怎样才能写好一篇竞岗演说稿呢？

第一，要做足准备工作。

首先，要充分弄清这次竞岗的背景、环节、要素、内容等，比如，单位为什么要举办这次竞争上岗,为什么选择竞争上岗的方式来选拔人才,竞岗的职位是什么,岗业要求是什么等。所谓"知己知彼,百战不殆",如果连这些都搞不懂,就像无头苍蝇,方向不清、重点不明,只能成为竞岗的炮灰。

第二,该有的套路要有。

一篇完整的竞岗演说稿,分为自我介绍、竞争优势、工作打算等几部分,当然最后还要加上假如竞岗失败的话语,比如,"无论这次竞岗结果如何,我都会继续学习,不断进取,努力使自己取得更大的进步,把工作做得更好"。如果条理不清,评委听起来觉得云里雾里,效果肯定会大打折扣。

第三,要充分了解评委。

通过有效的途径打听一下评委关注什么,喜欢听哪方面的内容,同时尽力获知所竞选岗位要求的主要素质或能力。总而言之,弄清楚应聘岗位到底想要什么样的人,然后在演说稿中尽力描述一些这方面的内容,这样评委才会更愿意听,更关注。

第四,成绩介绍要精练。

直白地讲,评委见过的世面多了,我们取得的成绩再大也是小,除非我们获得过中央部级单位颁发的高级荣誉。所以,成绩介绍一定要精练精练再精练,就把自己获得过的最高级别的荣誉说出来,有了高的了,低的也没有必要说了,可以挑几个主要的一带而过。

第五,竞争优势要用心。

竞争优势是重点,也是评委最想听的地方,更是能得高分的关键。

每个人都有自己的优点和长处，所以一定要把自己的闪光点总结提炼出来，合理、巧妙地介绍给评委。

许多人在谈到自己的竞岗优势时，都谈到自己的优势是勤奋、不怕吃苦、甘于奉献、乐于助人、敢于创新，或者团结同事、有爱心、工作仔细认真等，这些的确是优点，但不是优势。因为它太普通、太大众化了，而且十个竞岗的人中，或许就会有六个、七个甚至八个人会谈到这些，试想评委听了一遍又一遍，大家都勤奋，都刻苦，评委为什么会选你呢？

所以，这里一定要用心，要让评委听到你的演说后有眼前一亮的感觉，听完能感觉到这个竞聘者着实是下过一番功夫的，是跟其他人有不同之处的，是有思路、有想法的，这样才能获得更多胜算的机会。例如，有位同志参加上级部门的面试，当评委问到"你为什么想来上级部门工作"的时候，他陈述了两方面的原因。

一是自己在基层摸爬滚打多年，积累了一定的基层工作经验，想在更高层级接受锻炼。

二是自己的妻子去年已经考过来了，孩子也即将就读一年级，所以从家庭方面考虑，他也很需要这份工作。

说到这里，很多人会说，第二方面原因也算优势吗？其实从另外一个角度想，首先，可以看出竞岗者有很强的家庭责任感；其次，他会比别人更需要这个岗位，更珍惜这个机会，所以，如果他真的能够面试成功，在今后的工作中也会比别人更加努力。估计这也正是评委给他打高分的原因。

因此，这个环节一定要下足功夫，善用巧劲儿，努力征服评委的心。

第六，要注意把握好细节。

俗话说，细节决定成败。演说也就几分钟的时间，真正精打细算起来，评委用心听的时间也就两分钟甚至更短，所以，要全场保持一种积极向上的精气神，注意不放过每一个细节。比如，要跟评委有眼神交流，这样评委才会更关注你；声音要平稳不断断续续，让评委感觉到你的功底；语言要有礼貌，体现出你的素质和涵养；演说要有气场，不能唯唯诺诺、声音低沉等，这些都要在前期练习的时候多下些功夫，"台上一分钟，台下十年功"并不是一句空话。

第七，演说稿一定要有血有肉。

我不提倡演说稿非要写得华丽，非要句子对仗，但稿子必须有血有肉，切忌整篇都是浮夸的虚话、套话，那样评委真的会听烦的。要多用数据、实例说话。一篇好的竞岗演说稿一定是几易其稿，一定是征求或咨询过多人的意见，一定是代表自己最高水平的稿子。

17
竞聘上岗取得成功的关键是什么

最近在准备单位内部竞聘。内部竞聘就是大家先从位置上退出来，把岗位空出来，再重新竞聘这些岗位，能者上。我之前是办公室副职，但这个岗位的编制数变少了，意味着我们现有副职中有一个人会落聘。现有副职中有一个人跟我的竞争关系最直接，请问我应该如果表现？

虽然我们之前分管的事情不一样，但都在这个岗位上，感觉说综合能力、管理能力、熟悉办公室工作之类的话会很空，而且对他也都适用，请问该如何阐述更好？另外，我还有一个优势就是更为年轻，但这个是否需要着重表达？怎么表达更合适？

老部长：

竞聘上岗能否取得成功，关键在于两个环节：一是演讲环节，这是个人能力的现场直接表现；二是投票环节，这是个人能力和人际关系的综合表现。因此，要重点在这两个环节上下功夫、做准备，具体可在以下三个方面做好准备工作。

第一，关于人际关系的准备。

人都是感情动物，你在竞争时得票多少，既取决于个人现场的发挥和表现，又取决于平时你跟领导和同事的人际关系。目前，应本着内紧外松、自然而然、不动声色、不留痕迹的原则，多进行人际交往和情感建设工作。

一是内紧外松，表现定力。一个成熟的人，每临大事必有静气。因此，应该表现出波澜不惊的状态，一如既往地工作、生活和交往，不要喜怒形于色，并着力向内使劲做准备。

二是找一个合适的机会向一把手汇报。可以表达三层意思：对领导的关心表示感谢与感恩，对领导的厚爱表达忠诚与忠心，对今后的工作表达信心和决心，并恳请领导多加关心和关照。若一把手给予关心，则成功的概率就会大很多。

三是不动声色，个别沟通汇报或交流。俗话说，临阵磨枪，不亮也光。目前，临时抱佛脚还是非常有必要的。对有投票权的领导和同事，要充分利用科室工作这个平台，平时有意识地主动与领导和同事多交往、多联系、多沟通、多交流，做到多服务、多帮助，并用委婉的语言和方式请其给予关照，以诚恳、谦虚、敦厚、可靠的人格魅力赢得大家的好感和信赖，但切忌过头，更不能贿选。

第二，关于岗位相关事项的准备。

俗话说，手中有粮，心中不慌。针对办公室岗位的职责任务和特点，把与之相关的情况准备得更充分一些。

一是吃透上情，注重学习、研究，掌握上级关于办公室工作的相关要求。

二是吃透内情，注重把握本单位领导对待办公室工作的相关情况，包括成绩和问题的研究和掌握，切实地把竞聘上岗的演讲和面试工作做细、做深、做扎实。

三是吃透个情，对其他竞聘同岗位人员的特点进行研究，凸显自己与众不同的特长。比如你更年轻，完全可以在演讲环节中表现出来。

第三，关于竞聘演讲的准备。

竞聘演讲既是你对自身能力、素质的评价，也是直接面对大家展示自己，推荐自己。如何在竞聘中脱颖而出，关键是竞聘演讲要出彩、出色。

一是开头要精彩。竞聘演讲的时间有限，开头必须简洁而又精彩，以引起大家的注意，可采用"感谢+简介"的方式。用诚挚的心情表达谢意，比如"非常感谢领导和大家提供这次宝贵的竞聘机会"，并简要介绍自己的经历、性格特征，让大家对自己有个简单的了解。

二是主体要厚实。主体部分是竞争演讲的重点，主要包括以下几方面内容。

（1）突出竞争的主要优势。针对竞争的职位介绍自己的德、能、勤、绩，重点突出自己的经历、业务能力和与职位的匹配度，让领导和同事认为你是最适合的人选，并具备不断发展的潜力。此外，要突出特色、亮点，切忌面面俱到。比如你说自己年轻，完全可以表达出来。因为办公室工作的任务重、要求高，而年轻人精力充沛、不怕吃苦、不怕加班，这就是一个明显的优势。

（2）阐明对竞聘职位的认识。事先要依据自己的特长选定心仪的职位，充分研究职位的情况，清楚了解岗位职责和要求等相关内容。

（3）表明自己任职后的打算。有的放矢地提出该职位的工作目标，以及具体的举措和方法，要细、实、准。

三是结尾要凝练。结束语必须画龙点睛，坦诚地表达自己参与这次竞聘的态度。比如说"参加这次竞聘，对我来说也是一个学习和提高的过程，无论是否成功，我都将一如既往，不忘初心、牢记使命，堂堂正正做人，踏踏实实做事"。

四是细节要注意。细节主要包括以下几方面。

（1）态度要诚恳。竞聘演讲是毛遂自荐，既要充分展示才华，又要态度诚恳，实事求是，不能说得过头，更不能哗众取宠。

（2）演讲要有自信。对于这次竞聘做到心中有数，演讲时要注意身体语言的运用，比如上下台抬头挺胸、步伐矫健，会使人感到你充满自信。

（3）跟评委要有眼神交流。声音要铿锵有力，让人感觉到你的功底；语言要质朴有力，体现出个人素质和涵养；演说要有气场，不要唯唯诺诺，做到自信而不妄自尊大，自谦而不妄自菲薄，以诚恳热情的语言感染大家，展示才干。

18
怎么提高民主推荐票数

近期面临提拔，领导说让我注意团结群众，具体应该怎样做呢？民主推荐在任用中占比多大呢？我平时比较严肃，公事公办，也不跟同事一起吃饭或者聊家常，都是闷头处理公务和文稿，领导比较看好我。但怎么提高民主推荐票数呢？

民主推荐是领导任用和评价干部工作表现的重要途径，对干部的任用具有一定的影响。基本上以下几类人的票数会比较高。

第一章 提 拔

一是工作任劳任怨的。这类人工作加班加点特别多,大家都知道他们很辛苦。

二是为人处事比较好说话的。这类人基本上不怎么拒绝别人,对别人都很热情周到,尽力提供帮助和支持。

三是性格不太外向,但也不太内向的人。如果太外向了,会给人一种太会来事的压迫感。如果太内向了,跟别人没什么交流。这两类人都不会有好的测评结果。

四是真诚的人。真诚是必杀技,不是做事八面玲珑就能拉拢人心。八面玲珑的人跟大家交往的时候看起来很热乎,但对谁都不真诚,也就不得民心。真诚的人才更容易得到推荐票。

现在任用干部,主要是体现组织意图,事前单位领导都会通过沟通的方式向上级组织和领导汇报,并在原则上同意之后履行相关手续。因此,如果领导对你比较看好,也比较重视,并且纳入提拔范围之中,提拔成功的概率还是很大的。

一方面,客观对待。

民主推荐也是干部任命工作中的重要环节,但不能用一个具体比例来衡量。一般而言,只要你的推荐票位于前三名之中,并且超过半数,就可以列为考核对象。民主推荐不会绝对地以票取人,但如果推荐票太少,比如不过半数或位列后几名,推荐评价不太好的话,组织上一般也不会列入考核范围。

另一方面,认真落实。

同事对某一个人的印象,主要是根据这个人一贯的人品、工作成绩和为人处事的方式来判定,只要你平时公道正派、行端走正,相信大家都会有一个正确的判断。

俗话说,临阵磨枪,不亮也光。在推荐之前,主动与大家搞好关系也是增加票数的有效方式,比如,一是遇到同事主动热情地打招呼问好;二是利用工作之机与同事多聊聊天,加强沟通和联络;三是对同事所取得的成绩、受到的表彰,及时点赞、多说好话;四是工作中主动为同事提供帮助,乐于助人;五是在工作之余跟同事多联系联络。这些方式都可以有效地增进交流、拉近感情,从而增加同事对你的好感和认可,平时可以多用和常用,这样到投票时大家就会自然而然地支持你。

19 如何主动争取提拔机会

 问

到了换届提拔年,我符合条件且有提拔的机会,要怎么向领导争取?平时和大领导接触的机会较少,虽然我给他的印象还不错,他也有口头上说过关于我提拔的事,但现在还是想自己主动去表达进步的意愿。该怎么说怎么做?会不会太唐突?

 老部长:

在提拔的机会面前，一定要采取主动的态度向领导汇报争取，使领导感受到你的真诚和对他的尊重，这样才有希望。从你描述的情况看，既然领导对你的印象不错，在换届之前，你就更要主动地向领导汇报自己的想法和愿望，请领导关心关照（但不宜送东西，否则既显得唐突又有交易的嫌疑）。具体可按以下办法操作。

第一，认真准备一份近三年的工作总结。

你可以把自己近三年的工作进行一次认真的总结，包括获得的证书及荣誉，形成书面材料，这样使领导能够全面深刻地了解你的人品、能力和成绩，增加对你的认可和信任。

第二，找一个合适的时间，进行汇报。

可以找一个合适的时间，直接向领导当面汇报自己要求进步的愿望和想法。可以重点从以下三个方面展开。

一是汇报感谢。对一直以来领导在工作和生活上的关心表示感谢。

二是汇报愿望。向领导表明，你在本岗位上工作多年了，内心十分渴望到更能提升自己能力的岗位去历练，更好地为领导服务，目前换届在即，恳请得到领导的关心关照，为自己提供这样一个进步的机会。

三是表明态度。即表明你紧跟领导的脚步，心无旁骛地服务领导的诚心，勤勉工作、多出成绩、严格要求、不辜负领导厚望的决心。

第三，当面汇报态度要诚恳。

汇报时要感情真挚，能真正地从内心打动和感动领导，这样就会收到更好的效果。在口头汇报的同时，应顺势呈上书面总结材料，这样显得更正式、诚恳。

20
大平台和小进步哪个选择更好

我可能做了一个特别后悔的决定,但是开弓没有回头箭了。我在一个区政府办公室工作,36岁,主任科员,正科实职一直没解决。老领导去政协做秘书长,有一个调研科(政研室)科长职位空出来,非常希望我过去,也和区政府办公室要人了。区政府办公室领导不希望我过去,也做了我的思想工作,但区政府办公室没有正科实职位置。我在纠结的时候,老领导就让政协副主席找区政府办公室主任谈。区政府办公室主任表示,只要我同意,他们无条件服从。

后来,我的老领导给我做工作,我都36岁了,在区政府办公室两年内不一定能解决我的实职,但是政协能解决,而且提拔副处肯定更快,区政府办公室排队的人太多。万一两年内没解决,区政府办公室的主任再调走了呢?我头脑发热就答应了。现在总有点不情不愿,但也无可奈何。组织部部长一直很欣赏我,但我从来没好意思和她提解决实职的要求。我决定走之前,去和部长汇报下。不知道我的决定到底对不对,我已经任主任科员三年了,去了政协应该怎么做才能早点升到副处呢?

在体制内，单位之间要优先选择平台，平台越大发展越快；如果单位平台相同，要优先选择领导职务，提拔越早发展后劲越大，这是普遍适用的基本规律。

从你描述的情况看，区政府办虽然与政协相比显得核心一点，但政协的层级更高。

科级包括副处级以上领导的职数更多，这如果次能够解决领导职务，也就抢得了先机，这为今后提拔副处级领导职务打下了坚实的基础；而在政府办何时提拔为正科级领导职务还存在一个很大的不确定性。从这个意义上讲，你抓住了当前可以提拔正科的机遇，这个选择是正确的，不应该纠结。

在体制内，一个人要成长进步，不但要靠个人的努力，也要靠领导的关心。这两点都很重要，因此，你想尽快提拔为副处级领导干部，就要在这两个方面下功夫。

一方面，精于业务。

定下心来，立足岗位，精进业务，做出成绩，以出色的成绩展示自己出众的能力，真正成为单位的中坚和骨干。

另一方面，赢得信任。

争取得到领导的认可和信任，成为领导可以倚重、可以信赖的人。这样一来，在提拔的机会面前，领导会优先推荐你，你实现目标的把握性就会更大一些。

21
如何顺势表达进步的想法

月初领导让我写过一份材料,考验我的写作能力,但提交之后没有结果了,我该如何向领导表达我想进步的意愿?

第一,主动争取。

在提拔的机会面前,一定要争取主动,以积极的态度当面向领导汇报自己的想法和愿望,使领导感受到你的追求、真诚,以及你对他的尊重,这样他才愿意给你支持和帮助。所以,只要有1%的希望,就要做100%的努力。

第二,顺势落实。

从你描述的情况看,领导让你写一份材料,他主要是检验你的思维和表达能力,这是领导能力的重要组成部分。材料提交给领导这么长时间没有给你回应,你应该用积极主动的态度去向他请教,在请领导对你的材料进行指点的同时,顺势表达自己想进步的愿望,请领导关心关照,就显得比较自然,汇报重点可从以下三个方面展开。

一是表示感谢。就是对领导一直以来在工作和生活上的关心和培养表示感谢。

二是表达愿望。就是向领导表明，这几年来，在领导的教诲和指点下，自己各方面都有比较大的长进，希望能够有机会到更大的平台去历练学习。

三是表明态度。就说自己如果能够得到领导的关心，一定会牢记领导的教诲和指示，吸取教训，更加勤勉工作，严格要求自己，不辜负领导的期望。

第三，真情坦露。

当面汇报时，一定要表达出自己真诚的态度，真实的感情，准确而清晰地表达出自己要求进步的愿望，这样才能真正触动领导的内心，打动他、感染他，从而收到好的效果。

22 工作务实却提拔无望怎么办

我所在的科室只有一个正科岗位，之前一直没有落实，都是年龄大的同事兼任名义上的负责人，所有日常的工作都是我在干，两年来也做出了不少成绩。

近期，有一个同事从别的部门过来，其实大家都明白是冲着正科来的，这种情况下，我不太想待在这个科室了。和分管领导说了，今天他把我的情况和一把手说了，分管领导反馈说，一把手让我先安心工作。我现在马上面临生二胎，业务会让这个同事全部接手，单位其他部门的正科岗都有备选人员等着，我现在真的不知道该怎么办，没有工作积极性。请您指点。

老部长：

在体制内，一个人能成长进步，一是离不开个人的努力，二是离不开组织和领导的信任。你工作务实，能力较强，但迟迟没有被提拔，还是应该多从主观上找原因。

一方面，从你描述的情况看，可能主要存在以下四个方面的因素。

一是没有表现出强烈的进步欲望。你可能从没有向领导汇报要求进步的愿望和想法，也没有在同事面前表现出志在必得的欲望。领导和同事认为你很满足现在的岗位，乐于现在的工作，并不在乎政治上的追求和职务上的提拔。比如这次你向分管领导汇报，也只是要求调整岗位，并没有汇报要求提拔的愿望。

二是没有表现出应有的领导素质。你在工作中专注于业务，虽然过多地表现了作为技术骨干的专业素质，但没有表现出一定的领导素质和能力，领导认为你只适合于做技术性的工作，而不太适合做管理方面的工作。

三是没有主动争取领导的信任。你把主要精力和时间都用在了工作上，忽视了人际关系，尤其是忽略了同领导建立良好的人际关系，领导缺少对你的了解、信任和倚重。

四是没有把握好时机。正值岗位空缺的时刻，你要生二胎，这大概需要离岗6个月的时间，这个时机很不适宜。此时，领导大概率不会把一个科长职务交给一个在较长时间内不能到岗上班的人。

另一方面，有所失，必有所得。

目前你的主要心思和精力应放在孕育二胎上，待重新上班之后再调整心态和方法，有针对性地采取措施，有的放矢地争取进步。

一是积极地向领导表达自己要求进步的愿望。找一个合适的机会，分别向主管人事的领导和一把手汇报自己的思想和工作，主要表达三层意思。先表示感谢，即对领导一直以来的关心和培养表示感谢；再表明愿望，就是表明自己要求进步和提拔的愿望，恳请领导关心关照，为自己提供一个机会；最后表明态度，就是表明自己服务领导、紧跟领导的忠心，勤勉工作、多出成绩、不负领导厚望的决心和信心，使领导增加对你的信任。

二是同领导建立良好的人际关系。充分利用工作和生活两个方面。在工作上，要向领导尤其是主要领导多请示汇报，有工作汇报工作，有问题请示解决问题，多交流多沟通。在生活上，也要与领导多联络感情，经常请他聚一聚，逢年过节发信息问候，使领导感受到你的真诚和心意，从而拉近双方的心理距离，增强双方的感情。

三是注重培养自己的领导能力。当技术骨干和当领导的要求是完全不同的。技术骨干只需要能做事、做好自己的事就行了，而当领导主要是会管事，侧重于组织和指挥其他人做事。因此，平时要注重从技术圈子和事务圈子里走出来，多跟上级、同级、下级接触联系，多向领导学习，向身边的典型学习，多做一些统筹、协调、沟通、联系的工作，不断提升自己的综合素质和能力，树立自己具备担任领导干部资格的形象。

23 怎么进行精彩的任职表态发言

本人来自央企三级单位,最近获得首次提拔,成为单位中层,按照惯例,所长和书记会对我进行任职谈话,请问本次谈话应准备哪些要点,既完整又能让人眼前一亮?

对于干部任职谈话,无论是个别谈话,还是会议集体谈话,一般有三个程序:一是宣布组织决定;二是领导讲话提出要求;三是新任职干部的表态发言。作为新任职的干部,重点要放在表态发言上。

第一,总体框架。

表态发言一般是两个层次。一是要表明自己对提拔的态度,主要是对组织的培养,对领导的关心,表示感谢和感恩;二是表明工作打算,主要是对今后工作的打算,包括做人做事的目标和措施。

第二,认真准备。

干部任职谈话会,是一个严肃的会议,也是一个庄重的会议,必须高度重视,做好准备。

一是事前要充分准备,以崭新的形象出现在会场。穿戴要整齐,衣服要得体合身,不能随随便便。如是会议集体谈话,最好穿正装;带好笔和本子，随时记录领导的要求；精神要抖擞，形象要端庄。这既表明了你对这件事的重视，又表明了你对领导的尊重。

二是在谈话的过程中，一定要集中精力。眼神要目视领导，表情自然，略带微笑，不要左顾右盼，更不要交头接耳。手机要调成静音，放在包里或口袋里，最好不要拿在手上或放在桌子上，更不能接电话、回信息。总之与谈话无关的事都不要做。

三是要精心准备表态发言。表态发言是向领导展示自己形象和能力的一个重要环节，要更加重视，提前打好腹稿，背熟为佳，最好不要拿着文稿念。时间控制在5分钟以内。语言要铿锵有力，表达流畅，一气呵成。

第三，具体发言。

表态发言怎么说呢？内容一般包括以下几个方面。

首先，要打招呼，向大家问好。然后要对此次提拔表示感谢。主要是感谢组织的培养和信任，重点是感谢领导的关心和厚爱，如有其他的同事在场，还要感谢同事们的支持和帮助。这里特别要注意，不要过分谦虚说自己能力差。

其次，转折过渡说两句感受。这次提拔到新的工作岗位，既是组织的深切希望，领导的殷殷重托，对自己也是一个更大的挑战和考验。

最后，重点放在表决心。比如，对刚才某某领导提出的要求一定会记在心上，并落实在行动上。从政治上、学习上、履职尽责、团结同志和廉洁自律几个方面来展开，观点要明确，层次要清楚，结合实际说具体，不要光说大话、空话、套话。

24
组织部领导征求个人关于进步的想法，如何回应

如果组织部门领导问我对于自己的进步有什么想法，我应该回答听从组织安排，还是直接说想解决某个级别，或想担任某个职务呢？

组织部门领导向你提出这样的问题，既有听取你自己意见的意思，更有通过你的回答考察你的含义。因此，你既要委婉地表达自己要求进步的愿望（可以宽泛地提出解决级别），又不要太过于直白，更不宜直接提出担任某个职务（有要官之嫌）。可以采取"感谢+愿望+表态"的模式回答，比如以下回答方式。

感谢领导的关心。我就实话实说了，我在某个岗位已经工作好几年了，请组织上考虑解决一下我的级别问题，到大一点的平台去学习历练。无论组织上怎么安排，我都会坚决服从，愉快接受，勤勉工作，严格要求自己。

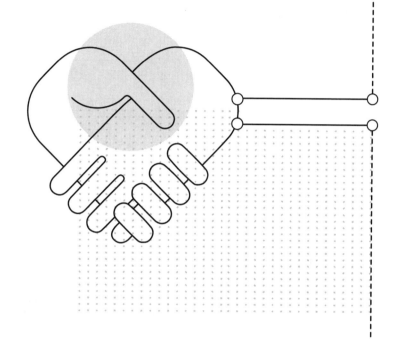

第二章

信 任

01
如何争取机会获得领导的认可

有个考入公立单位的机会,虽然我没有背景关系,但是这个单位的中层领导给我了这个机会。我笔试的名次很靠前,而且我个人已经做好了从民营企业跳槽的准备,但是面试后一把手把我替换掉了,半路杀出了黑马。事后无意间侧面了解到顶替我名额的人认识院长。中层领导告诉我,年轻就有机会,让我从容应对。以后我该如何争取机会?进一步获得领导的认可?如何把握好与愿意帮我的领导之间的关系?

面试没有通过,不一定是名额被顶替了,也许是面试环节有些地方不是很理想,综合比较之下选择了另外一个各方面比较均衡的人。对于这个问题,可以向中层领导打听下原因,发现问题及时改进,下次面试时避开短项。年轻人应该勇于尝试,不要因为一次失败就放弃自己的梦想和信念,而是要不断努力,寻求突破,万事皆有可能。有几条具体的建议供你参考。

第一,锻炼逻辑化、条理化的思维。

就你的提问来看,表达上较为凌乱,欠缺条理,文字的驾驭能力有待提高。作为一名员工,和领导非亲非故,要进入领导的视野本就困难。领导同你的接触,一开始注意到的,无非是你的形象和表达(书面和口头表达能力),所以在这个地方多下功夫。

第二,对于大领导,多刷存在感。

普通员工与大领导的接触的机会较少,一般不会越级汇报。但想认识大领导,给大领导留下好印象,平时应抓住一些机会多露露脸,比如单位的演讲比赛、业务竞赛等,通过优异的表现让领导看到你、认识你,这比起自己进领导办公室直接汇报强过百倍。

第三,对于直属领导,把手头事办好。

直属领导是你的直接上级,平常接触较多,对你会有一个客观的评价。要想给直属领导留下好印象,需要建立信任关系。首先,要做好本职工作,领导交代的工作要保质保量按时完成,不拖拉不懒散,不抱怨不懈怠,主动把事情做好做漂亮,多为直属领导分忧,争取成为他的左膀右臂。其次,可以私下留心直属领导的爱好,比如书法绘画、体育运动等,多请教多参与,增加与领导的交流,保持良性互动。

第四,对于个人,不放松学习。

你说自己的名额被顶替了,这个还真说不准,可能只是你这么认为。毕竟现在的正规考试都比较公平公正了。不过,你可以私下里问问面试没有通过的原因,哪个地方比较薄弱,然后进行改进。此外,平时在学习上也不能放松,要多储备一些知识,提升自己的应试能力,将来可以为自己争取更多的机会。

02 如何成为领导信任的人

如果一个领导能够什么人都用得起来,从不把任何人培养成"心腹",似乎有一种为用而用的感觉。但不了解他的人,会以为他对大家都很好,为大家考虑。这种领导是不是一个利益至上的人?如何相处,能获取他的认可?

 老部长:

不培养"心腹"并非为用而用,更非利益至上。也许恰恰相反,有可能是领导做事光明磊落。不过,要想成为领导信任的人,个人的综合素质和能力就得很强,不但能做事,还能把事情做对,把事情做好,领导才能放心地把事情交给你去做。此外,你还要能抗事,抗住事,减轻领导的压力,为领导省去很多麻烦和烦琐的工作等。根据你的描述,要想获得领导的认可,有几点建议供你参考。

第一,关于了解领导的特点。

每个人都有自己的性格特点,不培养"心腹"大概有这么几种可能:要么过去受过某种伤害,是把一切都看得很淡的人,不求有功,但求无过,追求你好我好大家都好,一团和气;要么是一种大智若愚,城府很深的人,一般人摸不透;要么是一个公道正派的人,以工作为主,不拉拢,不排挤,把大家都用起来，跟着这样的领导做事会很轻松。但究竟是个什么情况，一定要结合平时的人、事、环境等因素来综合考虑。

第二，关于是不是利益至上。

这方面可以结合以下几点来判断。

一是观察他的人际交往。俗话说，物以类聚，人以群分。一个人喜欢什么，就愿意跟什么人在一起，一个利益至上的人，那么他肯定跟这样的人交往、接触、联系的比较多。

二是观察他的业余爱好。是喜欢读书，钓鱼，还是运动什么的，可以从中看出一个人的追求。比如拿读书来说，喜欢读哲学书的人，一般比较有高度；喜欢厚黑学之类的书的人，一般心机比较深沉；爱看八卦类书籍的人，一般比较无聊。

三是观察他解决单位内部矛盾的态度。处理内部矛盾的态度、方法和结果，最能看出一个人是公道正派还是利益至上。

四是观察他平时工作和生活中的关注点在哪里。一个人追求什么，喜欢什么，那么他就会关注什么，重点就会突出什么。

第三，关于得到认可。

信任通常是建立在了解的基础上，而要了解一个人就要多接触。

一是从工作入手，展示能力。工作是接触领导、接近领导最好的机会，而汇报则是拉近与领导关系最好的方法。对于工作，不要等到领导布置和催促，要积极主动地做好，让领导放心。除了做好工作，还要多请示勤汇报。从你的汇报中，领导既能感受到你对他的尊重，又能了解到你的能力。你汇报的过程，是一个双向交流的过程，在交流的过程中，领导不仅能了解你做事的能力，还能了解你做事的态度，感情自然而然地就拉近了，所以既要做好工作，又要多汇报。

二是从爱好切入，拉近情感。人以群分通常是以爱好来分，人本能地会喜欢和自己有相同爱好的人来往。所以，针对领导的爱好，可以多进行交流，向他学习。

三是要从小事做起，集腋成裘。从领导的工作、生活、家庭中需要帮忙的小事入手，多关注，多帮忙，多跑腿，主动帮，自觉帮。他可以从中感受到你的用心和用情。

总之，领导也是人，只要用心，持之以恒，一定能感动领导，获得领导的认可。

03
边缘岗位如何走近领导

对于提拔，我个人分析我的基本能力是够的，所以部门和分管领导在提拔时还是愿意力荐我。但是主要领导的要求细且高，可能确实会认为我差点火候，尤其我负责的都是琐碎的事情（综合部类似办公室），无错就是功，很难量化成绩。但我们内部层级分明，我很少有机会能够直接接触大领导，也没有太多展示工作能力的地方。如果平时没有直接的接触机会，又该如何去跟领导走近？或者说如何增加领导对我的认可呢？

老部长：

要强化自己在大领导心中的印象，增加领导对你的认可和信任，就要充分利用工作和生活这两个方面，多同领导接触、接近，向领导展示你的能力和水平，密切同领导的情感联系。

一方面，在工作上多表现。

一是多参与大领导重视和强调的工作。既然分管领导对你比较好，那么凡是涉及大领导强调、重视和关注的工作，你可以积极地向分管领导请战，要求参与或单独办理，这样在工作中向一把手接触、汇报、请示的机会就会增多。

二是利用送材料送文件等机会，多接触接近领导，多同领导见面，并顺势汇报一下自己的工作，只有接触多才能印象深。

三是运用多种形式向领导汇报自己的工作。对领导关注的工作，及时通过发信息的方式向领导报告工作的进展和结果，尤其是在工作中取得较好的成绩或者受到上级表彰时，更要及时汇报；还可以采取书面汇报的形式，比如领导刚刚召开半年或一年的工作总结会议，你顺势把自己半年或一年的工作总结一下，把学习领导讲话的具体措施细化一点，形成书面的汇报材料呈报，这种形式对领导更全面地了解你很有帮助。

四是抓住单位各种会议，比如说机关交流会、座谈会、研讨会、工作例会等各种会议及各种集体活动，每次都要认真准备，积极发言，主动表现，并且言之有物，言之有理，在这种名正言顺的场合多在领导面前刷存在感，是领导发现人才的重要方式之一。

如果机关的各种会议，没有座次排列，一定要主动坐到第一排，这样你就率先进入了领导的视线。对于各种发言，如果没有规定顺序，那么你要主动争取第一个发言，这样会引起领导的兴趣和关注。千万不要小看了这些细节，"细节决定成败"这句话在这儿会体现得比较充分。

另一方面，生活上多交流。

你在工作上取得的成绩肯定会获得领导的认可和信任，但若在生活上也能跟领导多沟通交流下，那么会让领导进一步了解你，拉伸彼此间的距离。

一是逢年过节，经常发信息向领导问好，让领导对你留有印象。

二是针对他的爱好、特长，经常就此展开交流，增加领导对你的了解。

三是自己在生活中遇到困难可以向领导请教，而如果领导在生活中遇到问题可以多去帮忙，以增加交流。

04
如何赢得新任领导的信任

请问如何拓展与单位主要领导的接触面和接触方式，原来我倾向于能不接触就不接触，不求表扬也不想挨批。前期树立了老老实实做事也能成事的形象，口碑也还不错。现在新任的一个主要领导，听说是比较挑剔的。现在部门空出了一个副职，我该如何抓住机会赢得新任领导的信任呢？

老部长：

在体制内，主要领导在用人上的话语权是占很大分量的。因此，要利用多种形式跟主要领导接近、接触，争取他的了解、信任和重视。

第一，充分运用工作这个平台。

工作是个大平台，能接触到不同的人。通过工作这个平台接触接近领导有间接式、直接式和婉转式三种。

一是间接的形式，就是以优异的工作成绩展示自己的工作能力。对自己负责的工作，尤其是主要领导比较重视、比较关注的工作，要集中精力、优质高效地完成，领导可以从工作的绩效和成果看到你的工作能力，从同事的评价中了解到你的人品。这是个人获得领导认可和重视的硬通货，也是自身能在职场中脱颖而出的关键因素。

二是直接的形式，就是经常向领导请示汇报。汇报工作是最直接地展示自己工作能力的途径，比如事前汇报方案，事中汇报进展和动态，事后汇报结果。通过连续的经常性的汇报，能让领导了解到工作的进展和成果，使自己的工作在领导的掌控之中，让领导对你放心。此外，在向领导汇报的过程中，可以多请教领导，这不但能向领导学习一些工作方法，还能让领导感受到你对他的尊重。这样，他对你的好感和信任就会油然而生。尤其在工作取得成绩、受到表彰、被上级肯定时，更要及时地汇报。

三是婉转的形式，就是对工作和成长中的一些困惑，经常性地以思想汇报的形式汇报给领导，汇报自己的想法和疑虑，请领导点拨。领导作为过来人，必然乐意给你一些人生的经验、指导和教诲。这种互动多了，就会增加心灵的沟通，感情的交融。比如，这次空缺副职就是一个很好的机会，你可以专程向领导汇报一下自己的愿望和想法，恳请领导的关心和帮助。

第二，有效地运用生活这个平台。

领导也是社会人，也具有社会属性，也会有情感，也希望融入新的工作环境，与同事处好关系。因此，在生活中可以多与领导接触，增进了解，促进感情。

一是要充分利用现代媒介经常联系。要让一个人对你有所了解，就要多刷存在感，如果领导对你都没有印象，怎么了解你的人品？现在有了智能手机，联系起来比较方便，可以利用短信、微信，向领导祝福慰问，评论点赞，给领导留下印象，让领导记得你这个人。

二是偶尔送点他喜欢的小礼物。我们都喜欢惊喜，偶尔收到个小礼物还是有点惊喜的。对于小礼物也不用刻意去送，比如回老家可以带点儿小特产，出差可以带点儿茶叶或糖果。要记住，礼物不在贵重，而在心意。

三是切磋共同的兴趣爱好。通过切磋技艺，可以增加交往。比如，如果领导喜欢打球，可以探讨下球技。在聊天和活动的过程中，可以加深了解，加深感情。

第三，借助外力，拓展交往平台。

对于主要领导，特别是新上任的领导，不是所有人都有与之接触的机会。如果没有直接接触的机会，也可以创造机会。比如，工作做出色后，通过跟领导关系比较好的朋友等外围方式来汇报你的工作情况，这样也可以有效地增加领导对你的了解。

第四,长远谋划,落细行动。

无论采取哪种形式,始终都要做好本职工作。只有硬实力做支撑,软实力才能锦上添花。在做好扎实业务的前提下,再用积极主动的态度思考接近领导的问题,用具体、实在的行动去实施,才能赢得新任领导的信任。临时抱佛脚可能会有些效果,但更重要的是应从长计议,谋长远,讲究润物无声,久久为功、水到渠成,这才是根本之举、治本之策。

05 如何走近领导获得助力

 问

偶然认识了一位跨市的处级领导(老家的较远亲戚),在当时的交流中,感觉他的思路清晰,谈吐见解很不错,后面有过两三次私下的接触,给我分享了一些体制内的经验,该领导有说过认识我市、县的一些领导,可以找机会向我县相关领导引荐我之类的,后面也没啥动静,像这样的关系,应该怎么对待?怎么判断其在个人职业生涯中所发挥的作用与助力大小?有进一步加深、加强联系的必要吗?

 老部长:

有关系不代表就是走后门,有关系可以多一些路径和人脉,能更快地将自己的能力展现出去,获得提升。因此有关系肯定比没有关系要好,用好这个关系肯定比不用这个关系要强。有这个关系肯定还是要以主动的态度建立联系,增进交往,积极运用好。至于他对你的职业生涯是否会有影响,会达到什么程度,也看机会,不能太功利。

第一,**经常走动,把关系建立起来。**

既然是亲戚,不管他能不能助力你的职业生涯,都可以来往。你可以在逢年过节,带上礼物去登门拜访,先把关系建立起来,通过不断的来往交流,进而加强双方的沟通,不断增进感情。

第二,**实时汇报,表达自己的愿望。**

平时多学习,不断增进工作技能,在适当的时候可以把自己的愿望和情况向这个亲戚做个简要的介绍,恳请他向县领导推荐。也可以递交书面介绍材料,这样更有利于他全面了解你的情况。

06
正副职领导意见不统一时,该如何应对

我在办公室有两年了,文员岗位。进入单位受副职分管,也是他招来的。但是正、副职两位领导的意见不统一。现在副职领导为组织部正职,主要管

人事，兼任我所在部门的副职，也管文字材料工作。但我的工作关系仍在办公室，正职领导也管文字材料工作。由于工作有交叉，两位领导意见不统一时，我应该如何处理好关系，把工作做好，两个领导都不得罪？我本人是一个想踏实做事的人，也可能会被提拔，但两个人的意见不统一，我害怕听取正职领导的意见让副职领导难堪，又怕听取副职领导的意见让正职领导难堪。总之，担心顾此失彼，自己被其中一个领导打了标签，不再被认可，失去提拔的机会。如果被打标签如何处理比较好？

老部长：

根据你的描述，夹在两个人中间的确难办事。但工作是讲求原则的，有两点建议供你参考。

第一，关于意见不一致。

当正、副职领导的意见不一致时，如果只涉及工作层面的事（不是原则纪律问题），按照体制的规矩，那只能是谁的级别大听谁的。但是要把正职的意见，完整、准确、及时地向副职汇报反馈，争取他的谅解和理解。

第二，关于打标签。

俗话说，日久见人心。时间久了，大家也都能看到你的工作能力，了解你的人品。如果你的工作能力强，即便被打了标签也会被撕下来。

如果被打了标签，怎么办？

一是思想要有定力，不要被标签所困扰。

二是工作要严格按程序做，不要乱。

三是要多汇报，多沟通，这样可以尽量减少误解。

四是心怀坦荡，不掺和他们之间的事，不背后议论，不传小话，不搞小动作。

五是要全力搞好工作，力争不出错或少出错，以好的成绩赢得信任。

只要你耐得住性子，行得正坐得端，深耕工作，加强学习，时间自然会证明一切，你依然是被领导认可的人，提拔也不会因为某一时段的标签被影响。

07
正副职领导意见不统一时，该如何应对（续）

最近汇报一项重要工作时，前期两位领导的意见不统一，我主要听取了副职领导的意见，因为副职领导说近期给我升职加薪。之后在跟单位的正职领导汇报时，他很不满意内容，要大幅度调整修改。正职领导之前也说过这个工作要多听几次汇报，结果与他的意见不符，于是他认为我没有听他的意见，认为我不听指挥。前期副职领导参与此项工作不多，后期也不太参与。现在是否得罪了正职领导？工作不能让正职领导满意，没留下好印象，副职说的升职加薪是否也会被正职领导否掉？应该怎么扭转局面把工作做好，得到进步？

根据你的描述，鉴于之前了解到的情况，再补充几点建议供你参考。

第一，正确对待领导的批评。

领导经常批评下属，指出下属工作中的问题，是领导的重要职责，也是领导工作的重要内容。领导如果发现你的问题也不进行批评或者指出错误，那就是失职或者不称职。所以，被领导批评是一件很正常的事，就像我们饿了要吃饭，渴了要喝水一样。尤其是他批评的是你的工作，并没有批评你的为人。同时，还要认识到领导批评你，说明你还有希望；不批评则意味着放弃。所以并不存在得罪领导的问题。因此，对领导的批评要坦然接受，正确对待，认真改正，没有必要背思想包袱，更不要过于小心眼，弄得自己心神不宁。

第二，认真反思，汇报一次。

当然，对领导的批评也不能掉以轻心，近期你可以结合领导的批评，认真总结前一段时间的工作和思想，以及失误和不足，该检讨的检讨，该表决心的表决心。最好当面简要地汇报一次，同时向领导表达自己要求进步的愿望并请领导关心，呈上书面汇报材料。根据领导的表态，再采取相应的措施跟进，尽可能挽回升职加薪的事。

第三，工作中一定要多汇报，多沟通。

工作中最忌讳不沟通就擅自行动，这样不但耽误自己的工作，也会给领导带来麻烦。尤其是涉及重要的工作，包括材料，事前一定要创造机会听取领导的指示，准确地领会领导的意图，防止走弯路。比如材料，谁讲话，就要以谁的思路谁的要求为准；比如工作，谁拍板，就要争取多听谁的指示，多揣摩谁的思想和意图。这样既省时又省力，又能让领导顺心、放心和舒心。以自己的工作能力来赢得领导的信任也是最好的途径。

第四，同领导保持一定的感情联络。

平时既要注意通过工作跟领导保持经常联系，也要注意搭建其他平台，保持跟领导的感情沟通。比如针对领导的爱好，关注他的生活，以小胜积大胜。相信通过你的努力，会得到领导的好感和信任。

08
如何婉拒领导介绍对象又不影响领导信任

我最近遇到了件烦心事，单位的一把手要给我介绍男朋友。我知道领导是一番好意，可我一点都不喜欢领导、同事介绍对象这样的方式，但是我又不知道该怎么拒绝。请老师支支招。

燕青主任：

像这样的"难题"，相信很多人都遇到过。那么，该如何应对？其实，只要把问题和想法说清楚、把情绪照顾到位，做到有理、有利、有力、有节，事情就不难处理了。

第一，有理。

在领导给你介绍对象时，生硬地拒绝不如委婉地拒绝，委婉地拒绝能够照顾到对方的情绪。例如,你可以这样表达:不好意思,领导,我不喜欢这种方式;领导,我还不想谈恋爱;等等。委婉有礼貌、有理由地拒绝或先应承下来,可以给足领导(或其他人)面子,避免领导的尴尬,也不会让领导的好意显得多此一举,才是更明智的做法。

这时候,如果你有正在接触的对象,或名花有主,那要把这件事跟领导汇报清楚:感谢领导的关心,有件事情还是要跟您报告,我现在已经有在谈的对象了。你这么一说,领导自然不会勉强你了。

如果"答应"是你的首选,那在跟其说"谢谢"的同时,该见面还是要见面,该加微信还是可以加微信的。大方点、乐观点,总没错。毕竟,领导跟你开口说这件事必有其道理。要么是觉得你们合适,要么是表达自己关心下属,要么是想着给他自己身边的适龄青年介绍对象,要么是这个领导很喜欢给人介绍对象。

不管怎样,在这件事是否拒绝、怎么拒绝的问题处理上,都要围绕一个"理"字进行。在没有合适的理由拒绝的时候,该走的程序还是要走一下,不驳领导面子,也不至于让人觉得你高冷、不懂事。

第二,有利。

无论什么事情,谁都想让它朝着有利的方向进行。给人介绍对象也是这样的,作为领导,他给下属介绍对象后,希望看到的结果无非是两个:一是你们两个很合适,帮你们解决了婚恋问题;二是即使两个人没在一起,也能做成朋友,肯定都很感谢领导的帮忙。换言之,无论是否合适,结果如何,都不要因为这件事把关系弄僵了就行。这是领导想要看到的结果。

围绕这一"利",在这件事情的处理上,需要做到以下几点:不管结局如何,都要感谢领导的关心、帮助。要坦然面对,不要有太多心理压力,不要觉得领导给你介绍对象了,就必须答应跟人家在一起。毕竟,领导牵线是一码事,你们是否合适是一码事,感谢领导是另外一码事。领导帮忙牵线,也不是说你们就一定要成。如果没成,做好沟通、解释(比如三观不合等)就行了。

第三,有力。

爱情、婚姻不是买卖,没有讨价还价、欲拒还迎。是什么就是什么,果断、干脆、坦率、直截了当,这对谁都好。

彼此接触后,如果觉得合适,想进一步了解,当领导问及想法、意见时,可以大胆地表达。比如,我觉得××挺适合我的,想进一步了解,至于最后能否走到一起,现在还说不好。

如果不喜欢,那也要明说,不要模棱两可。比如,谢谢您的关心,我觉得我们不合适。如果优柔寡断、态度不坚决,那只会拖着别人、害了自己,得不偿失。

第四,有节。

在拒绝别人、说拒绝的理由时,或者回应人家的请托、说辞时,要做到有节。如果谈及拒绝的理由,不宜说些杀人诛心、伤人自尊的话,比如"长得太丑了""身高太矮了"等。记住,别人是来相亲的,不是来接受人身攻击、语言打击的,这方面一定要把握好度,类似这样的话千万不能说,类似的这些意思也千万不能表达。

即使不喜欢对方,在人家请你吃饭、看电影或问你的想法时,也要做到有节。不要直接生硬地拒绝,这样会很伤人。如果不想接受别人的邀请,最好是找个合适的理由婉拒,比如今天有个饭局、家里有点事等。即使是编的理由,也是在给人台阶下,相比直接拒绝,对方的感受会好一些。

总之,对于领导介绍相亲对象这一问题,在拒绝方面,要讲究艺术,多考虑对方的情绪、感受,做到有理、有利、有力、有节地拒绝,这样才不至于得罪人,避免让几方都尴尬。

09 赢得领导信任不是姿态越低越好

问

在体制内工作,避免不了要与领导相处,但与领导相处是门学问。有的人短时间内就能得到领导的青睐,而有的人即便与领导长期相处,与领导的关系依然不温不火,甚至被领导厌恶。怎样与领导相处才能获得领导的信任,甚至赏识呢?

石头哥:

我先后服务过三位副省级领导,中规中矩,也得到了领导们的认可。总结了一些与领导相处的心得,不是姿态越低越好,概括来讲是处理好以下四个关系。

第一，处理好保持尊严和尊重权威的关系。

很多人觉得，与领导相处必须以领导的意志为主，并且要无条件地服从领导，其实不然。我们与领导一样，都是拥有独立人格的个体，无论从事什么工作，都是岗位职责的区别，并没有高低贵贱之分。

因此，在与领导相处的过程中，首先要做到不卑不亢，平等对待，这样不仅有利于正常表现自己的工作能力，也给领导一种底气十足、行事稳重的感觉。大部分领导，特别是高级别的领导，非常欣赏不卑不亢的下属，也特别尊重每一名同志。

但同时，我们要充分尊重领导，领导之所以能够成为领导，必然有其过人之处。领导的岗位作为重要岗位，也有其对应的决策权和权威性。因此在平时的相处中，要充分给予其尊重。即使对于一些工作有不同意见，也要先按照领导的要求办理，另找合适的场合，以建设性的方式提出自己的看法和建议。诚然，有个别的领导，非常在意别人对他的态度，也非常享受众星捧月般的感觉。这就需要我们把握自尊和权威之间的平衡，以最佳的状态赢得领导的认可。

第二，处理好不出差错和攻坚克难的关系。

稳重踏实是一个优秀人员的必备素质，每个人都喜欢让自己感觉放心的人，没有领导会喜欢冒冒失失、咋咋呼呼的下属。特别是对安排的工作，谁都希望下属能够保质保量按时完成，并及时回复。但如果仅仅满足于工作不出差错，可能是一名好下属、好员工，但距离获得领导认可、建立信任，还有很长的距离。

领导也是普通人,并没有三头六臂,遇到急、难、险、重和棘手的问题时,也希望有人能够站出来解决问题。《亮剑》中张大彪之所以深得李云龙的喜爱,能够攻坚克难是重要的因素之一,哪个据点拿不下了,就让张大彪带领敢死队往前冲。在职场中也一样,其实有些事说难也不难,关键看愿不愿意去做。

第三,处理好尽职尽责和把握节奏的关系。

刚开始接触秘书工作,我认为秘书这个职位很简单,认为只要领导让干什么就干什么,别的不用考虑。但慢慢地发现自己对服务领导的认知有偏差。服务领导的目的,不是单纯让领导觉得舒服、觉得满意,更关键的是服务领导决策、掌控工作节奏。

有人会有疑问,你一个秘书就能推动工作了?其实,各位领导的秘书处室关系非常紧密,领导对于工作的安排决定了秘书处室的工作量和紧张程度。一个好的秘书,是能够通过与领导进行有效沟通,将领导想要推动的工作,以最合理的节奏完成。

领导日理万机,只考虑自己关注的工作,很少会考虑这些工作的分布。如果只由着领导去制订计划,有可能集中召开几个会议,这样一来,秘书处室的工作量和强度就会非常大。而且短时间内准备多个会议,质量恐怕也不会高。而一个好的秘书,会根据领导关注的重点和工作的紧急程度,进行有序统筹。既能够完成领导的要求,又能够留出相对充足的筹备时间,然后再向领导做好汇报,会呈现出更好的效果。

第四,处理好建立信任和保持距离的关系。

当我们通过诚实、勤奋和可靠的表现,建立了与领导之间的信任后。领导能够感受到我们的忠诚和可靠性，也乐于听取我们对一些事情的观点、看法、建议时，我认为这是跟领导相处的一个好的开始。但也要注意，不要因此而恃宠而骄、跟领导没大没小、不注重正常礼节。也不要拉大旗、扯大皮，在背地里举着领导的旗号办自己的事。

十几年工作经历中，已经见到不少秘书因为这些问题轻则失去信任，重则锒铛入狱。为了防止这种问题的发生，总结了一点，时刻谨记在心，就是保持距离：在工作上，保持对领导应有的尊重的距离；在生活上，保持尊重领导私人空间的距离；在个人行事上，从不提领导只字片语。同时，做到洁身自好，不去接触可能会影响自己，甚至影响领导的人和事。要时刻保持谦逊，避免骄傲自满和自以为是，这样会让自己的路走得更长更远。

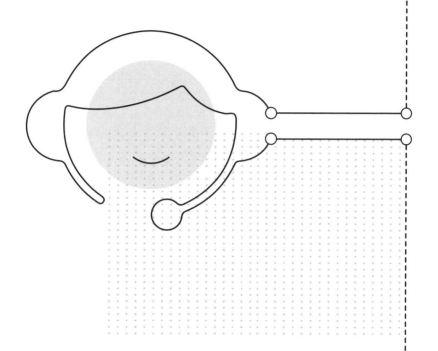

第三章

服 务

01 服务领导的程序化注意事项有哪些

我初次担任领导联络员职务,感觉职责压力很大,服务细节疏漏频出。因为经验少,很多事情不能提前预测。您作为领导秘书,在服务领导的过程中,对各项事宜总结的程序化的注意事项,可否与我们分享一下?

服务领导和我们平常所做的工作都是相通的,掌握好方法就会做好事情。

第一,掌握三个办事原则。

一是按时间顺序想过程。把事情的过程,按时间顺序全部提前在脑子里过一遍。事情发生前,会遇见哪些事,需要准备什么;事情发生时,会出现什么情况,需要准备什么;事情发生后,会继续做什么,需要准备做什么,尽量全部考虑周全。比如,领导去附近的会场开会。会议前,需要乘坐电梯及乘车到会场,所以,你要提前告知司机,领导的出发时间和目的地,需要提前到电梯口准备电梯;会议中,领导可能会随时招呼工作人员,所以,你的眼睛必须时刻不离领导,当然,一直盯着领导不太好,你可以瞟或者瞄领导;会议快结束时,你要思考领导接下来会做什么，如果领导去调研，你要及时安排人往车上放水杯，了解行程，检查沟通和陪同人员是否到齐等。

二是按失误程度排顺序。哪件事情失误的频率越多，越要提前办，越要优先办。比如，我早晨打扫办公室经常忘记翻日历，那我进门就先翻日历；周一到单位，我经常忘记浇会议室的花，那我周一上班之后，第一件事就去浇花；客人来了，我经常忘记拿名片，只要有客人，我第一件事就是装名片；领导去外地开会，我有时忘了准备笔和本，每次领导开会，我就想是否准备好笔和本。

三是设置备忘录。对于重要的事情可以设置备忘录，以免忘记，尤其是时间还有几天的事情，因为当下不着急，可能容易忘记，这种最好设置备忘录，以免因为自己的疏漏造成重大事故。

第二，制定程序化流程。

你在制定流程的时候要注意，事项不要太多，一般三到四项即可，多了就记不住了。

一是准备会议。先看日期、标题等主要内容是否有错。再关注领导的讲话有多少页，计算领导的发言时长（一般读1页需要2～3分钟，具体看领导个人情况）。然后查看有几项议程，咨询会议一共需要多长时间。因为领导经常问个人发言和会议的时长，所以，你必须提前计算好，以防领导提问。记住，一般刚开始开会的时候，领导经常有事找工作人员，所以，这段时间尽量不要离开。

二是陪同进餐。在陪餐时，先准备好名片，因为就餐过程中要相互了解和联系，所以有必要准备名片（因为经常忘记拿，所以每次陪餐我首先办这件事）。再打电话询问用餐房间、客人位数、名字级别、何时到达，以便服务人员做好准备，避免出现纰漏。然后在领导出发时告知接待人员，做好接待准备。

02 开车接送领导的服务技巧有哪些

由于工作及应酬等原因，我需要开自己的车接送本部门一把手领导，领导有时也指定我接送。请教一下，给领导开车有什么要注意的地方或禁忌吗？有时候言多必失，说得不对，他又会直接派活对我"惩罚"。但长时间不说话又显得尴尬，应该怎么办？

其实没什么尴尬的，你把自己当司机就行了，专心开车，偶尔聊个一两句。

如果领导愿意聊，你就跟他聊一聊，少聊工作，因为领导忙了一天了，再谈工作也挺累的，还有就是言多必失，避免在非工作时间聊具体工作。你可以聊点八卦新闻、国际新闻、奇闻逸事之类的。如果领导不愿意聊，那就安静地开车，其实很多领导上车了就想休息休息，没必要没话找话说。

如果你平常没有聊的话题,你就有意识地多看一看新闻,刷一刷头条,对于一些国际新闻之类的,尤其是领导比较感兴趣的话题,可以随便聊聊。比如说领导喜欢足球,你就跟他聊最近的足球赛,哪个国家又赢了;如果领导喜欢文学,那你就跟他聊一聊最近有什么小说比较火。

如果非要聊工作,那就聊聊他做得出色的地方,向他请教请教,请他给些指点。

总的要求是要安全、舒适地把领导送到目的地。其他的注意事项,供你参考,具体有以下几个细节。

一是每次都应提前5～10分钟到达指定地点等候领导,不能让领导等你。

二是车内外保持干净、整洁、清爽,中途不宜加油。

三是车内不要吸烟,手机处于震动状态,不宜接听电话。

四是聊天不主动聊工作,领导聊到什么可以说点什么。

五是车内可以准备点当天的报纸、杂志、雨伞、瓶装水或保温瓶(开水)等常用品。

03
作为主要负责人的联络员,如何搞好服务

作为县政府主要负责人的联络员,怎么适应领导的性格?怎么才能走进

领导心里,取得他的充分信任?在和领导交流的过程中,应该要注意些什么?

尘埃:

作为联络员,主要负责联络和服务工作,做好领导安排的工作和汇报工作,因此平时要多观察、多思考、多琢磨事情办得是否令领导满意,不满意的原因是什么,如何改进。每天留出15分钟总结思考,大有裨益。

第一,如何适应领导性格。

作为联络员,跟着领导办事,为领导做好服务,首先要适应领导的办事风格,特别是性格。有效的方法就是"模仿领导",仔细观察领导平常是如何处理事务的,如何和别人交流的,然后你就尽量让自己的言行举止和领导相同,领导如何做你就如何做,这样领导会想:"这小子不错,有我的风格。"比如,领导是严肃型的,那你和领导在一起也得天天绷着脸;如果领导是和蔼型的,那你就多微笑;如果领导办事雷厉风行,你平常办事也得如此。

第二,如何走进领导心里。

要走进一个人的心里,首先要获得对方的认可。在联络员的工作中,可以从以下几点出发。

一是做事严谨。办事不能有差错,并且要完美,让领导觉得把事情交给你办他放心。比如,领导交给你办的事项可能有很多,这时你就要认真记下来,千万不能漏项掉某一项。可以随身带一个口袋本,领导一讲你就记来。

二是服务用心。把服务做到极致,显示出自己的用心良苦。比如,领导出去调研或者参加会议,一般情况下,你都是跟随在后面,可是当领导快要到达目的地时,你就要抓紧跑到前面引路或者开门。如果你无法到达前面引路,你要及时告诉领导向左拐或者向右拐,千万别说向东或者向西(有时领导是搞不清方向的)。

事情办好了,服务用心了,自然就进入领导心里了。接触的时间长了,平常交流多了,感觉领导对你还可以。工作之外,你也可以尝试走进领导的生活。比如,帮领导干点力所能及的事情。

第三,和领导交流时的注意事项。

作为联络员,必然少不了与领导交流。在与领导交流时,不是要侃侃而谈,而是多听少说,领导问什么说什么,尽量不要发挥。在交流的过程中,要认真倾听,要有眼神回应,领导交代的内容你要多点头,多说"明白""好的"之类的词语,表示自己在认真接收领导的内容。在遇到分歧时,千万不要直接反驳,而要委婉地提醒,如果不是原则性问题或者是非问题,那就不用辩驳。

04
做好秘书服务工作的具体细节有哪些

我现在是省直机关一把手的秘书(联络员),负责文件处理、领导生活、上传下达和沟通联络。现在干了三个月,有几个困惑想向您请教。一是关于各处室报送的流转材料。我现在遇到一个问题,就是每次拿到文件,呈送给领导,领导批示后退回处室,但是时间长了就没啥印象了,领导如果突然想要哪个材料,我有时候反应不过来,请问怎么整理这些文件,让文件传递更加便捷高效?二是因为跟领导级别相差较多,领导很多时候也不愿意主动教,平常都是只看不说,实在忍不住了才说。我很紧张,不知所措,只能自己努力摸索、自己悟。请问服务领导到底得注意哪些,有没有推荐的书?三是从工作人员到领导信赖的人,有没有什么好办法,或者如何做才能缩短这个时间?我想认真解决这些问题,做好服务工作。

良朋:

桥是连接,是承担,是转换,是跨越。秘书(联络员)就是连接领导和科室的桥,只有当好这座桥,才能成就他人,成就自我。结合自身工作经验和我对秘书工作的一些感悟,提供一些观点,供你参考。

第一,关于机关文电流转。

在秘书工作中,做好文件和电传的流转工作是最基本的,在处理文件流转时,主要有三个原则、一个技巧,即"管好""记牢""说准"原则和"分类记录,每日清零"技巧。

"管好":文件一旦经过你手,就代表你对该文件有了一份责任,就要发挥好文件流转关键节点的作用,千万不能因为忙一些急事和琐事,而忘记了这件重要的事。

"记牢":文件的重要性不言而喻,因为文件的流转不仅是简单地从一个地方转移到另一个地方，你还要关注文件的移交结果。特别是重要文件，你要牢记重要文件的来源、去向，要关注领导批示指示文件的办理情况，要关心每一份文件的核心内容。

"说准"：因为秘书起着桥梁的作用，连接着两端，因此，不管是对上面的领导，还是对下面的处室，都一定要谨言，对于拿不准、记不清、说不明的情况坚决不说，要始终坚持实事求是，坚持客观诚恳，千万不可信口开河。

"分类记录，每日清零"：秘书工作中会遇到很多文件，如果来一个发一个，那你自己也没有头绪。因此，要先对收到的文件进行分门别类的处理，可以按照工作板块和业务线条分类管理文件，每收到和呈转一份文件，都简单记录一下，这是非常有必要的留痕。无论多忙，无论多晚，坚持每天工作结束后，对当日经手的文件进行清零管理，整理白天零星记录的文件。这样才能做到有头绪，领导问起来，随时都可以调记录出来。

第二，关于同领导融洽关系。

作为秘书，不光要处理好文件，还要具有良好的心理素质和沟通能力，这样才能顺利地开展工作。

首先，你要清楚，既然领导同意选你当秘书，在一定程度上是肯定你的，在某种意义上是愿意与你拉近距离的，所以要减少自己的心理负担。

其次，固本强能，坚持自我历练成长，要有真本事，让领导心里肯定，用得顺手，用得放心。

最后，在与领导交流时，要把握好领导的情绪状态与交流场景，仔细揣摩这两点,掌握好沟通技巧,达到理想的沟通状态并不难。平时还要多读书,多提升自己的能力,推荐你好好读读石头哥的《秘书工作手记》《办公室工作手记》。常读常新,受益匪浅。

第三,真正取得领导的信任。

作为领导的秘书,需要取得领导的信任,这样做起工作才能游刃有余。关于如何取得领导的信任,这主要取决于三个方面:初始印象不排斥,长期相处心满意,重要经历很满意。人与人建立信任是需要时间的,尤其是在工作中,建立信任关系不可能缩短时间,更不可能因为做好一两件小事就能左右领导的想法。因此,要摆正心态,少想收获,多谋付出,久久为功,才能水到渠成。

05
秘书与领导有距离感,如何破解

我在某市级单位从事文秘工作,配合服务几位领导,其中有一位分管人事监察工作的领导,他的文稿材料、工作琐事都是由干部处、监察室等部门工作人员处理完成,作为秘书我好像只是能负责给他送文件,工作交流不多,导致自己无所适从。因为他分管工作的许多事项涉密,我似乎也参与不进去。作为秘书,肯定是非常希望能多跟分管人事的领导接触并得到认可的,但现在的情况并不乐观，恳请指导。另外，该领导为人谨慎，讲话委婉，看着虽然亲切，我始终还是觉得跟领导有距离感，应该如何破解？

根据你描述的情况，我认为造成现状的原因是多方面的，既有领导工作谨慎的因素，也有对你缺乏信任的因素。因此，要有针对性地做好工作，有几点建议供你参考。

第一，从细节入手把工作做精做深。

比如说，你给领导送文件，不能只满足于"送"，而要在"文件"上动脑筋。在送文件之前，你要认真学习文件，把文件中的工作重点、落实时间节点等有硬性要求的内容，用铅笔画出来，在当面送的时候向他汇报、提醒一下，这样便于领导节省时间，掌握要点。对领导签署意见的办理情况，要列出清单，督促办理单位限时完成，并及时向领导汇报结果。这样就能把文件处理的全过程形成一个精进工作的完整链条，领导肯定会满意。其他的工作，也要按照这样的方式举一反三，抓延伸抓深化。日积月累，领导就会对你刮目相看。

第二，从小处着眼把感情拉近。

对于不熟悉的人，每个人本能地有所防备。要想把感情拉近，先要走进一个人的心里。秘书不仅要关注领导的工作，还要关注领导的生活，做到体贴周到。比如上车时帮领导开车门，出差时提醒领导时间，降温时提醒领导加衣等。做这些事的时候，一定要把握好度，循序渐进，自然而然的，不要使领导产生心理负担或感觉到你有什么目的。

第三,不要主动打听涉及人事方面的事。

无论在工作中,还是在生活中,不要随意打探别人的私事,这是基本的礼貌。即使知道了人事工作方面的秘密,也只是满足了你的好奇心而已,对你的成长没有任何的帮助,反而会引起领导的戒备和反感,完全得不偿失。因此不要表现出对人事工作的好奇,更不要向领导打听。记住,你的目标是取得领导的信任,解决你自己的成长和进步问题。

总之,秘书工作是一个要用心去想、用心去做的工作。只有想不到,没有做不到。只要想到和做到领导的心坎上,你们之间的距离肯定会越来越近。

06
怎么消减和领导接触时的紧张心理

我在处理和领导之间的关系时总是很紧张,见面都不敢说话,在领导的办公室里感觉心脏病都要犯了。特别是面对一把手时非常紧张,但是他对我很好,工作上也很关照我,现在是我的提拔关键期,应该怎么处理和领导的关系呢?

领导虽然是领导,但他也是人,在思想和灵魂上我们都是一样的,不要总想着领导会比平常人能多出几个犄角似的。在处理与领导之间的关系时,要把领导当领导尊重,也要把领导当成平常人看待,不要给自己施加无所谓的压力,你就能放松很多。在工作中要积极主动,交流得多了,就没心理压力了。

一方面,多接触。

领导也是人,领导也有感情,也需要和人交流,就把领导当成普通人,从心理上克服一下自己的"畏强"心理,自我反问一下"有什么怕的呢"。在每次走进领导办公室前,你可以默念三遍"放松、加油"。在每次领导和你聊天时,你都可以试着多说点。如果遇到领导的心情好,可以主动找点领导感兴趣的话题,比如,"今天空气不错""连续低温,今天终于回暖了"。每次见了领导,要主动问好,等等。时间长了,你也就觉得领导比较熟悉了,也就从心理上拉近了与领导的距离。

另一方面,工作做到位,就有了底气。

人有时候会紧张,常常是因为准备不充分,导致没底气。尤其是在领导面前,怕领导问的话答不上来,给领导留下不好的印象。所以,要避免出现这种情况,那就先把工作做到位,这样,你在汇报工作时才会底气充足,也就从心理上消除了一点惧怕心理。建议在每次汇报工作前,先理清工作、明晰思路,比如弄清楚一项工作制度的制定原因、背景、目的和意义,举措落实得是否到位,效果是否明显,下一步如何改进完善等。可以在心中自我演绎复述一下。工作成效是你的底气,做一个"能干事、肯干事、干成事"的好干部,领导自然会倚重你。

07 如何做好领导的出差随行服务

最近我们的主要领导指定我陪同他到外省市做调研,这是我第一次单独陪同领导外出,请问应注意哪些关键环节?有哪些细节要留意?

陪同领导出差,不是搭伴而行,而是要做好服务工作和辅助工作。你可以把自己当作领导的秘书,做好以下几点工作。

第一,高度重视。

出差很容易让人原形毕露。有一位长期分管干部的领导曾说过,一个人做事行不行,出趟差就看出来了。相信持此类观点的领导不在少数,因此对于此次出差务必高度重视,把握住机会。

第二,端正心态。

出差不是玩,而是工作,所以要端正心态,心里要装着工作,而不是放松。即使去三亚、丽江,你都不是去玩的,而是去工作的。所以要切记,把工作心态一以贯之,不停地做好联系、安排、协调、服务等工作。

第三,轻装简行。

如果不用带太多东西,那就尽量背双肩包或单肩包,能腾出手来帮领导拎包、拉箱子,要不领导看你两手都忙,也不好意思让你拿。经常看有些女士跟领导出差时自己的衣服、化妆品要装两个拉杆箱，上飞机要托运，下飞机要人帮忙拿，全队就等她一个人，这着实不太合适。因为你是来服务领导的，不是让领导来服务你的，所以，最好是轻装出行。

第四，备份所有材料。

在出差之前，最好熟悉所有行程安排，以免到时候手忙脚乱，耽误行程。先将行程存在手机备忘录上或拍成照片，方便查询。出差要用的纸质材料多带几份，比如领导讲话之类的，最好带 U 盘，存上电子版，防止突然修改。把单位通讯录带一份，出门在外，肯定经常要和本部沟通的，做到有备无患。

第五，多带名片。

出差是到另一个地方去工作，不可避免要接触一些与工作有联系的陌生人。而要与陌生人建立联系，留下印象，就少不了名片。因此，不管是领导的名片，还是自己的名片，都要多准备一些。很多时候，准备名片也是很容易忽略的一个细节，这个要注意。

第六，腿勤手勤。

陪同领导出差，就是要做好服务工作，所以要腿勤手勤、提前联系、有点眼色。在陌生环境中，情况瞬息万变，领导和其他人只能依靠你这个联络员，所以你应该总是处在思考、联系、跑动中。要考虑行程中重要节点的各个细节，比如时间、接送、文件、住宿、饮食等，应提前检查确认，并且主动、积极、快速联络，万事提前准备。

第七，不睡懒觉。

很多人有睡懒觉的习惯，但出差可不是过周末，而需要当工作一样对待，要早起做好准备，安排好一天的行程。要提前定好闹钟，早晨早点起床，千万别等领导都吃完饭准备出发了，你却因为没定闹钟而没起床，这就显得太不尽职尽责了。

第八，超前做事。

出差到另外一个地方，需要乘坐交通工具过去。不管是飞机还是火车，都要提前订好票。如果是坐飞机，建议提前选好位置，并打印好登机牌。免得到机场还要排半天队，耽误事。到达预定地点后，还要找地方住宿，这个也要提前订好房间。在入住酒店后，要先稍稍检查一下领导房间电视、电话、空调、卫生间等设施是否齐全，以及是否完好且好用等。此外，还要提前了解开会、洽谈的就餐地点等，当好领导的向导。

第九，随时待命。

开会及就餐至少提前 5 分钟在领导的房间外等候，为领导做好服务工作。此外，要了解下当地的名人名事名典故，待领导问到时能够及时补白。

08
如何服务好不认同工作风格的直属领导

王主任，想跟您请教一下，如果实在不喜欢自己直属上司的处事风格，要怎么处理比较好呢？日常怎么跟他相处，怎么做好目前的工作？直属上司是个工作狂，很喜欢骂人，脾气火暴，不能接受别人反驳他，连解释他都不听，直接就发火，一点小事就容易激怒他。

在他手下工作，大家都战战兢兢的，每天都很像惊弓之鸟。但他是我的直属上司又没有办法绕过，目前的情况下也不太可能申请换部门或调职。还请王主任指点一二，不胜感激。

碰到这种领导确实挺苦恼的，既然绕不过，就只能尽可能地让自己舒心一点。

第一，顺着他。

找到他的工作节奏，尽量不跟他发生冲突。他不接受反驳，就不反驳。尽量地顺着他的节奏去开展工作，不去触碰他的逆鳞。在和平状态下，努力把自己的本职工作做好。

第二，躲着他。

能不找他的时候，尽量减少与他接触的机会。能一次性汇报完毕的任务，尽量不要多次汇报。汇报前做好整理和准备工作，把需要解决的问题尽量一次性汇报清楚。

第三，忘了他。

要学会把情绪清零，过去的事情就一定要在心里让它过去。出了他的办公室的门，离开他的视线范围，就要学会把情绪清零，学会忘记他，让他的情绪对你的影响降到最低。

09
如何调整心态，自信地做好领导的秘书

本人30岁，业务一线出身，做事方面相对突出。人老实，有点固执，不会为人处事、不会照顾人，沟通协调能力较差。结果稀里糊涂地成了市局一把手的秘书，现在不知道怎么开展工作。很多时候干得很没有自信，都不知道自己的优点是什么，心态有些崩溃。想在心态方面和工作方面听听老部长的剖析和建议。

根据你描述的工作经历、优势特长和短板不足之处，有几点建议供你参考。

第一，相信自己。

局长选你做秘书，既不是心血来潮，也不是随便抓差，而是经过深思熟虑的。一是看中了你忠厚实在的人品，二是看中了你突出的办事能力。忠厚实在的人一般对领导比较忠诚，为人比较正直，而且责任心比较强；办事能力强的人做事靠谱，这些都会让人比较放心。这是一个公道正派的领导最看重的秘书必备的两点品质，这也正是你的本质内涵和优势所在，所以领导选中了你。而那些油嘴滑舌、八面玲珑的人给领导当秘书的并不多。因此要有足够的信心，相信自己完全有能力胜任这个工作，不要自我轻视，更不能有自卑心理。

第二，扬长补短。

俗话说，金无足赤，人无完人。也就是说，每个人都有优点，也都有缺点。但要在知道自己的优点时不骄傲，在发现自己的缺点时乐于改正。所以在工作中，要学会扬长避短。

所谓扬长，就是要一如既往地保持为人诚实、忠诚于领导的本质，不虚不假，不飘不浮，不因工作的变化而改变；继续做强做精，提高办事能力。在提高工作效率、提升能力水平上下功夫，尽可能把局长交办的事项，件件都做成精品。

所谓补短，在为人处事方面，目前最急需解决的就是要学会善于领悟局长的意图。你的主要工作和服务对象是局长，那么平时就要注意观察和揣摩局长的思想、思路、决策和方法，了解局长的习惯、爱好和特长。先通过与局长的思想同频、思路合拍、工作同步的磨合，再逐步达到想局长之未想，干局长之所思，办局长之所需的境界。无论是工作保障或生活服务，都可以做到先想一步，想细一些，想深一些；多做一点，做全一点，做精一点。这样就做到了局长的心坎儿上，局长肯定会比较满意了。

第三，突出重点。

工作中的事情很多，但有轻重缓急，虽然说所有事都要落实和完善，但重要的事情要重点去做。所谓突出重点，就是围绕局长的工作重点和安排，突出做好交办、督办、落实、反馈四个环节，保证局长安排的工作件件有着落，事事有回音，条条有结果。尤其是反馈，要注意把它贯穿在工作的全过程，不仅结果要反馈，而且在落实过程中的动态，特别是出现的新情况新问题,也要及时向局长反馈,保证工作的全过程都在局长的掌控之中。

第四,讲究方法。

无论做什么工作,都要讲究方法。只有方法对了,才能提高效率,而且办事顺心。

一是增强工作的计划性。对局长的工作要做到月计划、周安排,并做到心中有数,有序推进,不能盲目、随意。事前要听取局长的指示,列出工作清单后主动报局长审定,在审定通过后,再落实执行。

二是多请示多汇报。遇到问题不要擅自做主,尤其是拿不准的,要向局长多请示多汇报。在向副局长转达局长的安排时,也要用汇报的语气,而不能颐指气使。

三是对工作做到一天一梳理,一周一小结。这样可以有效地防止疏忽和遗漏,及时查漏补缺。

四是随身带着笔和本。对局长的指示,随时随地做好记录,便于落实和反馈汇报。

第五,放低身段。

作为秘书,心里始终要记牢一个观念:局长的秘书不是局长,而是工作人员,职责是服务,不能越位。平时为人处事,一定要谨言慎行,态度诚恳,一视同仁。工作上的事主动跟同事沟通、商量、询问,生活上主动走近同事,跟大家打成一片,不要显得鹤立鸡群,高人一等。

总之,秘书工作就是要时时处处做一个有心人,多观察,多留意,多思考,多总结。

10
扎实做事重要还是领导的感受重要

在体制内，能否只专注于工作，较少关注领导的感受？作为体制内的一名秘书，领导交办的工作认真做，但不想花那么多心思在领导身上，看淡领导对自己的评价，但这样能获得良好发展吗？

感觉像自己这样的人并不适合去猜领导的心思，去想办法拉近距离，那样会非常累，而且很容易因为领导的一点反馈而非常敏感，让我的心情起起伏伏。请问能不能做到对领导尊敬，但心思专注于工作而获得发展呢？

秘书的工作主要是为领导处理日常事务和杂物，所以要以领导为中心，在工作中随时接受领导的安排和调遣。

第一，较少关注领导的感受是不行的。

在体制内，对所有的岗位和工作，抑或是对个人的进退留转，领导的感受基本上都是起到决定性影响的。更何况是领导秘书的岗位，如果连他自己的秘书都不听他的，领导的权威何在？所以，如果是做秘书工作，那你的全部使命和意义，其实就是照顾领导的体会和感受，传达领导的思想和落实他的工作思路。

第二，秘书工作并非完全丧失自我。

秘书虽然是要服务领导做好工作，但并非没有自己的想法。在你能安排好领导的工作，照顾好领导的感受的基础上，如果你有自己的想法、有自己的特点、有自己的个性，其实倒是个加分项。人和人相处的感受，并不完全由权力和职位带来，因为你有自己的想法、有自己的个性、有自己的特点，就会形成自己独特的魅力。魅力这个东西，对谁都有用，不光对同事，对朋友，其实领导也喜欢和有魅力的下属相处。

第三，秘书服务和保持自我不是对立的。

从行为上来说，你是在服从领导，照顾领导，把一切工作安排得很好，但同时，你内心坚定，有自己的想法和追求，正常的领导会对你高看一眼，甚至赏识你，比满意还高一个层次。也就是说，最好的状态是你在追求让领导满意的同时，又在其中追求和发现自我。这两方面并不矛盾。比如我，一方面把领导服务好，另一方面又把相关的心得体会记录下来，还出了书，领导觉得这小子还挺有想法的。

11
如何成长为领导满意的联络员

王主任，我做市领导的联络员，已经有一年多的时间，由于悟性比较差，领导的许多意图领悟不到位。有时候对外单位转来的一些流转文件会审核不好，衔接方面也会出现不少纰漏，但领导也会给予耐心的指正和教诲，不过总是要领导手把手教导，感觉有愧于领导。特向您请教一下，在办文和工作协调方面如何做才能让领导满意？

王主任：

工作中难免会遇到一些困难，关键是能够发现问题并改正问题，那么，怎样才能找到好的工作方法呢？下面有几点建议供你参考。

第一，总结复盘。

每天写日记，进行总结、反思，特别是出现错误时更要复盘，把每件事情的每个环节都认真地考虑和分析一下，到底是哪里出现了失误和纰漏。然后，找出改进的方法和举措。下次就可以避免类似的错误再次发生。

另外，在出现问题解决问题的时候，建议你好好思考一下，如何完善办事流程，从机制上解决根本问题。比如，来了文件，第一步要干什么，第二步要干什么。对于容易出错的地方或细节，要重点看、仔细查，提前预知到可能出现的问题，这样即便出现了问题也容易解决。

第二，深思熟虑。

在工作中，大脑时刻在思考，如果事情较多，思绪可能会显得有点乱。在无事可做时，就用笔在白纸上写写需要做的工作，这样能够厘清工作思路，并能不断地激发新灵感、新思路。注意：千万别沉醉在刷手机里，这会让你变得反应迟钝，耽误事情。

做任何事情都可以参照"事前、事中、事后"的原则。比如在沟通有关领导接待事宜时，事前，要了解谁来、何时来、来干什么，自己应该准备什么；事中，要了解，下一步对方要做什么，提前准备做好车辆、路线等事宜；事后，要想想当时领导交办的事情是否完成了。

第三，多问勤记。

在协调衔接时，多问几个为什么，你可以提前想好问什么，用笔写下来。如果有掌握不准确的地方，可以抓紧时间去问。准备一个备忘贴，每天需要做的工作或领导交办的任务，都记录下来，完成一项划掉一项。对于重要的工作，设置闹铃提醒自己。

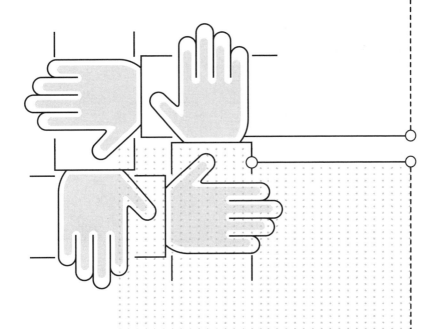

第四章

关 系

01
怎么在单位获得好人缘

你好,我觉得自己的情商很低,怎样才能使自己提高情商,获得一个好人缘呢?

在社会交往中,人缘是非常重要与珍贵的。好人品会带来好人缘,人缘是以人苦为己苦,分己甜为人甜。单位里那些有好人缘的人一般或有用,或有料,或有趣。

第一,有用。

这是一个现实的社会,现实的社会就有很多现实的人。现代人的生活节奏比较快,大多数人都不愿意拿出多余的时间做一些无效社交。当你想扩充自己的人脉时,想一想自己手中有什么样的资源可以和他人交换。有的小伙伴会想,我一没有钱二没有权,怎么能够对人有用呢?这就要看你有怎样的思维。

举个例子。我们这里一家医院有个大型停车场,有一名50多岁的保安负责停车场的秩序。每天有近百辆的车进出。时间长了,他能记住好多人,看到是认识的人,他就赶忙上来帮着找停车位。特别是车技不太好的女士，他还帮忙看着倒车，很是热心周到。对于这些急匆匆来上班的人来说，能够顺利地将车停下，就是一件省心的事。同时他换来的是，家中的亲戚朋友生病去找这些医生或护士时，会享受不少的便利。

第二，有料。

这里的"有料"是指有专业技能，有真才实学，有内涵，有素养。一个有料的人，在人群中总是受欢迎的。比如在工作中，无论一个人爱不爱说话，如果他的技术或者业务比较好，又有耐心答疑，那么大家有问题通常都会请教他。一个谈吐不凡、思维敏捷，分析问题又有高度、有深度的人，他们像个宝藏，像个智库，通常会有很多锦囊妙计，人们与之交往总能受益匪浅。因此，很多人愿意主动去结识他们。俗话说，技多不压身，你平常可以多看点书，掌握点专业技能，提升自己的眼界，努力让自己变成一个有料的人。

第三，有趣。

如果"有用"和"有料"都不太具备的话，那就做一个有趣的人，也可以获得好人缘。所谓的有趣，就是幽默风趣，跟男女老少都能谈得来，不呆板、不生硬，使人与之交往觉得轻松愉快，如沐春风，没有心理负担和过多的猜疑，也就是人们常说的"开心果"。这样的人总能快速融入圈子，他们会像磁铁一样，能把周围的人像铁屑一样一点点吸引过来。要想让自己也变成一个有趣的人，就要有意地多加练习，不管是提升自己的聊天技能，还是强大自己的气场，都要多看书，来提升自己的思维和反应能力。

02
同级别老同事总是针对我，应该怎么应对

我来到这个单位工作了3年，同事A在单位工作了10年，特别喜欢做些小动作，表面上对我很好，但背后又跟所有领导告我状，说我的工作能力差，不愿意干活。事实上，对于办公室的重要工作，她一直不让我插手。在单位已经有不下10个人提醒我了，她已经赶走了一个人。

我自己的问题也很多，不喜欢向领导汇报工作，主动思考也不够，业务能力一般。之前对前途没有追求，也不上心，满足于现状。最近我在转变思想，只要领导安排给我的事情都很用心地去完成，对办公室新来的同事的工作也积极配合（能力在我和A之上）。

但A还是变本加厉地找我的茬，甚至把跟副总说的我的坏话又原封不动地说给我，把我说得一无是处。我们办公室目前没有部长和副部长，我担心她提升后我的日子会很难过，我也不想搞钩心斗角的事。我已经写了思想汇报和明年的打算，准备跟领导聊一下我对工作和公司宣传文化建设方面的想法。但怎样在办公室和A相处？我要怎样做才能保护自己？（老板和副总经理之前对我的印象不错，都说我比较踏实。）

第四章 关 系

有人的地方，就会有江湖。有人的地方，也就存在是非。一个人无论做得多好，也总有人不满意，因为每个人的站位不同。有的人心眼小，爱计较，有的人爱搬弄是非，面对这样的人，即便做得再好，在他们眼里也总能找出瑕疵。然而人是社会中的人，无法将自己置身于一座孤岛，也就无法不被评价和议论。

要解决一个问题，需要透过现象看本质，你的同事针对你，表面现象是告状，根本原因也许是能力不足。对于你同事针对你的情况，可以用自己的实力来回怼。建议如下。

第一，集中精力做好工作，不在乎外界的杂音。

在工作中，领导心里都有一杆秤。你的工作做得好与不好，在汇报中都能体现。所以不要太在乎别人的说法，专心做好自己的工作，积极主动地去汇报工作，让领导了解到你的工作，知道你的能力，不给他人抹黑的机会。

第二，行正坐端，让领导看到你的人品和实力。

一个人如果人品和能力都过关，无论别人怎么诋毁，也总有人知道真相而相信他。然而，要想让领导清楚你的为人和工作，就要多和领导接触，不然他怎么会了解你呢？如果领导认可你、信任你，谁会说你的坏话呢？所以，要把精力放在领导身上，而不是与同事的内斗上。跟领导相处好了，与同事相处的问题自然而然地也就解决了。

第三，适当进行还击，不当软柿子被人捏。

一个人在单位受不受欺负，有时跟他的个人性格也有关系。因为有些人给人的印象是忍气吞声，比较好欺负，这正好容易被人拿捏。如果你的同事总是针对你，你也可以适当还击，让她知道你并不软弱，只是不计较，如果她再针对你，你也会还击。当她知道你不好惹之后，也许就会对你有所忌惮。

第四，多方位提升自己，用实力去说话。

你的同事针对你的本质原因是不忌惮你，觉得你没有发展前途，也没有领导撑腰。这时，多想无益，只有让自己变得强大。而一旦你变得强大起来，她也就会收敛几分。所以，工作要做熟、做专、做精，私下多提升自己，要凭实力说话。

03 为人处世方面有欠缺，如何提升自己

我想咨询一个关于我和导师关系的问题。导师是专业型的行政领导，我们的关系曾经亲密过，后来因个人发展，我到别的城市去深造了。我现在的工作领域与导师的专业领域相同，偶有交集。我通过邮件告知导师去外地求学后，双方的微信、电话联系明显减少。但因为别的事情还会偶然见面，看起来显得非常正常。

目前因为一个大型的学术论坛，和我有密切合作的伙伴想成为承办方，我事前一个多月偶然向导师提及。昨天他们谈妥，我知道后用微信给导师留言，表达赞赏和期待，但导师没有任何回复。我不知道以后怎么去处理我和

第四章 关系

导师的关系？我们之间，师生、领导和下属、合伙人的关系都曾经有过。现在，虽然我与导师见面感觉十分亲密，但不见面就各忙各的，很多消息我都是从别人那里得知的，也不会从他这里知道，感觉有隔阂。对于这种情况，应该怎么办？

 老部长：

根据你描述的情况，感觉是你的一些不太合适的言行导致导师心中产生了一些想法，进而形成了一些隔阂，出现了虽然表面客气如常但并非真情交往的局面。应该说，这个责任主要在你。

第一，行为欠妥。

你不辞而别，去其他城市创业、发展，事前没有跟导师做任何的沟通、商量，甚至请教，而只是之后才发了一个邮件告诉导师。这种行为对导师缺乏起码的尊重，使导师感觉到你心里没有他，因而心生不爽。正确的做法应该是，事前应该向导师沟通一下自己的想法并进行请教，不论最后你做出什么决定，这种形式还是应该有的，并不是所有的形式都是形式主义，有的形式既是内容又是礼节的反映。皮之不存，毛将焉附？没有形式，哪有内容？

退一步讲，你到别的城市之后，如果亲自打个电话向导师报告你的想法，以及说清楚事情的来龙去脉和结果，这样的形式他或许还可以接受，也不会太过于影响你们之间的感情。而你却随性地发个邮件给他，这也显得太普通、太随便了。估计这种形式连比较好的朋友都难以接受，何况导师呢？

第二，表述欠佳。

关于学术论坛合作成功的事，你给导师的回复显得高高在上，缺乏尊重，导师自然不会理你。像"赞赏和期待"这样的用语，一般是上级对下级，领导对下属，长辈对晚辈比较合适，而你却反其道而行之，把自己置于导师之上的位置，显得自尊自大、傲慢无礼。试想一下，既使你表现出平起平坐的姿态，导师都恐怕难以接受，他又怎么会接受你这种比较自我的姿态呢？

第三，修复建议。

从你描述中的两件事中，都能反映出你在为人处事方面有欠缺，需要补课，需要修炼，需要完善和提高。就修复与导师的关系而言，主要应该做好以下三个方面的工作。

一是态度上要谦逊一点。古人说，谦谦君子，温润如玉。自古以来，人们崇尚谦虚，赞美谦虚，因为谦虚是内在美德、素养和涵养的集中表现。谦虚的人往往内敛，不自大、不浮夸，不因学问高而骄傲，不因能力强而尊大，不因贡献大而自夸，不因财富多而气粗，不因得志而得意，更不会遇事自以为是、态度傲慢、忘乎所以。在这个方面，自己一定要摆正位置，放下身子，低调一点，不论你以后取得的成就有多大，积聚的财富有多少，但"一日为师，终身为父"的传统理念不能丢，尊师重道的传统美德不能少。在日常的工作和生活中，无论何时何地，个人的言谈举止都要处处体现出对导师的尊崇敬爱。

二是在联系上要主动一点。平时要主动地多向导师汇报、联系、沟通，工作中的困惑可以多向他请教，工作中的成绩可以多同他分享，工作中的感悟可以聆听他的教诲。不要无事不联系，有事才想起；也不能需要时重视，不需要时冷落。要注重日常的沟通，把联系联络感情当作重要的工作，有喜报喜，有忧报忧，无喜无忧报平安。这样才能重新走进导师的内心，加深双方的互信和感情。

三是日常的走动要勤一点。俗话说，亲戚三年不走动，也会成为路人。这说明，经常见面利于加深双方的感情。因此，平时除了短信、微信沟通，还要创造机会多见面，比如逢年过节、工作出差或专程上门去看望，多与导师见面汇报、沟通、联络。这种直接交往的方式，可以起到事半功倍的效果。

导师作为领导和学者，心胸应该比较开阔，比较大度，不会小肚鸡肠。只要你端正态度，正确对待，你们的关系自然会得到修复和完善。

04 如何与"圆滑势利眼"同事处好关系

我在一家国企集团办公室工作，办公室有一位比较年轻的同事，30岁左右的样子，工作上非常积极主动，但同事们都觉得他非常势利眼，对领导阿谀奉承，对同事和下面单位人员常以"领导"的姿态自处，所以大家都不太喜欢他。而且，他非常会装，比如假装加班到很晚给领导看，但并没做很多实质性工作。毕竟加了那么多时间的班，理应有点成果的。

我们办公室的领导是比较精明也比较公平公正的人，但为什么领导就是看不透他呢？还时常表扬他工作积极。还有就是，该怎么和这种同事相处？

石头哥：

在工作中，每个人有每个人的行事风格，不要以自己的眼光随意评价别人。你的这位同事，虽然是精于人情世故，但他并没有做错什么。而且，他确实是做了工作，无论他努力的成分有多少，他都有在做工作，而且做出了成果，所以他会发展得很好。你如果认为这是圆滑、势利眼，只能说自己的格局不够，看待事物非黑即白，情商有待提高。如果只抱怨别人，而不提升自己，只会让你与他的差距越来越大。

第一，关于积极主动。

你认为的积极主动，其实是职场主动作为的表现，是一种很宝贵的品质。你认为的"阿谀奉承"，其实是愿意亲近领导，服从领导的表现，这并没有什么不妥。

第二，关于加班。

如果愿意加班、主动加班，那是乐于奉献，展示出来有何不可，更何况你又如何分得清哪些工作有意义？只要领导认可，那么工作就有意义。其实你这位同事是一个很好的小伙子，可能就是有点不够谦逊，这也不是什么大毛病。

第三，关于相处。

至于如何跟这样的同事相处，自然是好好向他学习。其实，跟同事相处，核心方法是"眼睛朝上看"，多看对方的优点和长处。所以我给你的最核心的建议是，一定把精力放在领导身上和工作本身，而不是与同事的内斗上。既要做好本职工作，又要跟领导相处好，与同事相处的问题自然而然地也就解决了。

05 和同事们交流不多，民主测评会不会得低分

我原来在市里工作，因为内部选拔，一年前来到某县任副职，新环境、新业务、新平台，对我来说都是机会与挑战。单位有个闲人（女），无具体职位，在当地社交面极广，几年前因为和当时的领导关系暧昧，后被闲置。

不知她为何处处与我为难，而偏偏一叶障目，现任领导认为我水平不够，没有做出成绩，我不知道该怎么解释。单位的同事也不怎么和我交往，而且总是挨训或挨批评。为了长久的和平过渡，我只能闷头研究业务。过两天我任职满一年，就该民主测评了，她如果煽动其他人给我打极端分，我该怎么办？

根据你描述的情况，感觉这一年来你还没有真正地融入这个集体中，故而给自己造成了一定的困扰。

第一，参考建议。

你说的工作满一年的民主测评，应该是试用期满包括民主测评在内的考察。为了避免出现你担心的情况，有以下建议供你参考。

一是要认真准备述职汇报材料。实事求是、客观准确地反映自己一年来的政治思想、工作成绩、工作作风等方面的情况，多用事实说话，用具体事例和数字说话，既不要夸夸其谈、空洞无物，也不要谦虚过度、自我贬低。

二是要主动找主要领导汇报一次。诚恳地听取主要领导的意见甚至批评，委婉地点到为止地表达自己的担忧，积极争取一把手的关心关照，只要一把手真正帮助你，测评应该不会有太大的问题。

三是在考察时把自己的情况向考察组组长汇报清楚、具体。以便他们全面准确地了解你的情况。同时，考察组也会全方位、多角度，广泛地了解情况，不会仅凭选票评价人，更不会一票定终身。

四是此时你绝对不能自己出面或安排其他人做工作，拉拢一些人投赞成票。那将会铸成拉票的大错，万万不可为。

第二，改进建议。

当然，你还应当从这件事中，认真反思自己，找准原因，在今后的工作中加以改进。

一是要多从自身找原因。已经工作了一年的时间，领导不待见你，大部分人不敢接触你，个别人又为难你，怎么都有点众叛亲离的感觉。如果是个别现象，那可能是别人的原因，大部分人都这样，那就还是要反思一下自己，主要原因可能还在自己身上，反思一下在思想上、方法上、说话上、为人处世上、待人接物上是否存在不足，要有针对性地加以改进。

二是要多向主要领导汇报。你汇报的次数永远少于领导对你的期望。这充分说明了汇报在领导的工作中极为重要,这也是职场上的一条铁律,放之四海而皆准,没有之一。你跟一把手的关系的亲疏,也取决于你汇报次数的多少。因此要多汇报,勤汇报;工作要汇报,思想也要汇报,有时候甚至生活都要汇报;有成绩要汇报,有问题更要汇报,没有工作报平安。

三是要和干部群众打成一片。党政干部有别于专业干部的最大特点是要善于做群众工作,与群众打成一片。既不能孤芳自赏、鹤立鸡群,也不能自我封闭,做鸵鸟干部,更不能独自在屋里搞研究。要主动地走进群众,广泛接触群众,了解他们的所思、所盼、所愿,与群众一起干、一起苦、一起乐,真正融为一体,连成一片。对有想法有看法的,要主动放低姿态,同他沟通交流,交心谈心,听取意见,消除隔阂,解除疙瘩。从而建立起和谐的人际关系,有利于全面发展。

06
不参加饭局还能搞好人际关系和打好群众基础吗

我是央企驻地方某公司的秘书,因现在中央八项规定精神的震慑,业务接待的情况几乎没有了,但是现在单位上的同事经常邀请喝酒吃饭。我每天工作非常忙,长期晚上加班,自身也不喜欢喝酒,就想每天加完班回家休息,有时同事邀请吃饭我又不好意思拒绝,我还是想要好的人际关系和群众基础,请问怎么协调处理这种情况呢?

尘埃:

大家聚在一起喝酒、吃饭固然能熟络感情,但并不能决定一切。有的人不喜欢喝酒,也不经常喝酒,但仍然能与同事将关系处理得很融洽。虽然饭局在构建良好的人际关系上起着重要作用,但不应陷入"唯饭局论"的陷阱。在此,有三点建议供你参考。

第一,抓住关键、宁缺毋滥。

饭局在精、不在多。一个人的时间和精力是有限的,不要把有限的时间和精力花到无限的应酬和交际上,否则得不偿失。有些饭局,你好我好大家好,非常热闹,最后大家喝得东倒西歪,在背后该骂你的还是骂你、该指责你的还是指责你,一点效果也没有。

所以,要偶尔拒绝一些饭局,但要做好解释工作,比如工作忙、孩子需要照料等。大家都是同事,虽然他们嘴上会说"不来不行",但内心也都会理解你。以后可以找个机会,主动组织饭局,请大家一次,效果反而更好。

第二,失之桑榆、得之东隅。

喝酒、吃饭有利于和大家打成一片,是构建良好人际关系的一个途径,但不是唯一的途径,我们还可以选择其他方式培养感情。比如,一起打球、一起玩游戏、一起旅游等。

想和同事搞好关系，关键是你要真诚对待别人，用一颗真心换取同事的尊重。多做一些帮助别人的小事，及时委婉地提醒别人出现的错误，让别人觉得你值得交往。比如，快递员打电话让你取快递，刚好同事的快递也在那里，你可以主动帮忙顺便拿回来。人都是有感情的，你对他好，他自然也会对你好。有些单位风气不好，同事之间的关系很微妙，但如果有人在小事上帮助一个人渡过难关，那么他一定会心存感激的。记住，群众的眼睛是雪亮的，你是好人还是一个"小人"，大家心知肚明，只是平常碍于情面，不说破、不点透。

第三，你若盛开、清风自来。

俗话说得好：富在深山有远亲。如果你成功了，关系自然就有了；如果你还达不到一定的地位，再怎么构建关系也没有用。所以，要挤出时间去提升自我，其他的一切都是浮云和过眼云烟。不管怎样，要以实力为主，以圈子为辅。一个人如果没有实力做底子，即使身处朝堂，受到的也只是冷眼相待。

07
遇到拈轻怕重的女领导，怎么办

 问

单位有一位年纪较大、能力较一般、但因机遇特殊被提为副职的女领导，我是办公室主任（女），一把手是男领导。副职女领导对我有比较重的防备心，那种没有好处的工作，就撺掇一把手甩给我干。请问这种副职，是不是尽可能在工作上少接触会好点？还是有更好的相处模式？

老部长：

在工作中，首先要搞好同一把手的关系，争取一把手的关心、重视和支持，作为女同志又不能给别人留下想象的空间。同时要一如既往地把工作搞好，让一把手领导及时掌握你的工作量和工作进展。根据你的描述，有以下几点建议供你参考。

第一，要摆正心态。

一个干部能否提拔，是多种因素综合作用的结果。环境和机遇确实也很重要。既然组织已经决定，成为不可更改的事实，那么你就要接受这个现状，认可这个事实，放下思想包袱，不能总是心有戚戚焉，更不能把不服气、不满意写在脸上或表现在工作上。既然她已经成为你的领导，日常就要做到态度上尊重，工作上服从。这是组织原则的要求，又是个人素质的体现。在这个问题上，要表现出你的大度，不要过于小气。

第二，不卑不亢，保持正常交往。

在一个单位工作，她是你的领导，总是低头不见抬头见，刻意回避解决不了任何问题，反而会加大隔阂。因此，应该保持过去原有的工作状态，落落大方，有礼有节，该汇报就汇报，该请示就请示，该打招呼还要热情地打招呼，不要绕道走。此外，对两位领导要一视同仁，一样尊重，不能使人感到你亲一个疏一个。

第三，工作要分轻重缓急，区别对待。

她若是你的分管领导，给你安排工作完全是职务行为，不要太过于敏感。对一些不太重要，而你确实又不想做的工作，也不要当面拒绝，可以先答应下来，在实际工作中可采取拖延的办法，优先处理其他重要的，等处理完这些重要的，你再着手处理她安排给你的工作。她如果不是你的分管领导，撺掇一把手给你加大工作量，你应该及时向分管领导汇报，由分管领导出面来协调，自己不要硬顶。

第四，适度隐忍，不要激化矛盾。

下属跟领导产生矛盾，吃亏的大多是下属。加之她过几年就要退休，而你的路还很长，任何激化矛盾的行为对你来讲都是弊大于利，因此该忍的要忍，该适当低头的要适当低头，尤其是在公开场合不要顶撞、争吵，不要把矛盾表面化。

08
单位同事真的不适合做真心朋友吗

我是一名机关单位里的年轻人，进入单位以后一直表现较好，得到了很多人的肯定。后来调入新部门，新部门里有一位与我年纪相仿的同事，在此部门工作一两年了，也是兢兢业业，认真负责，平时也表现得没有晋升愿望，说只追求专业，说自己不善于交际，等等。

我觉得这位同事性格直率，专业能力强，平时嘻嘻哈哈的，大家非常合得来，就真心地以对待朋友的方式对待他，很多话都跟他讲。进入新部门时，部门领导私下里会表现得更欣赏我，也经常当着大家的面儿说我俩互补，都非常优秀，说他的业务强，说我的综合协调能力强。

过了一段时间后，我发现部门领导与那位同事越走越近，业务上也一直依赖那位同事。而从很多细节中，我也感觉到那位同事其实把我当成竞争对手来看待，比如，有些业务信息是不会让我沾边的，会主动向领导要求争取独立完成任务。最后，当年部门评优评先只有一个名额，领导给了他，领导私下里告诉我，是因为我来部门的时间太短，其他人有支持他的。至此，我和这位年轻的同事再也没有办法坦诚相见做朋友了。想请教老部长，该如何与单位里的平辈人相处？单位里是不是不适合交朋友？

老部长：

竞争是体制内永恒的主题。上下级之间有竞争，同事之间有竞争；今天有竞争，明天也有竞争。可以说，竞争贯穿在我们职业生涯的全过程。一个人在竞争中能不能脱颖而出，既取决于对手和环境，更取决于自己。建议你看问题的站位再高一点，视野再开阔一点，这样更有利于自身的成长。

第一，提升自己，是竞争取胜的核心。

一个人要在单位立足并胜出，主要靠能力和人品。这个能力就是自己的核心竞争力，就是别人比不了而自己独有的砝码。如果你在单位强大到无人能比，那领导肯定会倚重你来开展工作。你提到的那位同事的业务能力比较强，而部门领导就是要用他的业务能力为自己打造政绩，成为自己的敲门砖，并不需要你的综合协调能力来助力。你去综合协调了，那领导干什么呢？单从业务上来讲，你还有不如人的地方，而这正是领导需要的地方。所以同事的业务能力就显示出明显的优势，而你的综合协调能力则相对成了劣势。这一回合必然是他赢了。

第二，争取领导信任，是竞争胜出的关键。

在体制内成长，除了靠自己的努力和人品，还要靠组织的关心。这个组织，在某种程度上就是领导的代言。从一定程度上讲，领导的看法可能会决定一个人的发展。从你的描述中可以看出，领导开始对你的印象比对你的同事好，但过了一段时间，领导对他的印象反而比对你更好。这个反转值得深思。这说明你的同事不光业务能力强，而且在争取领导信任和领导支持方面比你用心、用力，并取得了明显的效果。这一回合他又赢了。

第三，构建和谐关系，是竞争胜出的保障。

前面说的两个是天时地利，这里重点讲人和。一个人要有所成就，除了要与领导处好，也要与单位的同事和谐相处，即使是同龄平辈的同事也不完全都是竞争关系，更何况平时低头不见抬头见，没有必要搞得"吹胡子瞪眼"，面子上还要过得去，朋友还是要做，但做不做知心朋友，应该有所区别和把握，并注意从以下几个方面把握好度。

一忌交浅言深。苏轼说：交浅言深，君子所戒。而一开始你确实犯了这个毛病，在对同事了解不多、知之不深的情况下，就和盘托出，一下子把底牌全打完了，最后使自己处于被动地位。

二忌城府太浅。城府深并不是个贬义词，而是说一个人内心强大，深谋远虑，情绪稳定，处事淡定，喜怒不形于色，不言于表，能够做到得者不喜，失者不忧，很少被外在环境所左右。这也是要成为一个领导者必备的素质，需要修炼。

三忌处处设防。不能一朝被蛇咬，十年怕井绳，就此从一个极端走向另一个极端，把自己的心封闭起来，对谁都是例行公事，或者表里不一，那将显得做人很虚伪。除少数别有用心的人外，对领导和其他多数同事还是要坦诚相见，有误会要多沟通进行消除，有想法要多融通获取建议，要想收获友谊就要多交流，不管有没有交到真正的朋友，但这样会团结大多数人，为自己的成长进步创造良好的人际关系和环境氛围。

09
经常在单位受气，怎么办

我是刚入职的新人，同一个办公室中有个自称富二代的同事，总是吊儿郎当的，很欺负人。一是他在没报经领导同意的情况下，擅自把没经过各级领导批准的文件，越级通过系统报送给了最上级，被其他同事发现后告诉了大领导，大领导很生气。这个富二代同事便强行让我帮他背锅，说我是新人，被大领导怪罪也没关系。我以没有权限接触该系统为由拒绝了他。从此得罪了他，他便到处说我坏话并暗地里给我穿小鞋。二是这个事情发生时，直属领导出国两个月,根本不知道这个事情。回国后,这个同事又第一时间把扭曲的事件版本说给他听,导致我现在很被动,做事得不到领导的信任。三是这个同事是走上层路线的,欺负我们是常事,给领导干私事很积极。请教老部长,如何改变当前这个不利的局面?并让大家知道真相?

根据你的描述,你的同事的确做法欠妥,有以下两个方面的建议供你参考。

一方面,坚持做自己,不畏权势。

一是对所谓的富二代不要怕。他又不是你的领导,怕他做什么!这样的人往往是欺软怕硬,如果他吊儿郎当地欺负你,那你也要挺直腰板,该怼则怼,不能让他认为你是软柿子好捏,更不能让他养成想欺负谁就欺负谁的习惯。

二是不要做"背锅侠"。对于他甩锅让你背这种情况,你也要坚决地把锅甩回去。应该向领导解释汇报的就及时解释汇报,应该向同事说明的就说明。不要让自己平白无故地背黑锅。

三是集中精力打造自身特长,做好自己的事。一个人只有长本事、有专长、精进业务、提高情商,才是在单位立足和发展的根本,才是取得领导认可和信任的长久之计。你要把主要精力放在自我提升方面,不要被他扰乱了心绪,迷失了方向。当然也要积极地向领导汇报,与领导拉近感情,建立良好的人际关系。

另一方面,向上站位,获得领导信任。

和领导处好关系，成为一个领导非常信任、经常表扬，甚至关系特别亲密的人，这样谁也不敢说你坏话，不敢与你为敌，更不敢甩锅给你。如果跟领导相处好了，这个人也就会忌惮你几分，这样其他的问题也就自然而然地解决了。

10 内向性格可以转为外向型吗

我是一个性格内向的人，不太爱说话，请问该如何做才能让同事在第一次见面就觉得我很热情，很容易交往，评价很高呢？如何提高自己的人际交往能力呢？平时我不善于表达，只忙于自己的工作，该怎样锻炼自己呢？内向型性格可以转为外向型吗？

性格这个东西在某种程度上是天生的，可以在一定的范围内进行调整，但是想彻底改变确实是非常困难的，因为内向的人和外向的人有着本质的区别，虽然有时他们外在表现类似，但刨根问底，追根溯源，骨子里差别很大。

比如有的性格内向的人，也能表现得特别活跃，特别会来事儿，但在外面交际应酬对他们来说是对精力极大的消耗，当一切喧嚣沉寂的时候，他们往往累得不能自已，交际对他们来说是一种"放电"，他们的内心想的是万人如海一身藏。而性格外向的人在外面应酬，吃饭喝酒，跟人调笑打闹，对他们来说是一种"充电"，这种场合会让他们觉得兴奋，而且越玩越开心，这个是内向和外向的根本差别，而不能仅从表面上观察。

不管是性格外向者还是性格内向者，都有优势，对于作家、研究者、程序员等需要安静思考人来说，性格内向可能更利于发展，但对于体制内来说，本质上是一个服务业，一般性格内向的人很难在服务业做得很好。所以，对性格内向的人来说，其实主要问题是如何表现得比较外向、比较活跃。

如果想让自己显得开朗活泼，看起来外向些，你可以从以下三点试着改变。

一是见人主动打招呼，不管见了谁，都主动喊对方，问好打招呼，显得朝气蓬勃，这个会让人感觉比较好。

二是多笑，不管是微笑，还是大笑，都可以，见人就微笑，遇到好事儿就大笑，这个会让人感觉你比较开朗。

三是可以学习一些常见的套话和话术，多看看这方面的文章，学习一些聊天技巧，提高一下自己的情商和反应能力。

有了这样的能力，往往就能找到话题，也能接住话题，让自己看起来跟谁都能聊到一起，也会让别人觉得你很好相处。

11 如何与"小人"类型的同事相处

我这儿有个问题困扰了我很久,急需得到帮助。我是国企的一名工会干事,性格内向,不爱说话,但是办事认真负责,领导交办的工作都会认真地做完,现在工作6年了。之前被同事陷害过,有个女同事,成天在后面陷害我,跟领导和其他同事说我坏话,导致其他领导和同事都误解我,之前有一次机会我可以到组织部门的,结果她在后面跟领导说我的坏话就没去成,经常找我的麻烦,她的工作都推给我做,还跟领导汇报是她做的,我被她陷害了很多次。

经过我的努力,其间也跟领导谈了几次话,把她陷害我的情况跟领导说了,领导准备调我去宣传室(同一个部门的另外一个科室)。请问我以后应该怎么办?怎样预防小人?怎样让领导喜欢我?

俗话说,害人之心不可有,防人之心不可无。遇到事情不要慌,也不要怕,首先要做好自己,不给小人留把柄。根据你的描述,有几点建议供你参考。

第一,发挥优势,干好工作。

工作认真负责是你的优势,每个领导都喜欢能干事、会干事、干成事的下属，因此，要发挥你的特长，在宣传岗位上干出成绩、干出特色、干出亮点。这是你在工作中站稳脚跟的条件，也是你赢得领导信任的前提。

第二，弥补短板，积极与领导构建良好的关系。

在工作中，只善于干而不善于说的人确实容易吃亏，这既是现实又是事实。因此要用积极的态度去主动改善这个状况，做到既要多做又要多说，既要做好又要说好。

一是工作上多向领导请示，多汇报，勤沟通，多联络，做出成绩要及时让领导知晓，遇到困难要随时让领导了解，有什么愿望和想法要让领导知悉。

二是从生活上多与领导交流，除了向领导请教问题，也要力所能及地帮忙解决一些具体事情，培养与领导之间的感情。

三是寻找机会与领导经常小聚一下，通过加强联系进而加深交往和感情交流，取得好感和信任。

第三，尽量回避，少跟小人打交道。

首先，要反思自己在什么地方得罪了小人，招惹了小人，然后有针对性地采取措施。

其次，你的这种性格，无论是从时间、精力，还是从其他方面，如果直接跟小人斗，付出跟收益必然不成比例。因此能回避则回避，尽量少与其打交道。

最后，不要忍气吞声，而要有所防范和准备，私下里收集证据，如果有人再陷害你就果断出手。

12 如何获得年轻同事的尊重和信服

 问

在部门里,我算是老大姐,但到此单位和此部门的时间并不长。虽然业务能力强,作风正派,且年长部门里的年轻人5～8岁,但感觉由于能力突出,工作太一丝不苟,领导交办的各项任务都超要求完成,给部门里的年轻人造成了压力,他们都视我为竞争对手,且感受不到他们对我的尊敬。

如果是与同龄人竞争,我可以理解,比我年轻的同事,我有点难以接受。现在这个问题带给我很多困扰。一是影响我的心情,我挺在意氛围的,希望他们支持我,认可我,同时大家团结起来工作,在工作上一起进步,但现在我感受不到大家真心实意地认可我,我越做出点成绩,就越感觉离他们越远。二是民主评议得分应该也不高。我应该怎么调整呢?或是怎么看待这个问题呢?

 老部长:

根据你的描述,感觉你还没有完全融入集体,和大家还差一点亲和的氛围。在同一个平台上,同事之间都会存在竞争,不是恶性竞争就好,大家私下里暗自努力,比拼工作成绩,反而会促进共同进步。你感受不到别人的尊敬,可能是有些点触碰到了别人的自尊心,无形中对他人造成了压力。下面给你几点建议。

一是展现优势。

你的工作能力突出，这是优势，要好好地凸显出来，在更大的范围内扩大影响力。在同一个层次内可以和大家较劲，但若能远远地超越身边的人，别人就会羡慕你并向你学习。

二是避免误伤。

自己要尽量回避那种刻意的直接比较，以免误伤同事。虽然每个人都很要强，但大家都很努力，自己做出了成绩也不要张扬，这样容易伤害到别人。

三是帮助他人。

学会适当地帮助年轻人，比如，在工作准备中，给同事一个他想不到但绝对管用的建议，让他事半功倍。再如，指出明显的错误，避免不必要的麻烦，等等。也不需要事事如此，天天如此，但可以在关键时刻帮到他们，会让人记住你的好，并心存感激。

四是融入大家。

多关心关心年轻人的生活，无论是孩子还是家庭，都可以与他们轻松地去聊聊，也可以向他们请教有关时尚方面的问题，相互之间多一点话题，多一点关心，大家会觉得你好相处，并非那么高冷，就会大大改善你们之间的关系。

最后，也劝你不要试图跟每个人都搞好关系，这是不可能的，也是很累的想法。做好工作，做好自己，别人需要帮忙时不要吝啬自己的爱心，但也无须刻意讨好别人。

13
如何与"嫡系"同事处好关系并掩饰情绪

目前,我在一家国企的党群部从事群团工作,我在去年年底调入党群部,我们部门领导有一个"嫡系"同事,职务级别没我高,资历也没我深,我们部门领导调走后极力推荐他统筹部门工作,公司大领导也同意了,还有一个分管人事的领导放话说,只要他在,就会一直支持他。

我觉得很不公平,也有些不服气,在工作中有时对他有抵触情绪。现在我们部门的分管领导跟我聊天时让我多配合他的工作,估计被打了小报告,我该如何处理我的情绪问题?如何在工作中与他相处?如何在工作中防止他给我下套?以及如何反击他的下套?

生活中难免会遇到挫折,但生活总是要继续的,放开自己去做一个优秀的人,然后去积极地迎接身边的每一件事,没必要去计较太多的不尽如人意的事。作为年轻的你,多从自身找原因,多提升自己,眼光看远一些。有几点建议供你参考。

第一,要认真检视自己的不足。

部门的主要领导,上级的分管领导包括大领导,都同意任用那个"嫡系"同事,都认同那个"嫡系"同事,而为什么没有一个人推荐你、认同你？这是一个很值得反思的问题。在大多数人看来，问题和原因肯定是出在你身上，究竟是自己恃才傲物，还是自以为是？是资历老而产生了自满情绪，还是自认为能力强而表现出来骄傲？这都需要你认真且全面地检视自我，找出自身的薄弱环节和不足，看究竟是哪些方面得罪了领导，让领导对你产生了不满，切实改正。如果认识不到这一点，那后面的路将更难走。

第二，在自己的实力不够强大的时候，忍辱负重。

在困境中没有办法翻身的时候，不要试图改变什么，要先学会接受，努力提升自己，以待厚积薄发。现在你应该自觉地放下面子，放低身段，主动与部门领导搞好关系，因为他背后还有分管人事的副职和大领导站台。这不是你一个人同另一个人的对决，而是你一个人同三个人或者更多人的对决，无异于以卵击石，完全没有一丁点儿胜算的把握。此时，更应该多想一想和学一学韩信的"胯下受辱"、曾国藩的"打脱牙和血吞"，而不是意气用事或鲁莽行事。当然，如果你有"此处不留爷，自有留爷处"的豪气和本事，那就另当别论。

第三，心胸放宽一点，姿态主动一点。

俗话说，心眼小了，事儿就大了，心眼大了，事儿就小了。所以，心胸要放宽一点，不要老是想到别人会为你下套，别人会给你出难题，也许别人根本就没有这个想法，更不会有这样的做法，这完全是你臆想出来的牛角尖。不要自觉不自觉地把别人摆到自己的对立面。一般情况下，如果不是有意损害别人的权威和利益，别人也不会随意地下套陷害你。所以要换个角度看，多看他的长处和优势，主动地接近他，你主动放下自己的面子，对方就会给你面子。

第四，工作生活中谨言慎行。

害人之心不可有，防人之心不可无。工作生活中要处处小心留意，不要违规违纪违反制度，更不要背后说领导的坏话，议论领导。总之，做最好的自己，不给别人留下抓住你的小辫子的机会。那么你也就不需要天天去操心如何反击别人，自己也就会轻松很多，工作和生活就会舒心很多。

14
如何与发生过争执的同事缓解关系

办公室有一个和我相同岗位的人，家庭条件好，有背景，父母亲是政府领导和国企高管，她本人也是名牌大学毕业，在单位工作的时间比我多3年，我刚工作2年。我们的工作岗位相同，她写大材料，我写小材料。但偶尔工作有交叉，之前还有合作。但是今年以来，发生过争执以后，她开始挑拨我和同事的关系。她的脾气不好，因为工作得到认可，经验也比较丰富，所以也比较骄傲。

近期，部门领导也发现我们的关系不好。部门正职领导一直喜欢她，而副职领导喜欢我。请问，我应该如何处理好和她的关系？如何处理好在正职领导心中的印象?是靠业务吗?副职领导管人事,但我的工作归正职领导管。对于这种情况,应该如何处理?

摆渡人:

在工作中,多个朋友总比多个敌人要强。更何况是比你的工作能力强的敌人。所以,如果能够缓和关系的话,还是要缓和下关系。

第一,主动缓和。

她比你多工作了3年,你的资历相对浅些,如果不涉及原则性问题的话,可以先放下身段,请她吃个饭,化解下矛盾。人跟人的关系,如果是针尖对麦芒,那是永远处不到一块的。总有一个人得宽容一些。岁数小的、资历浅的,低个头,不是多么难堪、丢人的事。反而会被老同志们看出你的度量。正所谓,地低成海,人低为王。

第二,分清"大小王"。

在办公室中,大家服务的是主要领导,必须时刻以主要领导为中心,副职领导不讨厌你就好,喜欢你会更好,但注意不要被标签化。虽然喜欢你的副职领导是管人事的,但人事调整后还得是一把手拍板,所以必须在一把手这里树立良好的形象。

第三,精进业务。

写小材料只是个小活,写大材料才是本事。在空闲时间,要多学习和掌握公文写作技巧,尽快提升自己的写作能力,提高自己的硬实力。此外,在个人素质和素养上也要有所提升,保持良好的自我形象。同时要处理好同事关系。很多时候,你的形象如何,大家也是看在眼里的。

如果关系处理不好，别人肯定也不会说你好的。所以，还要提高自己的情商和人际沟通能力。

15 我与"刺头"同事有冲突，怎么办

 问

你好，我想求教一个人际关系处理的问题。我是办公室的负责人，办公室有个同事经常在工作时间出去串门或做私事，快下班了再回来干活，还到处宣扬自己在加班，也会说办公室其他人的坏话，用以证明他很敬业。如果有活派给他，如果他之前没做过就会强烈拒绝，但是办公室肯定有些活是临时加的。我属于上班认真干活、下班准点走的类型，很看不惯他这个样子，而这个人又很会拍领导马屁，领导知道他的情况但也不明说。之前因为他的工作出现纰漏且拒不承认，我也与其发生过冲突，对于这种人我要怎么处理？作为办公室负责人，我不能视而不见，这让我觉得很不舒服，曾经暗暗指出来，他也不领情。明着说出来又怕自己被人说斤斤计较。实在烦恼不已。

 老部长：

俗话说：林子大了，什么鸟都有。职场也一样，人上一百，形形色色，什么人都有。作为一个领导者，在管人方面，要学会因人施教，

要学会用一把钥匙开一把锁。对你文中描述的这样的"刺头",有几点建议供参考。

第一,拉一拉。

无论下属出现什么问题,作为领导,首先还是要立足于帮,这是责任所在。你可以约个时间跟他认真地谈一次,主要包括以下几点。

一是肯定他的优点和成绩,鼓励他继续保持。

二是严肃地指出他存在的问题及危害,希望他能改正。

三是对今后的工作、纪律和应承担的责任提出明确的要求,并当面说明,如果不能按要求办事,那么只有按制度办事。

四是说明面子和支持都是双向的,如果你不顾及我的面子,不配合我的工作,那么我也不会顾忌你的情面。

这样谈开、谈透,做到仁至义尽。

第二,冷一冷。

如果他知道收敛,那就按照这个思路继续加大力度;如果他对你的真诚和帮助置若罔闻,仍然一意孤行,你就先冷落他一阵子,不给他安排任何工作,并且在工作上让办公室的同事与他分割开来,让他尽情地表演,尽情地放肆。随着时间的推移,他的无聊感、孤独感、无助感就会逐步增加,可能就会向你慢慢靠拢。

第三,拒一拒。

当你这样拉一拉或冷一冷他的时候,按照他的个性,可能会有一些让你想不到的动作,比如说在别人面前显摆,或拐弯抹角地找人求情,等等,这个时候你千万不可以直接答应他的任何要求,一定要先拒绝,给他施加一点压力,让他感觉到,没有规矩不成方圆,这样就可以再磨磨他的性子和棱角。

第四,弃之。

如果上述这些方法都不管用,那么就说明这个人确实是朽木不可雕也,基本没有改进和提升的价值,那就直接向领导汇报调出轮岗,或任其自生自灭。

16
如何提升机关人际关系

 问

我是综合部门的一个副职,能认真落实领导的工作部署,勤勤恳恳地做好本职工作,也能攻坚克难出成绩。虽然口才不差,但总忙于手头繁杂的工作,没有时间和主动意识到其他办公室多走动,感觉机关内很多小道消息或最新动态都没能及时、全面地掌握,也没能打造一个维护自己、互通有无的大朋友圈,人际网络的构建能力比较薄弱。但是有些四处游走、干点活就显摆的机关"老油条",信息都比较灵通,深得领导体恤。应该如何有针对性地改进呢?

 良朋:

针对你的困惑，下面提三点建议供你参考。

第一，不要怀疑自己的付出，工作实绩才是立身之本。

单位副职本来就应该朝着多面手的方向去打造自己，不要被路途中短暂的繁杂所羁绊，不要对前行时耳畔的杂音所纷扰，要坚持干实事、出实绩。那些成为"小道消息"的中心人物，也并不是靠掌握更多的"小道消息"来维护自己圈子的，不要怀疑自己的选择。

信念不同，选择不同，结局必然不同。成大事，担大责，信仰是最底层的基石。我们这个时代，不缺能力，不缺魄力，不缺勇谋，不缺才干，不缺忠诚，但，真正基于正确的人生信仰成长起来的全才，才是时代所需要的。

第二，尽可能接纳不合理，坚持拿来主义和学习心态。

从职场发展的客观规律来看，有两种现象是真实存在且不可避免的。

第一种，大多数职场朋友都有过当"老黄牛"、扮"老好人"的阶段，这个阶段似乎无法避免，而且会在进入新阶段、新岗位、新环境时再次出现。区别在于，有的人能快速度过这个阶段，有的人到退休依旧只会埋头干活，辛苦一辈子。

第二种，无论体制内外，职场中总会有上班摸鱼、见事推诿、溜须拍马的人得到好处。他们往往有更多的时间去获取消息、打听情报，有更多的精力去钻营投机。

建议你从心底里接纳与自己价值观不一样的客观存在，从另一个角度去学习、研究而不是抱怨，从中汲取自己所需，让自己在积极与消极的环境中都能充分成长。比如，换种姿态与"老油条"们相处，虚心学习一下他们获取消息的渠道，顺道帮几个小忙，让他们积极地向你"报告"消息。再比如，学习他们与领导相处的方式，从他们的口中去了解领导的喜好。又比如，把单位的小福利充分让给他们，赢得他们的好口碑，进而赢得在他们各自圈子里的好口碑。

当我们换一种眼光和心态去看待事情，坚持"拿来主义"和"学习心态"，长期下来，人也好，事也罢，反馈回来的可能不再是负能量，而是实实在在的收获。

第三，建立社交原则，主动扩展圈子。

对所有人真诚地微笑，与多数人客气地打招呼，与少数人私下交往，与极个别人保持距离。机关的人际交往，把握住这个社交原则，往往能得心应手。人是一切社会关系的总和，你可以主动关注人际交往，但不要刻意建立某些不正当的关系。在工作中，其实大家都更愿意为良好的工作氛围而共同努力，而不愿意刻意迎合、讨好。

保持开放的心态，主动融入单位的小圈子，通过共同的爱好、体育锻炼、组织活动、工会活动等，主动去接受别人的问好，主动去认识更多的同事，不抱有目的性地建立良好的联系。主动维护好关系圈，打造自己的"非权力影响力"。关注"食堂别独自用餐""电梯里见面主动问好""积极协助工作""参会多多交流"这几个点，在工作中建立友谊，扩大自己的朋友圈。另外，如有时间，工作之余或者周末可以约同事、领导一起聚聚，一块运动或娱乐，不谈工作，只聊生活，增进彼此的感情。

17
如何调整心态和有竞争关系的人处好关系

 问

我是一名就职于国企的90后女青年,通过选拔在单位任副职4年多,之前因为个人从普通员工突然提升到管理层,差不多经历了2年的迷惘期,给单位领导留下了不好的印象。机缘巧合,碰到另外一位正职对我的一些特长有所挖掘,近两年来,有了很大的提升,也扭转了单位领导对我的印象。

因为干部年轻化的要求,科室调来了一名挂职副职(青年锻炼),年纪和我相仿,性别女。工作能力不错,配合得也挺好,但是我能感觉到她私下里有些小心思,我也是一个有点完美主义且要强的人,有时在做事情的时候会想看看她怎么做,希望在领导的眼中做得比她好,样样都最强。感觉这种心态不好,而且领导都比我大很多,怕被领导看出我的想法,觉得我不够大度。从年轻干部的角度来说,我和副职还是存在竞争的,我之前和她有过两年的工作交集,但是关系也就是同事。请问这种情况下,我应该怎么处理我和她之间的关系?还有我和领导之间的关系呢?

 小叶子:

根据墨菲定律,越在意的东西,越容易失去。当我们过度关注一件事情的时候,越容易出现阻碍。因此,我的建议很简单,不要刻意去关

注这种竞争关系,这反而会把简单的事情搞复杂。因为你越是介意这种竞争关系,越会表现得不自然。

其实按照你所说,你现在的局面不错,最需要做的就是专注并搞好自己分内的工作,以及单位上的人脉关系。对于工作,能力突出,努力上进即可;对于处事,大方得体,乐于助人,在单位营造不错的人设,这就够了。

关于这个竞争对手,你只需要跟她保持普通的同事关系即可。工作上互相帮把手,私底下有说有笑,做到这一步就够了,另外注意尺度,有些秘密不要无私地分享,也不要受其他人的蛊惑跟她搞对立。

对领导,做好下属本分,关键时候帮他搞定难搞的工作,维持下属该有的礼貌和忠诚,至于领导下一步要怎么用你和用她,这是领导才能做的决定。做好你自己就行,其他的尽人事听天命吧。

总之,内因才是推动事物发展的决定性因素。你要重点关注的应该是"你自己",而不是"别人",也不是"与别人的关系"。

18
同事总是离岗不请假,应该怎么办

我所在的单位有一位男工勤人员,他虽然会正常干活,但是质量不敢恭维。平常不知道主动打扫卫生及打水等办公室的小事,不打扫卫生暂且认为他比较粗枝大叶、不够仔细吧,但是,最近他老是擅自离岗,也不请假,每次走了之后领导就会打电话来问他的工作。有时他是因为自己的问题,跟我说一声就走了。

我很想问一下,如果遇到这种情况,我应该怎么回答?一方面,要是说他请假了不在岗位上,就怕领导认为是我同意的,可是我也没说过同意啊。另一方面,怕领导觉得请假这种事情,怎么也应该跟分管的领导说,我有什么权利同意呢,因此,像是这种事情应该怎么办呢?

作为同事,还是要本着与人为善、互帮互助的原则,通过善意的提醒,促使他改正不足和问题。具体建议有以下几点供参考。

第一,真诚地指出不足。

先和同事进行沟通,问问他最近是不是有什么事,为什么最近总是不在办公室?有没有什么需要帮忙的?先表达出自己的关心,再真诚地指出对方的不足之处,比如,工作质量不高,擅自离岗不请假,等等。还可以直接说他,比如,"有几次你不在岗,领导打电话找你,都是我帮着圆的场"。注意,掌握说话的技巧,会更容易让人接受。

第二,耐心地提出要求。

在指出对方的不足之处后,还要趁机补充一下接下来该怎么做,比如,打扫卫生、打开水等工作应该在什么时间,手头的工作应该达到什么样标准,因事离岗应该向分管领导请假,等等。如果他听得进去,下次就会有所注意。

第三，好心地提示后果。

除了指出不足和提出要求，还要向他讲明如果达不到上述要求，尤其是离岗不请假，领导需要时找不到他的人，他应该承担什么样的责任和后果。这样先把丑话说前头，促其警醒。在你善意地提示、劝诫以后，如果他依然我行我素，再遇到领导追问时，你只能如实汇报了。

19 同事不经你同意用你的人，该如何处理

 问

我想请问一下，如果单位同事和您的手下，都有帮忙人员，但是，另外一位同事没有经过您的同意，直接就将您手下的人叫走了，去干他的工作，您会如何处理？我个人的想法是，第一次，直接就给这个帮忙人员打电话，说明他手头工作的重要性，给他施压，让他自己明白轻重缓急，也要告诉另外的同事，他的手底下还有人呢，不知道这样做对不对？

 **石头哥：**

在单位中，这种交叉用人的情况很常见，这主要是因为分工的问题，也许是分工不明确，也许是对方越界用人，处理方法如下。

第一,要搞清楚性质。

对于你和你同事手下的两个人,是不是已经明确说好了一个归你的同事领导,一个归你领导,还是你们之间是共同使用,一个你带得多一些,另外一个人你同事带得多一些。

我这样理解,如果是帮忙人员,其实还是共同的,只不过分工上相对有一定的独立性。这样其实没有明确的领导关系,你不必过于敏感。因为不是领导关系的话,谁分配的活他都得干,你没必要给你带的这个帮忙人员施压,他也很为难。

第二,具体处理。

如果帮忙人员手头还有你交代的工作,你应当马上跟你的同事说清楚,商量一下到底应该先处理哪个?这个主要由你来协调比较好,而不要一味地施压帮忙人员,他也做不了主。对于帮忙人员,你可以要求他以后再碰到这种情况,先告诉你一声,也是对他的一种提醒。如果你也很忙,可以和同事商量,共同协作,而不是计较谁干得多谁干得少。

20
如何管理好转业人员

我们是事业单位,单位里有几名工勤转业军人,他们在某方面业务有特长，但是在使用电脑方面和文字能力方面较差。安排工作时，他们总是以不会为由推脱，评优评先时又摆老资格，甚至阻碍年轻干部成长，尤其是在做部门工作时总是推三阻四，最后闹到领导那里还是他有理，而我是部门负责人，我该怎么办？

老部长：

根据你描述的情况，应针对他们各自的特点，"四管齐下"，综合施策，有的放矢地做好工作。具体有以下几点建议供你参考。

第一，理解和尊重。

从部队到地方，从军营到单位，他们在工作、生活和社交等方面都有许多的不适应，心理情绪波动自然较大，有时甚至会说点怪话，发点牢骚，这大多是一种情绪发泄，也是一种正常现象。那么，你就要从思想上理解他们，从态度上尊重他们，不要因为他们的不习惯、不适应，对业务工作不熟悉，而看不起他们，要真正地从心理上接纳他们，把他们当成自己的同事和朋友。这样关系就会逐渐变得融洽起来。

第二，培训和帮带。

磨刀不误砍柴工。为了帮助他们尽快掌握业务知识和电脑操作等日常技术，可以集中十天半个月的时间，请电脑专家和单位的业务能手，对他们进行一次系统的培训；同时，还可以分化他们，把他们分别交给威信高、能力强的单位骨干进行传帮带，这样既有利于学习提高，又可避免他们经常搞在一起。

第三，激将与协商。

遇到工作分配问题，不要生硬地使用强迫的口气，不要硬邦邦地直白表达，而应尽量用微笑的面容，温软的语言，商量的口吻，做到以柔克刚。同时利用军人有血性、争强好胜的特性，多用激将法交给他们急难险重的任务，使他们感受到这个事非得由他们来办不可，做好了就大力鼓励和表扬，从而激发他们工作的积极性和主动性。

第四，关心与帮助。

军人的性子一般都比较耿直，服软不服硬。所以，应经常主动地同他们交心谈心，交流思想和感情；业余时间经常小聚一下，加深感情，加强联系，促使他们尽快地融入集体；平时主动关心他们的工作、生活和学习，尽最大努力帮他们解决一些实际困难等。这样的事儿做多了，一定会触动他们的内心，进而激发他们的工作热情。

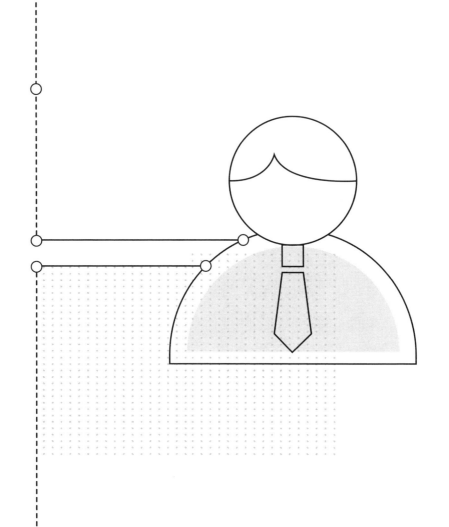

第五章

做 人

01
被领导评价"太单纯"怎么改进

 问

周围几个领导都说我"太单纯",请老部长帮我分析一下?

 老部长:

几个领导都说你太单纯,一定要结合环境和具体事情来理解。大致有这么几个方面的意思。

一是说明你比较纯真。指你性格简单,没有太复杂的心思,想法不多,思想比较纯洁,没有私心杂念。

二是说明你比较简单。指你的阅历浅,考虑问题的解决办法不多,比较单一,习惯就事论事。

三是说明你没有"眼力见"。指你为人处世比较机械,领导说一你做一,领导说二你做二,不善于察言观色,不善于准确地领会领导的意图,不善于举一反三。

四是说明你没有主见。这主要是指你遇事没有自己的想法和说法,习惯人云亦云,也有点幼稚的意思。

所以,"单纯"一词既有褒义,也有中性意义,还含有一定的贬义。至于是什么含义,一定要结合当时的人、景、情、事等方面进行综合分析,正确理解,然后加以改进。

02 如何塑造稳妥、高效的青年干部形象

我一年前从单位某业务线转岗至国企纪检岗位,经常会呈送一些文件资料,给除分管领导以外的其他高层领导阅示或填写,但领导都比较忙,经常会有会客或者外出的情形,请教如何把握向领导递交材料的时机,才能保证高效完成,既不白跑又不至于让领导反感,还能顺便留下靠谱干练的好印象?(本人在领导眼里应该属于偏内向不会来事的类型,对于工作汇报的场景,通常表达和条理这一块也欠佳。)

揽越凝晖:

根据你的描述,你说的应该算是文件运转方面的工作,针对您提的问题,有以下几点建议供你参考。

第一,把前期工作准备起来。

对于文件和需要填写的材料,先把内容和重点研究透,对于呈送给领导审签或阅知的文件,可以用铅笔标注一下重点信息,方便领导阅知;对于所填写的表格,可以把需要特别注意的事项标划出来,实在难以理解或通

过与报表单位沟通才了解的内容，可以考虑口头汇报，或自己形成一个填写注意事项。既然提到自己在汇报时的表达和条理性有些欠缺，那么可以把功夫下在提前准备上，可以用白纸黑字代替自己的口头表达，这样不容易出错。

另外，给领导送文件之前，可以先打电话沟通，看领导是否在办公室，如果在，就告知领导有工作需要当面向他汇报，如果不在，先简明扼要地向领导汇报工作重点，并告知领导待他返回单位再当面汇报，以免自己白跑腿，浪费时间和精力。

第二，把信心建立起来。

从提问的文字来看，你在叙述和逻辑方面没有问题，建议从心态上进行调整。领导认为你内向，不会来事，只是他单方面对你的印象，也许是因为你与领导接触得少，有点紧张，还不够放松，但并不代表你真的欠缺这方面的能力。所以，你可以借助工作的机会，多与领导沟通。接触的次数多了，也就消除了你与领导之间的陌生感和距离感，汇报时也就会更加自然，领导就会对你各方面的能力有一个更加全面的了解。

第三，把汇报能力提升起来。

汇报工作是一门艺术，要掌握一些方法，做起事来才能得心应手。

首先，不要在领导特别忙的时候进行汇报，如果你到了领导办公室，发现领导正在进行会谈、打电话，先行退出领导办公室，在门外等待，如果特别着急，敲门进入以后要先跟领导说明此事特别急。

其次，汇报前提前考虑清楚重点，在前面提到的做足准备工作的基础上，把需要给领导点明的重点内容打好腹稿，由于是纪检方面的文件和表格，因此建议见到领导直接汇报来龙去脉，然后点出重点，再然后离开，留出空间让领导自己去研读填写。

最后，对于领导的态度，一定要摆正心态。由于主要发展方向不同，国企的领导可能对纪检方面不太重视或不理解，或许态度不好，自己一定要正确看待，尽量把自己应该做的工作做细做好，能够自己提前做好的就提前做好，减少耗费领导的时间和精力。

03 如何改变"老黄牛"人设

一个了解我的领导说我的优点是实在，缺点是太实在，所以慢慢成为"老黄牛"了。有些道理都知道，但就是做不到，请问有什么好建议吗？

老部长：

领导说你的优点是实在，是一种褒义，是想说你为人诚实正直，不假不虚，做事靠谱，让人放心。说你的缺点是太实在，那就有一点贬义，可能是说你比较刻板木讷，不善于察言观色，做事不会变通等。人的性格养成，天生的成分占有很大的比重。要想改变确实很难，但身在体制内，还是要努力逐步地适应。

具体到你的情况，建议从以下几个方面入手。

一是遇事多向领导汇报。

在工作中，既不能两耳不闻窗外事，一心只做自己的事，也不能只会做不善于说。平时要多跟领导接触，多向领导汇报，让领导在汇报中了解你的工作，了解你的人品。

二是平时跟同事多联络。

无论是工作还是生活，都不能独来独往，自娱自乐，而要和同事们打成一片，融为一体，建立朋友般的和谐关系。

三是凡事不能太较真。

平常，做到大事讲原则，小事讲和谐，不必事事较真，甚至钻牛角尖。水至清则无鱼，人至察则无徒。

四是工作要积极主动。

工作上要积极主动，但涉及自身的权益，也要积极地争取，不能太过于佛系。

04
如何避免做"鞭打快牛"之牛

 问

我一直有个"鞭打快牛"的困惑，请指点迷津。在体制内单位工作，越肯干、工作态度越好、工作能力越强的同志，领导安排的工作却越多，导致长期加班工作都做不完，也没有时间和精力去私下应酬，去经营与领导同事的关系；另外一种情况就是，有些工作能力不行也不肯干的同志，领导反而不怎么给他安排工作，结果是很轻松，有很多时间干别的，比如接近领导。请问前者与后者究竟谁会发展得更好？感觉现在的领导看不清单位同志的工作情况，有的领导看清了也揣着明白装糊涂。

老部长：

第一，关于"鞭打快牛"的情况分析。

一些单位之所以会出现"鞭打快牛"的现象，大致有这么几个原因。

一是"快牛"的能力强，自我要求严，效率高，领导用着放心。

二是"快牛"好说话，不会拒绝，领导用着顺手。

三是"快牛"的工作多，在领导面前出现的频率相对较高，领导用着方便。

四是领导有意"劳其筋骨，饿其体肤"，用于锻炼培养。

五是少数情况下柿子专拣软的捏，有一点欺负或压榨的意思。

第二，正确认识"鞭打快牛"。

大多数情况下，"鞭打快牛"现象之所以存在，从领导的角度来讲，主要出发点是用着放心和用于培养；从个人角度看，"快牛"因为做的工作多，自然接触的信息、掌握的情况、学到的知识、研究和思考的问题也会随之增多，这有利于提升自己的理论水平、工作能力等各方面的素质。总体上看，绝大多数"快牛"因为工作做得多，素质能力提升快，与领导的接触多,被领导发现、信任、提拔重用的概率较高,这相对于一般人来说,尤其是相对于那些溜奸耍滑的人来说要高很多,这应该是一个不争的事实。

第三,关于怎么干。

在你的时间、精力和能力有保障的情况下,多干一点肯定是有好处的。就算领导不提拔你,而你阅历的增加、知识的积累、经验的丰富等,也是一笔宝贵的财富。但如果你确实感到比较累,也可以采取下列方法调整。

一是适当调整工作节奏。尽可能地把工作中的事和生活中的事相对分开,在上班时间,集中精力处理工作,并找方法提高效率,以尽快完成工作,当天确实完不成的,也可以到第二天上班再做,而不应该天天在下班时间继续做工作。下班时间应该主要用来安排生活和学习的事,并且尽量少加班。

二是适当的拖延。对一些不太急、不太重要的工作,可以适当地拖一拖、放一放、停一停,让领导多催你几遍也不是不可以。这样可以使领导在催促中感觉到你手头的工作确实多、任务确实重,促使领导均衡分配工作任务。

三是坚持抓大放小。对主要领导交办的重要的工作,要尽心尽力,保证质量;对一般的事务性工作,可以靠后排,保证不出差错就行,不必平均用力、样样搞成精品。如果领导追问起来,那就说自己的工作确实太多,自顾不暇。

05
怎样做才能让领导觉得稳重、懂事、有分寸

> 我经常把握不好与领导相处的分寸。他总说我没头没脑或是"愣"。比如,其他部门来电话征求一下领导能否参会,我在会议空档问了领导,就被领导说做事没节奏。经常搞不清领导是怎么想的,一边是其他部门很着急地要反馈,一边是摸不清领导的脾气,请老部长帮助分析,我究竟错在哪里?哪里存在不足?要从什么地方改进?有什么最快的改进方式?

领导说你没头脑或是"愣",就是批评你说话、做事不善于动脑筋、欠思考。具体可能有这么几层意思。

一方面,关于领导说你没头脑的情况分析。

没头脑通常指一个人说话办事不经大脑思考,显得很莽撞。领导说你没头脑,可能有以下几种情况。

一是说你没有站在领导的角度上去考虑、汇报和处理问题。领导往往是站在全局的高度考虑大事和要事,而不是基层的一些具体事。比如,部门说这个事很着急,要你抓紧汇报、反馈;部门说这个事很大,也要你抓紧汇报、反馈。而你总是站在部门的角度和自己的角度去向领导汇报。那么部门说的急事和大事,在领导那里可能就是小事和缓事。这个时候

你就要站在领导的角度上来判断部门反映的这件事究竟是大是小，是急是缓。在分清轻重缓急的基础上，应该什么时候汇报就什么时候汇报，而不是按基层的意见办。

二是指你没有考虑领导的感受和想法来处理和汇报问题。比如你在领导开会的空档就汇报部门打来电话的请示事项，也许领导这时候正在利用会议休息的空档时间去思考、谋划接下来的会议怎么开得更好，他要讲什么重点，需要解决什么问题，而你的汇报犹如半路上杀出了个程咬金，打断了他的思绪和思路，他肯定会很不高兴。

三是指你没有按照领导的工作习惯、风格和节奏来汇报和处理问题。每个领导都有自己的工作习惯、风格和方式，比方说有的领导不喜欢晚上或下班时候打扰他；有的领导不喜欢在会议现场或其他公开场合当面向他汇报工作；有的领导喜欢一事一汇报，而有的领导喜欢打包式的汇报。比如你的这个领导，很可能就是不喜欢一事一汇报经常被打扰的方式，而喜欢半天集中打包汇报一次的方式。你不考虑时间和方式去汇报，不停地打扰他，他当然会觉得很烦。

另一方面，关于如何改进的问题。

找到问题的症结后，那就容易对症下药了。前面进行了分析，那么关于如何改进就变得容易了。

一是要认真地研究分析，准确地了解领导的性格、习惯、工作方法和风格。并按照领导的特点，顺应他的风格，调整自己的工作思路和工作方式，在实际工作中做到以领导的思路为思路，以领导的方式为方式，以领导的习惯为习惯。领导不愿意事事被打扰，那么你就要注意用打包的方式进行汇报；领导不喜欢在公众场合向他汇报，那么你就单独向他汇报。这样才能把事情做得顺他的心，合他的意。

二是要善于察言观色，准确领悟领导的意图。在了解领导的性格特点和作风以后，你还要善于察言观色，通过他的语言、表情或其他肢体动作，准确地掌握他内心的所思所想，领悟他的真实意图。有的领导说得直白，有的领导说得婉转，有的领导甚至只用面部表情或眼色来表明自己的态度。因此，你要学会察言观色，想领导之所想，察领导之未说，办领导之所需。比如领导感到瞌睡了，你肯定是应该去送枕头，而不是去送杯水。

三是摆正位置，关起门来当领导。在说话办事时，一定要站在领导的角度去考虑和处理问题，尤其是部门催得急、报得紧的事，你一定要站在全局和领导的位置上考虑，是不是真的那么急、那么紧。一定要深刻地认识到，领导认为急的事才是急，领导认为大的事才是大。领导看待事物很全面，他认为着急的标准才是绝对的标准，而不是部门和下级说的标准。

四是要经常反思，及时调整，始终与领导同频共振。在上述工作的基础上，每天要对自己适应领导的行为进行反思和总结，研究和判断，看哪些习惯符合领导的方法和要求，哪些方面做得好，哪些方面做得差，哪些方面没做到。通过经常反思，不断发扬优点，改正缺点，进而做到在思想上与领导一致，方法上与领导同步，步调上与领导同频。那么领导也就会认为你是个稳重、懂事、有分寸的人了。

06
怎么做到"低调做人、高调做事"

记得我刚上任时,老领导和我说,办公室主任要低调做人,对上对下都要客客气气的。现在一年多过去了,我再次找老领导汇报时,他指出作为综合办公室主任,我的工作作风可以大胆一点,不要扭扭捏捏的像个小媳妇。我有点悟不透这个"低调做人、高调做事"的方式,关于这个度如何把握好,或者能不能举个例子教教我?

这个问题有一定的代表性,但是不好回答。办公室主任需要协调各部门,做好上情下达,跟各个部门打交道,没有各个部门的支持,事情就特别难做,工作就特别难开展。

一方面,关于低调做人。

一是在说话、言辞方面要客气。一个人想要低调,必须先从说话方面学会低调。跟别人说话时要客气,尤其是在传达领导的指示时,不要用领导的口吻或者命令别人的语气。比如,单位一把手经常会对我说:"你去叫谁谁到我办公室来。"我去转达的时候,从来不会说:"某某,领导叫你到他的办公室去。"我都会说:"某某,刚才局长说,让我请您去他的办公室一趟。"有时候领导会对我说,"你把某项工作对某某说一下，让他赶紧去落实。"我转达的时候一般都会说"某某，有个事儿跟您沟通一下……"或者"某某，有个事儿跟您报告一下，这个事儿局长是这样安排的……"。所以，虽然我也当了很久的办公室主任，但是，大家都觉得我仍然是一个谦虚低调的人。

二是在行为举止上收敛。俗话说，"木秀于林，风必摧之"。过分张扬是愚蠢，深藏不露是智慧。如果你毫不掩饰地张扬、卖弄，那么不管你多么优秀，都难免会遭到明枪暗箭的打击和攻击。人在居功的时候不要自傲，在得意的时候也不要忘形。比如，我的稿子得到了上级的转发和表扬时，大家向我恭喜，我一般都会说"没有没有，主要是某某领导改得好"或者"没有没有，都是大家提供的素材好，我只是把素材整理了一下而已，功劳是大家的"。

三是在姿态和心态上要平和。姿态上低调，我最佩服的一种智慧是大智若愚。就是，不要把自己的野心、权欲、才华等写在脸上，要尽量地甘为愚钝、甘当弱者、低调做人。不要事事都争强好胜，而要保持一颗平常心，并且知道去感恩别人。比如，我经常会对在工作上给我帮助或是给我支持的人表示感谢。

另一方面，谈谈如何高调做事。

一是思想上要积极向上。在思想上，要保持一颗积极向上的心，保持工作的激情，兢兢业业，开拓创新。扎扎实实地做好本职工作，在平凡的工作中燃烧激情。在任何时候，都应该是一个活力满满、散发正能量的人。不利于团结的话不说，埋怨抱怨的话少说，别人的坏话不说，别人的隐私也不要传。

二是工作作风要大胆。如果是利于工作、坚持原则的事儿，该讲就讲，不要过多地去考虑别人的看法。从为公心理出发，工作怎么认真都不为过。比如，在工作上，如果有人在专业方面不够精通而出了错，我一定会弄个水落石出，给他们讲个明明白白；再如，要求相关处室按时上报材料，如果有一些处室未按时提交，我一定会指出他们的不妥之处，必要时把他们的做法上报领导。总之，要以一副与人为善的面孔，以及一种不惹事也不怕事的态度去开展工作。

三是工作能力要突出。高调不仅仅是高调在思想作风方面，更重要的是要有高调的能力。你在业务上要有专业的水平，在处理问题上要有得体的方式，这些才是你高调做事的资本。比如，我的文字水平一定要在局里数一数二，经过我修改或者我写作的文章一定是精品。在工作中，你要有一项人无你有、人有你优、人优你特的本领做支撑。这样，你说话办事才会有力度，才会有不容别人小觑、不容别人忽视的气场，你才能高调起来。

07
对新人不合适的行为，应该善意提醒还是视而不见

单位来了个新人，是个女生，看到她有一次坐领导的车，就两个人，领

导自己开车,她一个人坐后排,是否不妥?不符合网上说的坐车的各种规矩情况,作为同事,是要委婉地提醒一下,还是让她自己后知后觉?

尘埃:

俗话说:"锦上添花,不如雪中送炭。"我们都经历过初出茅庐的阶段,曾经也遇到过很多困惑,多亏有人指点才能渡过难关,所以,你应该委婉地提醒一下同事。其实,一般情况下,领导不会顾忌你到底坐在哪个位置,除非大领导或者在非常正式的场合,领导才考虑你是否懂规矩。

提醒前,要侧面了解一下同事为何坐后排,她和领导是不是亲戚?是真的不知道坐车的规矩吗?还是副驾驶座位有物品无法坐?是不是女同事有所顾忌?女同事因为顾忌某些事项坐在后座也无可厚非,大家都理解。但无论如何,你应该把标准的规矩告诉她,并告知其可随实际情况而变化。

提醒时,无论同事知不知道规矩,我们都要认为她不知道,去积极地提醒她。我们要和所有人搞好关系,尤其是新人,因为你不知道她是不是潜力股,你不知道她未来会发展到哪一步?新人刚进入单位,对一切都懵懂时,你善意的提醒会帮助她快速进步,她会从内心由衷地感激你。如果她是一支潜力股,对你的回报会很多。即便她不是潜力股,你也应保持善意。

当然提醒的方式要委婉,要在没有其他人的时候,这样可以保护对方的自尊。

08
怎么说话、讲话像一名领导干部

一个月前,单位新来了一把手,昨天把我叫到办公室跟我谈了谈心。除了提到我的优点,还重点指出一条:讲话内容太幼稚,总讲些不符合我这个干部位置应该讲的话,汇报工作经常讲一些没用的话,让我回去好好看看领导文章、领导讲话,学一学。那么,我应该怎么努力呢?

领导批评你说话不像领导,可能是因为你平时说话太过于随意。要解决这个问题,可从这几点入手。

第一,要多看,学习官方话语体系。

体制内的官方语言体系有其独特的规律和表达方式,因此要认真地学习《求是》《治国理政》及上级的文件和领导讲话,认真研究其结构、表达方式、语言和文字组合,进而掌握规律和套路,做到说内行话。

第二,要少说,遇事三思而后说。

俗话说,言多必失。无论是在公开场合还是在私人场合,都要做到少说话、多观察、多思考,要多听别人怎么说,不要急于发言。即使要说,也要先想好怎么说,过一遍脑子再表达,这样就可以使人感到你比较稳重和深沉。

第三，要营造气场，神态自然、庄重。

一个人讲话的表情、神态，包括肢体动作，都是内心修养的外在表现形式，在讲话时，表情要自然，神态要庄重，不能过于随意，更不能随便讲笑话，说段子，否则就会影响形象，并使讲话表现得很轻飘。

第四，语速要慢，不宜求急求快。

一个人说话过急过快，常常会给人一种不靠谱的印象。因此，在讲话发言时，要控制节奏，控制语速，显示出胸有成竹的内涵、信手拈来的自信、有条不紊的厚重，这样，就会给人留下有模有样的好形象。

09
如何改善给领导留下的不良印象

 问

以前凭着一腔热情干工作，领导很赏识。现调任办公室后，与领导近距离接触，由于年轻，经验不足，在领导那边暴露了一些缺点。从他的好友那里听说领导对我的评价，比如太精明、不够有担当、比较有个性等。请教一下，应该如何做人？如何改变给领导留下的不良印象？

 部委老农：

请记住：领导观察人时一般不会出错。年轻、经验不足不是你暴露

缺点的理由，因为你本身存在缺点，所以才会暴露出来。

第一，从短期看。

只要扬长避短，提升本领，就可以重新赢得领导的信任。

一是立即反思自己。不要从主观找理由，而要从客观找原因。领导说你精明、不够有担当，肯定是你有多次表现出了这样的状态。所以，通过自己总结和咨询别人，把自己的缺点全部列出来，拉出清单。

二是抓紧改变自我。既然知道领导提出了你的缺点，那么你在工作中的表现肯定有不足之处，即便换个领导，你依然会给人留下同样的印象，因此要学会改变自己，往好的方面发展，比如，老实、有担当等。一定要深思熟虑，做好事前、事中、事后三个环节。事前，想一想这样做是否符合领导的要求，还有没有更好的方式，如何做到极致。事中，根据情况及时调整状态。事后，总结思考结果是否让领导感到满意，有没有哪里做得不到位。

第二，从长期看。

你身上的精明、没担当、有个性等缺点，需要通过读书和做事的方式来从根本上解决。

一是书读得越多，明白的事理就越多，活得也越透彻和有气度，内心深处自然懂得"精明"不是长久之道，行为也就随之改变。

二是做事越多，磨砺自己的机会也越多，苦吃多了，壁碰多了，自然知道"没担当、有个性"不利于自我发展，也就养成了好习惯。

试想，我们身边的领导，哪一个不是身经百战的？因此，我们要从读书和做事两方面做长期努力。

10
老同志经常用消极思想误导人,如何应对

我们科室的一个副职曾跟我说过,以我目前的情况(刚入职不到三年),应该将主要精力放在群众基础上,最上层领导对我的"作用"不大,因为到时候他们可能直接调走了,而中层领导和普通科员只会在单位内部调动,跟他们搞好关系才是最重要的。现在用特长吸引最上面的领导的关注根本没用,而且现在的发光发亮点还会引起其他人的嫉妒。因此现在要做的是藏锋,等到合适的时机再崭露头角会比较好(一切都要显得自然,不是那种故意显露)。我觉得这种思维有点消极,而且跟平常的论调有点不一样,请问他这种说法有道理吗?在体制内做人必须藏锋露拙吗?我应该如何做?

看了你的描述,感觉你们科室这个副职的想法的确有点消极,有可能是在帮你,也有可能是别有用心,不管是怎样,这种说法会误导你。误导你无所作为,误导你渐渐变得默默无闻。

第一,体制内资源的决定者和分配者是领导而不是他人。

党政军民学,东西南北中,党及其组织是领导一切的,而组织行使权力最直接最具体的代表就是领导。一个单位的领导决定着单位内部所有资源,包括人、财、物,也包括职务、职级等资源的分配和决策。一

个人想在体制内有所成长和发展，一要靠个人努力，二要靠组织和领导关心。因此，你想走什么样的路，你能走什么样的路，除自身这个内因以外，关键还取决于领导这个外因的推动和助力。因此，从外部因素来看，领导是决定个人发展的主要矛盾，是纲，要重点抓；其他人员是次要矛盾，是目，要兼顾抓。"纲举"才能"目张"，这一点丝毫不能含糊，更不能本末倒置。

第二，是金子就要闪光，个人有价值必须得到体现。

金子如果埋在地下，就无法体现其价值，因此需要被人们发现和运用。而个人的价值在于在工作中创造成绩，被领导认可和欣赏。因此，无论是金子还是个人，都需要暴露自己的闪光点，这样才能脱颖而出。千里马不在赛场上奔跑，是不会被伯乐相中的。就个人而言，机会不是等出来的，必须通过自己的努力才能得到；个人的价值主要是靠日积月累形成的，而不能指望一鸣惊人。

第三，正确认识和把握低调与高调的辩证关系。

低调，主要是指做人的态度和品格，即一个人为人处世的态度是谦逊谦和，还是张扬张狂。古人说，谦谦君子，温润如玉。自古以来，人们崇尚谦虚，赞美谦虚，因为谦虚是内在美德、素养和涵养的集中表现。谦虚的人往往比较内敛，不会因为学问高而骄傲，不会因为能力强而尊大，不会因为贡献大而自夸，不会因为财富多而气粗，不会因为得志而得意，更不会遇事自以为是、得意傲慢、趾高气扬、不可一世、忘乎所以飘飘然。

高调，主要是指人做事的能力和本事更强。能力和本事是一个人谋事的前提、做事的基础、成事的阶梯。这更是一个人的本钱所在，是行走职场的硬通货。我们经常说内强素质，就是要练就一身真功夫。只有这样，一个人无论在任何时候，无论走到哪里，都会有饭吃，都能站稳脚跟。

当然，能力和本事还要通过一定的形式表现出来。这个形式，最通常的就是我们所做的工作，以及通过工作进而表现出来的成绩。我们经常说的"干一行，爱一行，精一行，成一行"，就是最直接、最客观、最现实的表现，它是不需要个人通过自我吹嘘或自我张扬去表现，但大家都能感受感知到。

11
如何在工作中调整心态，处理好人际关系

我是00后独生子女，从小娇生惯养，以自我为中心。平时工作很努力，做事很干练，但是存在一个问题，眼里揉不得沙子，过于爱憎分明，甚至嫉恶如仇。一旦遇到别人做点自私的事情（比如把自己的工作推给我），就立刻火气很大，很难控制自己的情绪，希望对方按照自己的想法处理，否则心里总过不了那个坎，觉得自己吃了亏，更重要的是害怕他人以后一直这样。目前我在综合岗位工作，深知这样会影响同事之间的关系，同时也会让自己觉得

很累。请教您如何调整这样的心态,处理好人际关系?

老部长:

在职场,尤其是在体制内,如果没有一个好的人际关系,的确会给自己的发展带来很多障碍。看了你的描述,感觉到你已经认识到了自己的不足和问题,这已经有了一个很好的开头。那么,如何调整自己的情绪和状态呢,有以下几点建议供你参考。

第一,转换思维。

要学会把自己的思维由"家庭思维"转换为"职场思维"。所谓的家庭思维,就是以个人为中心的思维,独生子女通常是家庭的中心和指挥棒,长期处于说一不二的中心地位,家里一切都围绕着你的成长来转。你说什么就是什么;你要什么,你的家人就会满足你什么。职场思维就是以领导为中心的思维,谁的官大谁说了算,所有的人都要围着领导的指挥棒转。你刚参加工作不久,自觉不自觉地就把家庭思维带到了职场中来,仍按家庭中的思维习惯来对待同事,对待工作。这个思维应该转变。要时时刻刻想到,自己在单位只是普通一员,没有权力对别人进行批评、指责、发脾气,别人也没有义务来接受你的批评和指责。思维决定行动,因此转换思维是首先要解决的一个问题。

第二,自我心理暗示。

要经常在心里进行自我暗示,自己只是单位的普通一员。尤其是在早上上班前、下午上班前和晚上下班后这三个重要时间节点,每次都要在心里暗示自己三到五遍,在大脑里不断地强化职员意识、平等意识。

随着时间的推移，你的心态慢慢就会发生改变。

第三，学会控制情绪。

在面对一些你认为不太对的人和事时，不要急于说话和表态。而是先沉默半分钟，用来思考如何表达和平静情绪，等想好了之后再说。这样一来，你的表达就不会随着情绪立即迸发。坚持一段时间，你就会形成先思考再表达的习惯，说话也就不会使人感到那么冲了。我们可以把它称为半分钟沉默习惯，你不妨一试。

第四，多参加集体活动。

多参加单位组织的文艺、劳动、体育比赛等各种集体活动，包括志愿者活动，使自己从个人的小圈子走到群体的大家庭中去。这样的活动参加多了，你就会不断地有新发现，就会逐步看到别人的长处和优点，以及难处和需求，就会学会换位思考，从而学会尊重人、理解人、关心人和帮助人，学会让步，并且从中得到帮助和付出的快乐，就会在不知不觉中改变自己。

12
如何维护人事变动中的人情往来

 问

今天上午上会后，有不少认识的人有人事变动，是否需要一一发微信表达恭喜？如果发个恭喜的表情包，不知是否可以？

另外，我所在的乡镇的一把手也被提拔到县里某大局，我应该如何向他表示祝贺？他是一个务实的人。

老部长：

一方面，礼多人不怪。

如果是你比较熟悉的同事出现了人事变动，对方被提拔后，你表示恭喜是合适的，可以发一个恭喜的表情包，如果你再打上"恭喜"两个字就更好了。

另一方面，具体措辞。

乡镇的主要领导到县里某大局去任职，这是被重用，是一件喜事，你作为他的下属，当然应该表示祝贺。这种情况下，你可以直接到他的办公室表达祝贺，也可以发微信消息向他表达心意，具体可以采用"感受＋祝愿＋表态"的模式。

你大概可以这样说：领导好！得知您荣升的消息，心里既高兴又不舍，高兴的是，您拥有了更大的施展才华的平台；不舍的是，这几年来在您的领导下工作，给了我很多教诲、指点和帮助，使我获益良多。在此，衷心祝愿您在新的领导岗位上万事顺意、事业腾达、再创新局。今后如果有需要跑腿服务的，您尽管吩咐。

13
如何和领导保持良性的互动关系

我是某市政府办副科长,我的工作能力还可以,科长和分管领导都比较认可。此前也遴选考上了省直党委部门,但因故放弃。秘书长(办公室主任)是同县老乡,但和他只是点头之交,平时很少有机会接触。主要是他太忙,我也并非科长,向他汇报工作的机会几乎为零。如何让领导更深入地了解自己,保持良性的互动?

老部长:

如果你自己的工作能力比较强,被领导看到是早晚的事。但你也可以通过与领导的接触,加快自己的发展。关于如何与领导保持良性互动,有以下几点建议供你参考,这些办法都要保持一定频率持续落实,通过量的积累,实现质的飞跃。

第一,见面主动打招呼。

机会都是创造出来的。虽然汇报工作的机会几乎为零,但也不用刻意去汇报,其实私下也有很多认识的机会。比如,下班遇到了,你可以简单地跟他打个招呼,他也许不认识你,那么你可以简单地介绍一下自己,表达一下自己的仰慕。或者在餐厅遇到领导,可以坐过去和领导一起吃饭,也要简单地介绍一下自己,在吃饭的过程中聊聊天,让他认识你。

第二,从小事做起,循序渐进。

虽然工作汇报的机会为零,但如果你想,也可以创造机会进行汇报。比如说,找机会多送文件,多送材料。对于汇报,如果口头汇报不方便,你可以隔一段时间形成一个书面的汇报直接送到他的办公室。此外,如果回老家,也可以带点家乡的特产,因为人都有思乡之情,带点家乡的特产,更能产生共鸣,容易加深联系。

14 如何搞定有抵触情绪的下属

领导要建新部门,我积极准备,但是我的副职很抵触,于是我发火了。请问这件事要不要和领导汇报?怎么汇报?

一方面,看抵触情绪是否影响工作。

不管做任何工作,其他人都会有不同意见,也会有不同的难度。领导让你组建新部门,你当然要按领导的意见去落实,至于副职有不同的想法或抵触情绪,主要靠你去做工作予以化解。因此,如果副职的抵触情绪并不影响新部门的组建,你就不宜专程去向领导汇报副职的抵触情绪，而应该对副职加以引导。如果你专程去向领导汇报，领导就会认为你的统筹能力有欠缺。同时，这样做会让领导对副职的印象也不好，影响同事之间的关系。

另一方面，如何适时和巧妙圆润地汇报。

对于这方面，最好的办法是在你向领导汇报新部门组建进展的情况时，或者在汇报推进这项工作取得的成绩时，顺势婉转地表达一下目前存在的不足。大概可以这样说：有个别同志对组建新部门不太理解，还需要进一步统一思想，等等。这样的说辞，既表明了这项工作有一定的难度，又表达了你坚定推进这项工作的决心，领导听了就会心中有数。如果领导主动问起来，你可以再说得具体一点，这样处理起来就显得比较圆润。

第六章

调 动

乡镇借调到县城是"去"还是"留"

我是一名选调生,刚工作一年,今年5月份的时候,被我们区委书记看中,借调到开发区里,给他做秘书。两个月后,因为经验不足、能力有限,被他安排到组织部"借用"做主题教育。

估计再有个把月,借调期满。我现在比较矛盾,想回到镇里继续做好自己的工作,按省里规定,基层服务年限还有两年,我还可以在基层踏踏实实地待一待,反正以后也不想留在区里。但是怕自己这么一回去,就泯然于众人了,也很难再有这样借调出来的机会了。如果继续留在区里,可以增长见识,了解到更多的信息,接触到更多不一样的人和事,生活环境也相对好很多。老部长,我应该选择回到镇里还是继续留在区里?

根据你描述的情况,主题教育结束后应该继续留在组织部借用一段时间为宜。具体建议有以下几点供参考。

第一,考虑整体影响。

年底回到乡镇,相当于两次"退兵",带来的影响是比较负面的,例如,给书记当秘书但书记不是很满意,被安排到组织部主题教育办,而主题教育工作刚结束就及时回到乡镇，大家可能会认为你这次工作搞得又不怎么样。领导和同事虽然不会在嘴上明说，但心里肯定会有疑问，不是认为你的人品不行，就是认为你的能力不行。这些看法，不仅会给你带来一定的心理压力和工作压力，还会对你今后的成长和发展造成一定的障碍。

第二，向上聚焦更大平台。

在大的平台工作会有更多的锻炼机会，建议你在组织部机关继续工作一段时间，这在开阔视野、获取信息、整合资源、接触领导、提升自己的综合素质和能力等方面都具有优势，是基层工作环境无法比拟的。

第三，事缓则圆。

在组织部借用至服务期满，回旋的余地比较大。届时能调进组织部则更好，不能调进组织部也可以提出要求，调整到其他区直单位，最差也可以到其他乡镇担任个中层干部，坚持到底对自己会有一个比较好的交代。

第四，认真反思，补齐短板。

人在年轻的时候偶尔会遇到一点小小的挫折，是一件正常的事儿，也是一个人在成长路上需要付出的一点机会成本，因此一定要正确对待，摆正心态。针对在书记身边和主题教育办工作期间暴露出来的不足、失误和缺点，要做到认真总结经验，吸取教训，并全面提升自己。

第五，厚积薄发谋出路。

由于可能受之前的一系列因素的影响，近两年内你在开发区的发展可能会有所受限。因此从现在开始，你可以积极准备遴选的工作，争取一击即中，开拓更广阔的天地。

02
大局委和小群团,选择哪个更好些

目前我在某直辖市的地市级应急管理局任职(虽然入职一年多,但人一直在村里挂职,一个月后才能回局里正式工作)。因为一些活动的原因,团委领导问我,是否有意向调动到团委工作?当时心里的第一反应是,我不是很喜欢务虚的工作性质,但嘴上只说先考虑一下。请问排除其他因素,这两个单位哪个对个人发展更好?

根据你的情况,建议你去团委工作,理由如下。

第一,现在提拔干部,非常注重干部的经历。

轮转的岗位越多,说明这个干部受到的历练越多,积累的经验也越多,解决复杂问题的能力相对也越强。你有过基层岗位的锻炼,如果再多几个岗位历练,优势会更为明显。

第二,共青团书记的岗位,组织上还是非常重视的。

虽然共青团的发展近几年比前些年差了一些,但总体而言,共青团作为培养干部的后备军,这个本质没有变。并且这个岗位有任职年龄限制,到了一定年限的时候,组织上应该会考虑而且必须考虑安排的问题。同时共青团书记的岗位,任务相对较轻松,你可以利用这个时间多学习,多充电，多积蓄能量。这也是一件非常值得的事。

第三，应急管理岗位现在是一个高风险的岗位。

应急管理岗位的工作通常是任务重、要求高、责任大，而且突发事件多，不可预知和不可控的事件也很多。可能不知什么时候就出一个事儿，你就被追责问责了。一次失误就被耽误一次，可能会形成一步赶不上，步步赶不上的结局，所以可能会影响今后的发展。

03 如何让领导发现并成为他的秘书

我在委办工作，有意成为县委书记的秘书，请问该如何让领导发现我的能力，并有机会做他的秘书？

俗话说，有志者事竟成。人有了目标，就会有方向，有了方向就会有动力。那么既然你已经清楚自己的目标是什么，就朝着自己的目标行动吧。

第一，关于如何让领导发现你。

千里马常有而伯乐不常有，要想让伯乐发现千里马，马儿不光要跑得快,还得常常出现在伯乐面前,让伯乐看到马儿的优势。要想让领导发现你,我觉得有两个重要途径:一是写文章,二是大会发言。对于写文章,你要把公文写得十分漂亮,让领导看了夸口称赞,让领导离不开你的工作。如果经常在一些大的报刊上发表文章,领导肯定会记住你。对于大会发言,要做到脱颖而出,比如青年干部座谈会之类的大型会议,一定要抓住机会发言。如果你的思路清晰、思维敏捷,也会给领导留下好印象。

第二,关于如何有机会做领导秘书。

能成为领导秘书,需要机缘的巧合、贵人的推荐、能力的匹配等多方面共同作用。要想成为领导秘书,我们必须研究一下领导选择秘书的程序,才能找到突破口。

一是大领导一般不会直接说让某某同志做自己的秘书,而是按照正常程序来选配。第一步,领导提出要求、划定范围;第二步,办公室推荐多人;第三步,领导从备选人员中选择。

二是你要和办公室负责人搞好关系,形成亲密的关系,更容易得到推荐。因此,你的能力要突出。如果你的能力与岗位不匹配,没有过硬的本领,办公室也就不会推荐你。所以,要提升自己的本领素养,关键是要提升自己的察言观色、协调沟通、公文写作等综合能力。

三是机缘很重要。因为你不知道领导到底喜欢什么样的人,有的领导可能喜欢忠厚老实的,有的领导则喜欢鬼点子多的;有的领导喜欢研究生、有的领导喜欢本科生。有时候,你感觉某个人的能力不是很突出,可领导偏偏看上了,这也没办法。

04
如何实现从国有企业领导干部调任至党政机关工作

 问

我目前在央企省级公司担任办公室副主任,是参照副处级,给主要领导做专职秘书。一直以来,特别是今年国有企业(中央企业更多)与地方政府的人员交流非常频繁,比如前不久某央企总部办公厅负责人,平调到了厦门市委常委、副市长之类等。对于此类干部交流现象,您怎么看?对于目前在国企工作,但是未来有志于从政的小伙伴,未来除了需要相应的行政级别,还需要具备怎样的条件才能够实现"商而优则仕"的目标呢?

燕青主任:

国有企业领导干部调任至党政机关工作,这个渠道一直是畅通的,尤其是2019年新修订的《公务员调任规定》出台之后,这种情况更是引起了大家的广泛关注。虽然有相关规定,但成功调任的人不多,个人觉得您这个问题需要考虑三个方面。

第一,能不能转。

按照规定,这基本上需要国企相当于副处级以上领导干部或者副高级以上职称,具体可参见具体规定。所以,首先要解决副处级的问题。您作为央企在省分支机构的中层干部,符合此条件。其他有志通过调任方式去党政机关工作的,应首先解决副处级或者副高级职称问题,此为前提。当然，辞职之后重新考公务员除外。

第二，要不要转。

这个问题仁者见仁，智者见智。人各有志，关键还是看个人追求，一个追求"钱途"的人不会看重公务员的"前途"，反之亦然。这个没有最好，只有最适合自己的。公务员也许是围墙，你看到的不一定是真实的，领导干部也不代表全部，应深入了解，做出选择应该是慎重的，而不是一时头脑发热。

第三，如何才能转。

如果符合条件，也想转换赛道了，那么可以在如下方面努力。

一是找到合适岗位。也就是要找到愿意接收或者能够让某单位接收你的关键人，展示你的适合性和稀缺性。比如，你在航空航天类国企工作，就可以关注那些重点在发展航空航天产业、航空航天产业园区或者经信、国资等部门。一般而言，单位的主要领导、党委组织部门负责人会有一定的话语权，但有地方愿意接收是关键。

二是争取领导支持。没有现单位领导支持的话，是不可能调任成功的。因此，需要跟单位领导汇报这个想法，如果能讲出此事对领导和单位的好处更佳，领导可以帮你留意机会，你自己遇到合适的机会时领导也不会为难你。

三是把握好机会。如果立志想转换赛道，就要有意识地做好功课，把握好各种机会，例如，多参加扶贫、挂职、与政府有关的交流座谈会、项目合作等活动，也可以参加中央和各地组织的各种公开选调活动，为自己创造更多机会。

记住,想在一个单位脱颖而出,一般有三个标志:你很优秀;有人说你很优秀;说你优秀的人足够优秀。

05 如何实现单位内部岗位调整

我想请教一下如何妥善地向领导表达调整岗位的想法。目前我在业务岗位工作,平时几乎不写材料,但我发现写材料的人在遴选考试方面很有优势,我想通过遴选考试和对象团聚。然而,我平时的工作业务特别繁忙,在单位根本没时间看书,下了班之后又要带孩子,更没办法准备,所以我想去综合部门,利用工作的机会多接触材料帮助自己参加遴选考试。但是我们单位的综合部门不缺人,我也不想让领导知道我想去综合部门是因为想参加遴选考试。请教老部长我应该怎样做比较稳妥?

首先,较强的写作能力对于遴选考试有极大的帮助作用。同时,经过不同的岗位历练,对于丰富自己的阅历和提升综合素质,也是非常有帮助的。从你描述的情况看,要顺利实现轮岗到综合部门,重点要做好两个领导的工作:一个是你的分管领导,让他放你走;另一个是综合部门的处长，让他接收你。为此，你可以采取以下办法。

第一，平时注意同综合部门的处长搞好关系。

遇到合适的机会，向他汇报自己的想法和愿望，请求他的接纳。具体可以采取"感受＋愿望＋表态"的模式汇报，大意是：看到处长把综合处搞得红红火火，风生水起，自己很是羡慕，比较景仰领导……自己也比较热爱和从事综合工作，个人的特长、特点跟这个职位还比较匹配，恳请领导关心关照，给自己提供一个为领导直接服务和学习的机会……然后适当地表白和表态，请他帮忙做做工作。

第二，获得分管领导的支持。

如果综合部门的处长答应得比较爽快，那么接下来你就可以向你的分管领导汇报自己的想法和愿望，请求他的支持和推荐。要大打感情牌，亦可采取"感受＋愿望＋表态"的模式汇报。

按照上述思路，你大概可以这么表达：领导，自从我到处里工作以来，一直得到您的关心、帮助和指导，耳濡目染，聆听教诲，尤其是从领导开阔的胸襟、宽广的视野、渊博的学识、公正无私的品格中受到教育，得到启迪，增长了见识；我目前能有一点小成绩，都是您精心培养的结果，对此，晚辈铭记在心，一直心存感念；您知道，我在这个处工作已经好几年了，经历比较单一，个人渴望到其他单位去经历风雨、见见世面，比如综合处，恳请领导关心、关照和推荐，为我提供这样一个学习和成长的机会……今后无论在哪个处工作，晚辈都会一如既往地牢记领导的教诲，以您为楷模和标杆，做到在思想上高需求，在工作上高标准，在服务上心无旁骛，一如既往地勤勉工作、严格要求自己、不辜负领导厚望。

当面汇报要以真诚的态度、有感情的语言,表达内心真实的情感,这样才能真正触动领导的内心,打动他,从而同意你的要求。如此一来,综合部门处长的拉力和分管领导的推力,就可形成你轮岗的合力,一把手同意的概率也就比较大,从而有利于你达成目标。

第三,久久为功。

在此之后,应经常同综合部门处长保持沟通和联系,根据动态进展及时跟进措施,若需要向更高的领导比如一把手汇报,那么你就要按照上述思路及时汇报,直至成功。

06 如何从乡镇调到县直

本人36岁,女,河北省某乡镇副科实职,想从乡镇调到县直。一是实在忍受不了乡镇工作环境和政治生态环境。二是有一位德不配位的领导把单位搞得乌烟瘴气、民不聊生。三是遴选考试年龄已超,其他路子也看不到希望。四是有县、市政府办帮忙的工作经历,但不善于交际,走动关系。想请教如何才能调至县直单位?该从何处努力?

如果想调到县直单位工作，可以直接向县委组织部常务副部长、部长汇报自己的想法和愿望，重点把调动工作的理由说充分、说具体。多强调客观原因和主观原因，少议论他人是非。在当面汇报的同时，可以呈送一份书面申请。

当然汇报一次不一定就能解决问题，那么你就隔三岔五地去向他们汇报一下，这样可以引起领导的重视。如有比较熟悉的市县领导，也可以请他们推荐，则更有利于促成调动。

07 被上级借调期间，是否能参加原单位竞聘

本人被借调到上级主管部门工作，原单位推出岗位竞聘机会，是我心仪已久的岗位，一旦错过今后可能再无机会，请问这种情况下是报名好还是放弃好？

根据你描述的情况，建议你积极报名竞聘。

一是无论体制内外，只要有机会就要争取。机不可失，失去就不会再来。只有剜到筐里的才是菜。

第六章 调 动

二是借调之后是否调动是一个不确定事件。所以要主动争取,善于抓住机会。

三是如果竞聘成功,则更加能展示出你的实力,不仅不影响借调工作,而且会为今后的调动加分。

08
挂职期满如何回原单位

我是乡镇党委班子成员,县委组织部选派我到地市组织部挂职一年,但挂职一年结束了,地市组织部没打算让我回去。我多次向地市组织部科室负责人、分管副部长、常务副部长汇报想回家乡工作的意愿,但都没有答复。我也多次向县委组织部主要领导和分管领导及科室负责人汇报了想回去工作的想法。可是地市组织部部长一直没松口,请问我该如何做才能回去工作?

根据你描述的情况分析,我认为你现在首先要解决的问题应该是要有个说法,这个要求既合理又合情,而不是反复强调自己想回去工作。毕竟,服从组织安排是党员领导干部必须遵循的第一原则。

体制内干部挂职期满，一般的来说大概有三种结局：一是回原单位任职或提拔重用；二是正式调入挂职单位工作；三是继续挂职帮助工作一段时间再确定。

至于你的情况，有可能是地市组织部想调入，目前正在走程序，还没有最终的结果，所以领导们也就只能模糊处理：既不表态让你走，也不表态说让你留。

为此，你可以再次向地市组织部常务副部长汇报一次，主要包括三个方面的内容：一是自己真实的想法和愿望；二是组织上对自己考虑安排的一个大致方向，出结果的大致时间；三是表明自己的态度，表示无论组织上做出何种决定，作为一名党员干部，自己坚决服从。

如果常务副部长当场有明确的表态，那么就要按领导的要求办；如果没有明确的表态，那么也不必当场再刨根问底。可以在一周左右后再去询问一下情况。

一周之后，询问常务副部长如果还没有结果，可以找个适当的机会还按上述内容直接向部长汇报一下自己的想法和愿望。

在此期间，应注意三点：一是不要再向其他领导多头或反复汇报；二是要一如既往地认真工作，不要应付差事；三是保持跟同事正常的交往和交流，不要表现出急于离开的态度。

当然，如果能留下来，对你个人今后的成长肯定是很有好处的。毕竟，地市组织部的发展平台比县、乡要大很多。

09 如何婉拒上级借调

近期上级部门想将我借调至上级单位进行工作锻炼。本人并不太想去,我该怎么向上级部门的负责人委婉地拒绝,既不伤感情,又能达到拒绝的效果?另外,此事是否需要向单位领导汇报?怎样汇报能够拉近我和领导间的距离?而且又不显得我在表功?

老部长:

通常情况下,上级部门在正式向你现在的单位履行调动手续之前,会征求你个人的意见,随后他们会向你现在单位的领导沟通此事,如果你确实不想去,可以用这种办法操作:抓紧时间向现在的单位领导汇报自己的想法。

在跟领导汇报时,你可以表达出在他的手下工作不仅心情舒畅,而且各方面进步很大,思想政治素质提高很快,十分愿意继续为领导服务,哪儿也不想去,只想一心一意地跟着领导干。并且向领导汇报说明,一旦上级单位的领导出面跟他沟通时,就让他说单位的工作太忙,确实走不开。这样领导出面拒绝上级部门比你直接拒绝好多了,同时还表明了自己的忠心和决心。

在跟领导汇报完之后,你可以向上级部门负责人汇报说,工作调动的事是组织上的事,请他跟单位的领导同志联系,商量确定,自己服从安排。

10
如何尽快从借调单位回去

问

我是今年新进乡镇的公务员,签了五年服务协议,原来在县扶贫办上班,是事业编。办完手续本应到乡政府上班,但组织部门说因全县扶贫摘帽的工作需要,新进公务员得在县直单位跟班,时间由跟班单位确定,我仍然在县扶贫办工作。

可是既没有文件又没有函件,只有县领导一句话说是县委书记定的,组织部也没有跟乡镇的主要领导进行沟通,现在乡镇领导问我什么时候去上班,我自己也不知道。我咨询组织部门,问在县直单位跟班这段时间对年终考核与绩效、以后的转正、服务期限是否会有影响,得到的答复是到时候再说。加上股室的股长脾气变得越来越差,把事情都推给我,而且她直接找分管领导签的字,我不好直接拒绝。请问我该怎么做?如果想尽快去乡镇上班的话需要如何跟领导沟通?

老部长:

根据你的描述,有几点具体举措供你参考。

第一,抓紧时间先办好两件事。

一是尽快办理完入职手续。包括行政关系、组织关系、工资关系,等等。

二是抽时间到乡镇报到,见下组织委员,最好见见主要领导,说明情况。

另外,组织部最好有一个跟班函,尤其是在全县此类人员较少的情况下更应该有,以免日后麻烦。

第二,直接汇报。

直接向单位领导汇报自己到乡镇工作的愿望和想法,态度要诚恳,感情要丰富,语言要动人。大概是以下这几个层面的意思。

一是感谢感恩。说这几年在扶贫办工作,在领导的亲切关怀和帮助下,自己成长得比较快,能考上公务员更是领导直接帮助和关心的结果,没有领导就没有自己的今天。

二是不离不弃。虽然人到乡镇,但心在扶贫办,领导随叫随到,或利用星期天、节假日加班完成领导交办的工作,等等。

三是多说软话,多说赞扬的话,并说到领导的心坎里,最好让领导心花怒放。

在以情动人的同时,也可以请领导私下聚一聚,增进交流,从而促进工作的落实。另外,还可以请乡镇书记出面做做工作,这样力度会更大一些。

11
借调是机遇还是白忙活

你好,我在某省属高校就职,任二级学院办公室主任,正科三年。最近因主题教育的人手不够,被借调到组织部,请问这种借调通常有什么意义?只是临时被叫去干活吗?如何利用这个机会往上提升一下?目前二级学院的工作也还兼顾着,后面怎么办?要继续兼顾着吗?

你这次被借调,就组织部自己来讲,肯定就是想找个人帮忙干活的,因为主题教育对于组织部来说任务很重。

但这又不失为一个机遇,因为校领导这个层面其实不认识什么科级干部,主要是靠组织部提名推荐,所以副处级干部、组织部的话语权还是很大的。而且学校组织部也没几个人,你去帮忙干干活,让组织部的领导认识认识,如果能够给领导留下深刻印象,以后有提拔的机会,再主动找一找,到时候提名推荐,还是有很大优势的。

至于抓住机会往上走,这不是你现在要考虑的,你现在要考虑的是如何把活干好,多付出,毕竟他们借调你不是想考察干部,只是想赶紧把主题教育弄完。所以,在借调期间,你在干活时千万别惜力,而要做出水平,并要跟领导和同事搞好关系。

等到主题教育结束,结果怎么样还要看组织部的意思,在借调过去之后你也可以了解一下组织部是不是缺少编制,如果缺少编制也可能会调用你,干得好可能还要被留下来,继续帮忙,如果事不多,也有可能就让你回原单位去了。

据个人判断,这种短期的专项借调,基本上是在事情做完之后让你回去的可能性比较大。

但无论如何,你目前的心思和精力应该主要放在借调单位那边,先把活干好,再说别的。如果活干不好,那么想留下来也不可能。关于借调,这其实是一个急、难、险、重的任务,组织部正头疼着呢。所以,你所在的学院的工作暂时也没有必要兼着了,在借调期间,可以跟学院领导把情况解释清楚,让学院找人暂时代替一下。

12 借调期间如何保持与原单位的有效联系

我原来所在的单位是某县一副科级单位。之前,上级部门(正科级单位)领导赏识我要借调我过去,我的领导拒绝了;县委授权巡察组要抽调我过去,我的领导也拒绝了。后来,县委强势地抽调,我的领导终于同意了。当时通知是只抽调一个月,其实我知道我短期内是不会再回原来的单位上班了。现在，刚好一个月到期，我想去原来单位的领导那里汇报汇报，表示一下尊重，可是我不知道该说些什么。您可以给我点建议吗？

关于借调，主要有以下两点建议。

第一，需要回去汇报。

你只是被借调，不是脱离原单位，所以应该回去做汇报。关于汇报，主要表达以下几个意思。

一是感谢领导的支持和帮助，感谢同志们的补台。

二是汇报这一个月工作的情况。

三是说借调单位目前的事还特别多，还要再延长一段时间，请领导继续关心、支持。

第二，与原单位保持联系。

如果借调期间与原单位断了联系，借调工作完成之后，再回到原单位，就相当于来到了一个新单位，需要重新建立联系，而且还会让人觉得你不懂得人情世故，所以要与原单位保持经常性的联系。

一是坚持一个月回去一次，当面向领导汇报一次借调工作的情况，一个季度呈报一次书面工作汇报。

二是尽可能地参加原单位的重大活动、重要会议和重要工作部署。经常在单位、领导、同事面前露露脸。不能像断了线的风筝，对原单位的事不闻不问，杳无音信。

三是在周末或节假日，经常给领导发个慰问的信息，或在一起聚一聚，保持经常联系。

四是在原单位领导到上级机关汇报、开会时,抓住机会跟他汇报汇报,见见面,搞搞服务等,这都是加强联系的办法。

13 正式下文前,怎么应对同事关心"我调动"的询问

我现在在乡镇任党委委员,因为家里希望我把两个孩子的生活和学习管起来,所以通过一段时间的沟通,近期准备平调到市里某个部门管党建。先得到消息的一些同事开始来问我情况,在这个档口我有什么要注意的吗?应该如何谨慎、得体的告别原单位,走上新岗位呢?

老部长:

在正式文件还没下达之前,一切都有变数。因此,在上级组织部门没有正式通知你谈话之前,要一如既往地保持原来的心态和工作状态,不要把要调动任职的苗头过早地表现在语言和行动上。即使同事当面问你,你也只能回答说还不太清楚,以组织的意见为准。不要泄露过多消息,以防万一。

组织上通知你调动谈话以后,回到镇上,首先把组织谈话的情况向

组织委员通气，向分管副书记、镇长和书记汇报，然后把自己手头的工作向有关同事交接，分别向同事们打招呼告别，并按规定的时间到新单位报到上任，按照分工了解、熟悉情况，进入角色，开展新工作。

14 如何向领导汇报想换科室

我在委办从事综合文稿工作，经常加班到凌晨 2 点，我现在感觉这份工作已不是当初自己所喜欢和向往的，想换岗位和科室，请问该如何跟领导提出换工作，换到哪些科室比较合适？

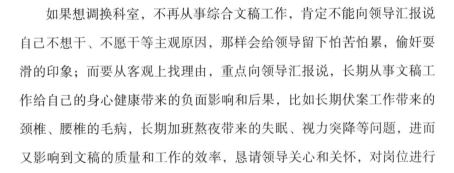

如果想调换科室，不再从事综合文稿工作，肯定不能向领导汇报说自己不想干、不愿干等主观原因，那样会给领导留下怕苦怕累、偷奸耍滑的印象；而要从客观上找理由，重点向领导汇报说，长期从事文稿工作给自己的身心健康带来的负面影响和后果，比如长期伏案工作带来的颈椎、腰椎的毛病，长期加班熬夜带来的失眠、视力突降等问题，进而又影响到文稿的质量和工作的效率，恳请领导关心和关怀，对岗位进行适当的调整……这样比较容易争取到领导的理解和支持。

至于哪个科室合适，主要看你自己的兴趣和爱好。单从材料撰写的角度看，除办公室综合文稿以外，政工、人事科的材料撰写工作也比较多，而业务科室的材料撰写工作相对少一点。

15 在原单位提拔和调到市直单位哪个更好

我是某县的一名科员，29岁，女，单身，现在省厅挂职，前段时间原单位领导说想提拔我，但无论是从个人职业规划还是从择偶角度来考虑，我都想调动到市区工作，哪怕几年内没机会提拔。之所以这么急切地想调动，是因为我心仪的男生家和工作都在市区，比较介意我的工作地点和工资较低的问题，多次问我有没有意愿调动到市区，我的压力颇大，其间我也就调动问题请教过心仪的男生，他还是建议我趁挂职结束前请人帮忙搞调动。

我现在的疑问是，如果我请处室领导帮忙推荐是否合适？如果可以，我用什么样的理由比较有效？具体怎么操作？原单位那边怎么处理比较好呢？能不能提供具体的话术？

第一，提拔和调动是两条互不干扰的平行线。

提拔主要是靠原单位来启动和运作，而调动则主要靠个人来启动和运作，主体和程序完全不一样，可以同时进行，二者并行不悖。对于调动，如果没有完成前期的准备工作，最好不要一开始就报告原单位。

第二，关于请处长帮忙调动。

这一点的关键在于处长的态度和能力。他是否愿意帮你，是否有十足的能力和实力帮你，这两点必须同时具备，这是你需要充分考虑并预判的。调动的理由很充分正当，就是解决与对象异地的问题。如果你跟处长的关系比较近，他愿意帮你，而且有能力和实力帮你，可以直接向处长表明自己的愿望，并恳请得到他的关心和帮助。

第三，调到市直单位的主要程序。

关于调动，你要先找到有空编并愿意接收的单位，再由单位向市委编办呈报用编进人请示，市委编办按程序报批同意，市公务员局发出调动通知，然后才能办理相关手续。这里有三个关键的人，组织部的主要领导、市委编办的主要领导、进人单位的主要领导。

如果组织部的主要领导或其他的市领导愿意帮忙，则难度不大。市委编办领导和进人单位的领导如果真心帮你，也可以降低难度。调到市辖区的程序基本上差不多。从上往下走比较顺畅，从下往上走程序则比较难。所以应集中精力做前期准备工作，直到公务员局准备发调动通知时再报告原单位即可。

第四，关于时间。

若有关键人帮忙，大概可以在三个月以内完成。同时，市直单位每年都有遴选，若你的实力足够，通过遴选将会比调动更快捷一些，这个你也应关注和准备着。

16 工作调动后，如何退出原来重要领导的微信群

因为工作需要，我的工作有调动，原来的微信群有几个比较重要的领导，现在退群应该说点什么合适呢？

工作调动后，主动退出微信群是一种体面的告别，首先要表明退群的原因，然后再表达一下对群里的领导的祝愿，最后表达出以后常联系的想法。

在这种情况下，你可以这样说，内容如下。

尊敬的各位领导，由于工作变动，我今天就要去某单位报到了，衷心感谢各位领导一直以来的关心培养和教诲指点，衷心祝愿各位领导万事顺意，事业腾达！为了少打扰领导，今天我就退出这个群了，若领导有需要我跑腿服务的，尽管吩咐，小某定当尽心效力，我的手机号和微信都没有变。小某敬呈。

17
下乡镇还是留单位"进退两难",怎么办

 问

本人女,33岁,县级市某党群单位科室副主任,主持工作已近两年,单位领导在去年就多次劝我下乡镇,并表示在提拔去哪个乡镇和具体岗位上能帮我争取。我看在本单位转正无望,当时想着先下去把副科拿到手,过两年等孩子上学了再跟组织提下,争取回城(本人对仕途没什么大野心),所以同意了去乡镇,并表达了自己的意愿,想离家近点,能兼顾家庭(我孩子小),最好能以纪委书记的身份下乡镇。

结果前段时间该领导突然被提拔离开了,新领导对我又不熟悉,没人帮我争取了,整个单位都知道我马上要被提拔了,工作也被架空了,现在后悔说不想下乡镇也来不及了,而且去哪里、什么岗位都只能听天由命,有种惴惴不安地等开盲盒的感觉。

这件事让我感到很焦虑,怕离家太远,怕去的乡镇情况太复杂自己处理不来,怕岗位不好自己熬不出头,觉得各种懊悔:"早知道就不下去了,在现在这个位置耗着不提拔也行啊。"这种想法反复在脑海里出现,然后单位里的很多人还用惋惜的表情或者语言暗示我,非常难熬。

我现在主要有三个问题:一是现在这种情况,我大概率会被怎么安排?我该怎么办?二是都说乡镇工作琐碎、忙碌,村干部不好打交道,我又是女同志,对自己没有信心,不知道该做哪些准备;三是我本来只是想去乡镇过渡一下,

想过两年请组织安排我回城（不要求提拔，请组织看着安排，能回城就行的那种），如果我提出来回城组织会考虑吗？本人不想长期待在乡镇。

老部长：

开弓没有回头箭，要学会逢山开路遇水搭桥。既然事情已成定局，没有改变的可能，那就勇敢面对。可以换一种思路去应对，也许会有不一样的收获。

第一，关于提拔。

如果提拔已经进入程序，那就要顺势而为往前走，不宜打退堂鼓，打退堂鼓的后遗症非常大。从你描述的情况看，下乡镇大概率会被安排宣传委员或者副乡镇长，最好的结果是组织委员。在靴子还没落地的情况下，目前要用最大的努力做工作，去争取最好的结果。可以把留在离县城最近的乡镇办事处任职作为主要目标，如果能争取任组织委员则更好，这可以为今后回城打下良好的基础。

做工作的方式有以下几种。一是向单位现领导汇报，请他出面帮助。现领导应该是常委，你是他上任之后单位安排出去的第1个干部，安排不好他也脸上无光。从这个角度上看，他应该会积极地帮助你。近日要抓紧时间向他汇报你的想法和愿望，争取得到他的关心关照。二是继续向原领导汇报。原领导刚离开不久，并且又是提拔，请他帮你再做做工作应该不会被拒绝，而且他在这方面说话能更直接、更方便一些。三是直接向组织部部长汇报，在表示感谢的基础上，婉转地提出自己的想法和愿望，恳请得到领导的关心和关照。

第二，关于乡镇工作。

无论什么工作，只要用心用力去做，都能做得好，乡镇工作也是一样。要说准备，目前树立自信是最好的准备，因此，不要纠结，不要忧虑，不要担心，别人能干好的事，相信你也能干好。到任之后，在尽快熟悉情况的基础上，多向老基层请教、学习，多向一把手请示、汇报，充分发挥女性工作细心、细致、细腻的优势，将会干出不错的成绩。

第三，关于回城。

目前，你应把主要精力放在能够给安排好的乡镇和好的职务这个重点上，绝对不能向领导汇报今后的打算，尤其是几年之后要回城的想法，这样会让领导产生你到乡镇完全是为了个人私利，或一边吃着碗里还一边看着锅里的想法，并不会取得好的效果。所以，暂时要把这个想法憋在心里。到乡镇工作 1～2 年之后，再根据实际情况和时机，适时向领导提出回城工作的想法和愿望，这种方式比较合适。

18
借调有哪些利弊权衡

我是工作两年多的选调生，曾因为文笔略好，工作不到一年的时间，就被下文件借调到上级中枢办公室办文。后来原单位大领导以缺人办文和选调规定限制为由,时间未到便把我要回原单位,继续加班加点办文办会,不知道领导是否对我有成见?最近接到上级单位的电话,想继续借调我上去。请问我应该怎么选择?

部委老农:

根据你描述的情况,你在选择时应该注意以下几个方面。

第一,借调不借调谁说了算。

借调的事领导说了才算,具体讲就是借调单位的领导和你现在单位的领导。通过你的描述可以得出结论,你现在单位的领导不太想放你去借调。你现在接到借调单位的电话,应该是他们借调你采取行动的第一步,也就是先获得你本人的同意。如果你同意,接下来他们才会找你们单位的领导沟通。

第二,借调的好处。

借调一般都是往上级机关去,所以好处很明显,就是可以到上级机关去开开眼界,多认识些人,如果工作做得好,有空编还有可能留下来。即使留不下来,回到原单位,以后也会多条路。具体到你的借调,那好处更明显,到中枢办公室办文,能够有更多写材料的锻炼机会,能够把材料写得更好。而写材料是机关工作一个非常重要的安身立命的本事。

第三,借调的风险。

什么事都是有好有坏的,借调也是。借调的坏处就是有可能陷自己于一个非常尴尬的境地。一方面,你在借调单位累死累活,但始终成不了这里的正式在编人员,等到关键时刻,都是各管各的,没人替你说话。

另一方面，原单位可能会认为你占着他们的岗位，但没有给他们做贡献，在原单位可能得不到好处。

第四，借调应该注意什么。

一句话，就是最大限度地获取好处，避免风险。因此，每天都要努力地汲取养分，锻炼自己。此外，要保持同原单位领导的沟通，你要给他一种你是在上级部门帮他做事的感觉。要勤汇报、勤请示，把自己的后院建设稳固，尽量不要搞破釜沉舟。

第五，应不应该主动争取借调。

回答这个问题，说简单也简单。一句话，那得看你的志向，看你想达到什么目的。你如果是想在现在的单位发展，那就顺着现单位领导的意思办，让现单位领导去回绝借调邀请。你如果还想趁年轻拼搏一把，那就到更大的单位工作。一方面要找现单位领导沟通，做好现单位领导的工作。另一方面要妥当回复借调单位领导，让他们做通现单位领导的工作。

第六，无论借调不借调都应该和领导搞好关系。

在单位，领导有很大的话语权，要积极向领导靠拢。你们领导对你应该没有任何成见，有以下两方面原因。一方面，谁都需要能写材料的人才，你能写，他很高兴。另一方面，谁都希望自己麾下出人才，你借调干得好，都是他培养、支持的，他的脸上也有光。所以，无论借调不借调，你都应该找领导汇报一下工作，汇报一下自己的思想，拉近同领导的距离。

第七，正确看待成长路上的困难和烦恼。

一说到困难和烦恼，大家都避而远之。可是我始终认为，对于年轻人，困难和烦恼简直就是宝藏，远比一帆风顺有价值得多。你如果志存高远，这些困难将会成为你努力学习、鞭策自我的动力。如果没有这些困难和烦恼，你很可能会是温水煮青蛙，乐不思蜀。最后，要记住：只要自己有过硬的本事，到什么时候都不怕。

19 留在本单位好，还是跳出去好

问

我是某地级市市场监管局的一位副科长，我们市场监管局由工商、质监、食药监、知识产权局合并而成，人员超编很多，将近二分之一；职责和责任也很多，涉及市场监管的各个方面；而且老干部也很多，我38岁已算是年轻人了。

最近领导想办法消化超编人数，让一些老干部套转退休后腾出位置来让年轻人顶上，我被放到办公室当副主任，负责批文分发、文电管理。每天经手的文件非常多，忙得不可开交，琐碎的事情很多，而且容易出错、得罪人，最近陆续有其他科室的年轻同事想办法调到其他部门了。请问我是继续干着这个工作，等着被领导认可、赏识、进步，还是想办法逃离这个单位，找到更容易进步的单位？

老部长：

根据你目前描述的情况，不建议你调动，而是立足于本单位发展，空间还要大一些。

第一，考虑进人难。

从整体上看，机构改革以后，大部分单位都是人比编多，空编的单位比较少。而空编的单位一把手，肯定要优先按照自己的想法来操作选人用人问题。进人难，应该是一个普遍性的难题，尤其是要调进比你现在的单位更强势、更重要的部门，难度会更大一些。这将耗费你大量的时间和精力，还不一定能成。如果说你有领导资源，调动比较简单，也可以运用。

第二，年龄和任职优势。

就你的年龄和任职，在本单位还具有较大的优势，但是调到外单位就不一定有优势了。最关键的问题是，调到新单位后能直接安排副科长的概率有多大？副科级干部是单位自己管理的干部，即使领导口头同意你调动并且任职，但是影响干部工作的因素实在太多，有时候可能瞬息万变，不发文件不算数。去了以后，很有可能要从头干起，面对人员不熟、情况不熟、工作不熟、领导不熟的新单位，你会有更多的困惑和纠结。这样的折腾也许并不划算。

第三，考虑天时、地利、人和。

从目前的岗位和职务来看，你还具备一些天时、地利、人和的优势资源，应该在这个基础上进一步巩固、完善和提升，扩大自己的优势，拓展自己的发展空间，这样以后的路会越走越好。

20
在偏远地区发展会比内地地区差吗

我是偏远地区一名近 40 岁大龄剩女,副科级,现有一个调到内地单位的机会。一是调动后降至科员,工资拉平后基本没变,但从家乡到外地,需要租房子生活。二是现工作单位的工作轻松,即将调过去的单位工作繁忙,本来在抑郁症恢复期的我对不确定的未来感到更加焦虑,害怕适应不了,平衡不了工作和健康之间的关系。三是陌生的人事环境也是焦虑之一。内向、不善言辞、不善交际是我的短板。四是已近 40 岁,在陌生的城市不知是否还有机会提升职务。五是如果错过这次机会此生可能都不会再有机会了,对于体制内工作者,外调提拔是唯一提升薪酬的途径。调到内地单位的优势是,工作、生活、就医的条件好,个人也不想碌碌无为就此虚度,也想借此次机会彻底治疗抑郁症、社交恐惧症,重新开始生活。但鉴于以上纠结的问题,摇摆不定,不知道应该怎样面对选择。如果能调动,以上纠结的问题应怎样平衡?怎样做?

第一,凡事确定目标。

认真看了你的描述,从实际工作和生活情况看,每个人的工作调动都会有一个主要目的。因此,如果你不是为了解决夫妻分居而调动,那目前就不宜调动。一是近 40 岁的年龄放弃原有的积累,到内地从科员干起，没有任何竞争优势，只会使你的压力越来越大；二是内地的工作更加繁忙，竞争更加激烈，另起炉灶并不容易；三是舍弃亲戚，远离家乡，在新的单位又一时难以融入集体，不利于病情的恢复。

第二，权衡利弊。

你现在是副科级，如果留在本地发展，在原有的基础上，既可以走职务提拔之路，又可以走职级晋升之路，发展渠道会更畅通。

第三，三思而后行。

对工作调动这样涉及个人前途的重大问题，一定要想清楚自己为什么要调动，自己的优势、特长能否在新单位发挥作用，然后再做决定，不宜率性而为。

21
部队机关岗位调整的利弊是什么

本人在部队机关工作两年，由于没有经验，经常由于考虑不周被领导批评，现在领导面临转岗，个人可以在工作中施展拳脚了，请问如何提高工作能力？此外，现在有机会调岗，要不要争取？该怎么做？

第六章 调 动

在部队机关工作，套路可能多于地方单位，要理顺各项工作，一定要善于找到规律，什么阶段做什么事，哪些事必须做好，哪些事是每年的常规工作。在抓稳重点的基础上，有的放矢地进行突破，循序渐进地成长，稳扎稳打地进步。建议你可以找之前的机关老干事、老参谋取经，请他们点拨一二，你再踏踏实实地干一年，相信你在机关的工作既可保质保量，又能游刃有余。

部队各岗位之间人员流动快，而且很多流动都是强制性和突发性的。所以建议你把更多的精力放在打造自己、提升本领这些方面，而不是刻意地关注领导的变动。

不要害怕改变和尝试，而要勇于挑战，并敢于亮剑。年轻的时候如果能在多个岗位历练，对你的职业生涯和人生积累非常有必要，目前的政策是初级军官蹲苗培养，就要求在初期把基本功打扎实，才能行稳致远。

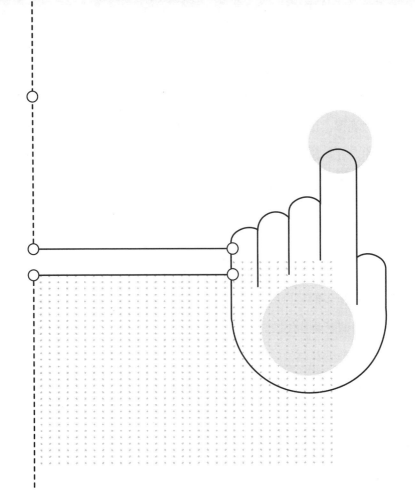

第七章

遴选

01
面试时，考官最看重哪些方面

我刚通过笔试，对于面试，心中十分忐忑，请问面试除了题目本身，考官都看哪些方面的表现呢？

在工作的这么多年中，通过跟组织部门、人事部门的领导，还有担任过面试官的领导进行聊天和打交道，得出一个结论：进入面试后，相对来说，所有考生又到了同一起跑线上，笔试成绩成了一个相对的加权分，面试时的表现才是能不能被录用的关键，而表现出这些方面特质的人，在进行公务员面试时更容易成功。

第一，阳光灿烂。

刚进我们单位时，发现面试时对我笑眯眯的那位面试官，竟然就是我们单位一把手，接下来他和我的一番谈话，让我感到既庆幸又心有余悸。他说："你知道吗？面试时你的回答不是最完美的，面试成绩也不是最高的。"（我心里回答，我当然知道，因为我在公务员面试之前从来没参加过面试，没好好熟悉过答题技巧。）

领导继续说："另一个考生的回答几乎全是标准答案，大部分考官都倾向于选他。但是我说了几句话,最后定的你。因为你最打动我的是你灿烂的笑容,看起来就觉得开朗活泼、积极向上的样子。"(怪不得呢,当时他作为面试官,加问了我好几个问题,我都高兴、自然地回答了。)

领导笑着说:"那个回答接近 100 分的女孩,面部没什么表情,似乎不怎么会笑,看起来显得心事重重的样子。你呢,看起来就很能感染大家的情绪。我们是政府部门,人员录进来后是跟企事业单位、群众打交道的,需要这种积极向上的精神面貌。所以最后定的就是你。"几年后,我们领导还专门强调,看来我当时的眼光真没错,你阳光灿烂的笑容给单位和谐做出了不少贡献。

第二,谦让有礼。

我们单位的一个业务处室,招录的小 F 同学的面试故事,也非常精彩。当时他那个岗位,进入面试环节的有一名博士、两名硕士、两名本科生。他作为一名其貌不扬的本科生脱颖而出,事后参加过他面试的人事部门领导给我讲了他们当时的考虑。

他们是无领导小组面试,回答问题时,大家都争先恐后、侃侃而谈。小 F 同学也是,紧跟节奏,表现尚可。但是面试快结束的时候小 F 的几句话,打动了评委。最后总结陈词时,小 F 说:"今天特别抱歉,我想给在座的各位道一下歉,刚才为了跟上节奏,好好表现,可能个别时候我抢了你们的话,也可能某些观点没有太在意别人的感受,有点冒犯,请多多包涵。"考官说,在他多年的面试经历中,有两位考生最后有致歉,招录后发现这两位同志都特别不错,都很注意跟单位人员的配合,人际关系融洽。公务员单位不像科研单位，需要特别强、特别高超的业务能力，只要进入面试，大家就都具有适应这份岗位工作的能力。但是公务员单位是一个需要讲究配合的单位，谦让有礼的特质就显得非常重要。

第三，不怕吃亏。

一位通过政法编进单位的小 S 的故事，也很值得大家学习。因为小 S 是政法编，在面试前还有个体能测试。在跑步测试环节，大家都想取得好成绩，争先恐后地去抢有利跑道。小 S 却默默地走到了最外层跑道。后边几项测试也都是，小 S 没有特意去抢过一个好的位置或器械。当时看到考场全过程的领导就说：基本上可以定这个孩子了，你们关注一下，如果面试的成绩不差，就选他，因为这样不怕吃亏的特质，无论对工作，还是对同事，都差不了。

在工作中，小 S 的表现和面试时的表现一样，都是先人后己，得到了领导和同事的认可。

第四，说话有逻辑。

参加过多次面试的一位人事部门的领导专门说过，要想在面试时候取得好成绩，在回答问题时，最好要有逻辑地分出个一、二、三点，这样回答会显得比较有条理。

没有逻辑的长篇大论，会让考官听的疲惫，抓不住重点。而有逻辑的一、二、三点，会让考官觉得有条理、有内容、有形式、有实质，更容易听得进去。并且你要多练习，要把一个问题分成一、二、三点来回答，也会让自己的思路更清晰，内容更丰富。

02
央企技术岗转公务员是否合适

老师你好,我现在想考公务员,想听一下老师的建议。我是理工科硕士,目前在央企从事技术工作。但一直以来我的信心主要来自整合资源、协调关系和解决矛盾。本人熟悉并善于辩证地看待和解决问题,曾因为帮助领导解决棘手的矛盾问题获得领导推荐。如果我现在放弃央企的技术工作而去考公务员,是否合适?

对这个问题,要因人、因时、因地制宜,具体问题具体分析。从你提供的资料来看,你很有从政的潜质。善于协调,善于解决矛盾,这都是从政很好的基础。但也有几个问题你需要先通过比较,考虑清楚。

第一,从追求上比较。

你一定要把自己的本心看清楚。结合自己的性格、兴趣爱好、特长及专业知识,来分析自己的职业发展方向。

一是要弄清楚自己的目标是什么。要根据自己的兴趣爱好、特长和专业知识来综合考虑,想清楚自己最想要的是什么,兴趣在哪儿。是想考上公务员从政,追求仕途,还是想追求财富自由?是想整合资源,还是想专心于技术?

二是了解自己的特点是什么。是善于交际，还是喜欢独处？是善于协调，还是善于单干？是善于办文办会，还是善于办事？

第二，从待遇上比较。

公务员的收入与央企的收入相比，肯定会少很多。此外，还需要考虑家庭收入、房、车、孩子教育等后顾之忧方面的问题。

第三，从工作的辛苦程度上比较。

机关的公务员，确实还是比较辛苦的。尤其是一些热门部委、强势部委的公务员，加班加点工作是常事，家里的事往往是顾不了的。这样看，央企的情况可能会比公务员好一点。

第四，从发展前景上比较。

你是否在央企总部，想考哪儿的公务员？央企的平台也很大，近些年有不少从钻研技术转向管理的，你近期有没有这种可能？如果要考中直部委机关的公务员，在部委从科员到处级，大约需要10年的时间。同时，年龄也是要考虑的一个重要因素，年轻是公务员的优势。如果是压着年龄的线考公务员，需要有足够的思想准备。

目前来看，你有志于从政，又具备从政的潜质。如果经济上没有太大的压力，又乐于吃苦，则鼓励你考公务员。

当然，备考过程也是艰苦的，要能够坚持。同时，要选择与你的工作相关的部委来考虑，比如说国资委、发改委（国家发展改革委）等，这样在面试中可能会有一些优势。考上以后，工作也会更快地进入角色，发展空间也更大一些。

03 乡镇办公室负责人还要继续考公吗

我很矛盾,对自己未来发展的方向不明确。我是乡镇机关的一名中层副职,现在是一个办公室负责人,事业编,31岁。现在乡镇的工作压力越来越大,事情也多,去年努力考公转行政编,没有考上。现在觉得有点迷茫。一方面,现在的领导有意提拔我为中层正职,但是我想兼顾家庭,怕提拔后顾不上家庭,而且要熬到转公务员并不容易。我本身不善交际,现在也在慢慢学着怎么管理办公室。另一方面,我犹豫要不要继续考公,考上后是不是意味着重新开始,不知道岗位工作会不会轻松点?

曾经我也是一名乡镇事业编制干部,一样的迷茫,看不清前途、不敢摸腰包。不过在那个时候,直觉告诉我,行动是改变自己当前困境的诸多方法中最有效、最直接的。于是用了半年时间考上了公务员,但不巧的是又被安排进了乡镇,苦干了半年后才得以调进县城。

你的迷茫,源于对未来的不确定,正如你所说,未来能否转行政编制未知,能否考上公务员未知,提拔转正后能否干好办公室的工作未知,等等。其实我们每个人的内心都充满了恐惧,而所有的恐惧其实都源自我们害怕未知。

一方面，关于继续在本单位干的未知。

一是提拔后是否能兼顾家庭的问题。虽然你现在的领导暗示提拔你为中层正职，但未必就一定能提拔。若是真的提拔了，工作又不全是你一个人去做，而且作为正职你还有不少人力资源可以调动，一定会顾不上家庭吗？这个未必，说不定在具体事务方面更轻松了。所以，这个不必忧虑。

二是能否熬到转公务员的问题。既然上了道就必须往前冲，把该做的事情做好，该建立的人脉布局好，尽人事听天命。与其为这些还摸不着边的事情忧虑，倒不如多学点本事，提升自己的综合能力、专业能力、管理能力等。

另一方面，关于是否继续考公务员的事情。

考上公务员之后，就会更轻松吗？说不定会更累，刚到新单位，作为新人，不一定会更轻松。从你的表述可以看出你还是想考的，一来你的年龄还没有达到上限；二来你也想快点转行政编。至于能不能考上，那真不是你该忧虑的问题，因为要考公务员就不要怕碰壁，不要怕失败，那是必须经历的一个过程。

从小到大，经历的大考这么多，无非就是这样一个过程：逐步熟悉，小心摸索，失败再失败，认真反思，卷土重来，直至成功。你这个年龄考公务员是比较尴尬的，毕竟已经31岁了，考上新单位一切都要从头（科员）开始，而你现在是中层副职了。所以能不能考上不是你该忧虑的，你现在需要思考的是哪个选择对你更值得、更划算。

记得《沧浪之水》里说："人生并没有什么最好的选择，任何选择都要付出代价,全部的问题是自己愿意付出怎样的代价。"与其不停地找方法做选择,还不如马上行动,省得虚度更多的时间。很多时候,只要开始行动,哪怕事先并无计划,也往往会有收获。但是反过来,缺乏行动的计划是没有任何意义的。

04
阅卷老师是怎么阅卷的

从阅卷老师的角度考虑,公共单位的考试在笔试时应该注意哪些问题?

笔试的备考是一项系统工程,单从阅卷的角度,我认为主要有三个方面需要格外注意。

第一,踩点。

只要是主观类题目,不管是要求直接作答的简答题目,还是要求自己根据政策理论知识间接作答的论述题目,能不能踩到得分点都是阅卷人首要关注的问题,在这方面出现问题会丢失大量的分数。踩点全面是考生通过笔试的最低门槛。做到全面踩点,有两个方面要注意。

一方面要在积累上下功夫,围绕一定的主线,将1年内的主要热点问题及推进措施烂熟于心，对各类可能考察的问题都要做到心中有数，建议围绕习近平总书记对外公开的讲话内容进行复习即可。

另一方面要讲究作答技巧，尽量从不同切入点多角度作答，不要将多种措施糅合成一点作答，避免丢掉要点。

第二，内容。

在全面作答的基础上，阅卷人会重点关注考生作答的内容。虽然阅卷时间非常紧张，但是答题内容的质量仍然是阅卷关注的重点。阅卷人评阅内容的方式不尽相同，但绝不会只看标题和开头结尾就下结论、给分数。我们一般采取看句号的方式，通过对段中有无句号，句号前后有无亮点句等一些容易操作的标准进行判断，发现亮点的内容会多停留一些时间，一般来说停留的时间越长，说明越有亮点，越容易给出高分。所以在备考过程中，建议在表述的准度和亮点上提前多下点功夫，不要在考试中尽说大白话和车轱辘话。

第三，卷面。

卷面的重要性从古至今都没有变过，阅卷人并非刻意以"貌"取人，但好的卷面和差的卷面给人的感官冲击却是客观存在的。因此，这一点对成绩的影响很大。如果一个人的卷面奇差无比，哪怕作答内容偶有亮点，也会影响整体评分。所以，在备考时候一定要练习卷面书写，哪怕字体书写在短期内无法提高，也要多在A4纸上练习一下，保证做到排列有序、布局合理，毕竟高手过招失之毫厘、差之千里，更何况卷面的影响有时候还不止"毫厘"，在这方面一定不能掉以轻心。

05
笔杆子参加遴选有优势吗

请问笔杆子参加遴选有没有优势,是否需要提前准备?

遴选考试考察文字表达能力,笔杆子会占有一定的优势,这是毋庸置疑的。但是如果不进行准备,那么相较于一个系统准备过的非笔杆子来说,你一定会处于劣势。

第一,考试写作的篇幅。

遴选考试的写作,篇幅一般在2000字以内,多数在1000字左右。(超过3000字属于专门遴选笔杆子的考试,不属于常规遴选,不做讨论。)对于1000字左右的篇幅,非笔杆子依靠系统地复习,完全能够在卷面上临时展示出一个非常高的水平。

第二,考试和平时材料的区别。

遴选考试的写作,跟大家平时的公文写作有很大的区别。

大多数参加遴选的考生都是在地级市(含)以下层级工作,所写的材料,多数都是围绕自己服务的对象,针对本地区、本部门的工作实际,结合所在层级上一级(一般最多到省级)的精神进行的针对性写作。在布局上,整体的站位有限,结合大政方针和中央思想的理论有限,这种东西在实际中好用，但在考试时并不好用。

试卷的写作题目通常是围绕党的自我革命及领导国家进行社会革命中的各种矛盾点来的，必须大段引用基础政策理论，这些东西你平时写作的时候不可能站位那么高，也不会研究那么多，否则的话领导肯定说你写得太空。

第三，水平的发挥。

在考试的环境下，写东西要求不借助任何资料，而且要一气呵成，不能修改。这跟大多数人平时写材料的模式大不相同。很多笔杆子日常储备的亮点句子不足以打动阅卷人，你能表现出来的水平，很可能不如你日常写作的水平。

下边给出一个模块，以300字为基本单元，使用不同的组合方式，可以覆盖大类写作题。

担当实干模块（小标题自拟）。习近平总书记强调，"干部就要有担当，有多大担当才能干多大事业，尽多大责任才会有多大成就"。作为党的领导干部一定要以"在其位、谋其政"的责任意识、"知其难而为之"的执着信念、"赴百仞之谷而不惧"的无畏气概，勇挑千钧之担，敢于担当、善于担当、体现担当，以钉钉子精神创造出经得起实践、人民和历史检验的实绩。要坚决反对和抵制形式主义、官僚主义，不能看似动作不少，实则原地空转，不能只图虚名、不求实效，必须从实处着眼、用实干考量、以实绩说话，下真功夫、实功夫、细功夫，坚决破除一切影响事业发展的障碍和阻力。

06
面试时的语音、语调怎么调整合适

在面试发言时,请问语调应如何把握?语速要适中,有节奏感,应该怎么练习?

面试答题千人千面,没有必要寻找一个标准模式,而应回归本质,适合自己的就是最好的。

第一,关于语调。

面试其实就是在特定情境下与面试官就特定话题进行交流,所以还是以自己正常的语调为主,当然男生可以适当下沉发音位置,这样感觉沉稳有磁性,女生可以适当提高一下语调,让声音显得更加有力。

第二,关于语速。

语速是因人而异的,通常来讲,播音员一分钟220个字是比较常规的语速,一般人大可不必遵循这样的标准,但是要对自己的语速有一个清醒的认识,结合自己答题时候的气息调整语速。因为人在紧张的时候,气息是不稳的,而且思路可能不是特别流畅,建议你在平时练习的时候,在答题时间充足的情况下,将语速放慢,让自己的表达能够跟上思维运转的速度。

07
遴选怎么做准备

本人女,从警 3 年,服务年限 7 年,是四线城市的一名公务员,有一定写作功底。请问遴选看哪几方面的书?像省厅或省会城市的考试一般考核哪些方面,从哪些方面着手?

第一,明确"你能去哪"。

基层民警想往上走,最普遍的出路,一是上级公安机关;二是政法委;三是纪委监委。如果是网安等相关警种,也有去各级网信办的机会。如果想去上述单位以外的领域,据我个人了解机会不多,有特殊关系、特殊技能、特殊机遇的除外。

第二,认识"你想去哪"。

也许你想去 A 单位,但是你没有去 A 单位的机会,现在 B 单位要人,你去不去?在现实中,我们几乎没有太多选择的余地,所以要学会向一些人和事物在一定程度上妥协。

第三,了解"你如何去"。

遴选是一条关注度极高的正规渠道。遴选大致分为两种,一种是统一招考,如中央遴选,无论报考哪个单位、哪个岗位,大家都考同一张卷子。另外一种是各单位自主命题，如你报考省纪委监委的岗位，通常该单位会委托第三方机构组织专家命题，但命题的思想和重心，招考单位已经交代给命题机构，卷子出好后要经过招考单位审阅，通过后进行考试。

如果你要参加的考试是统一招考，建议你在网上购买中央遴选的资料即可。如果你要参加的考试是各单位单独命题，那么你必须熟悉该领域的理论政策，甚至是业务知识。做到人不会我会，人会我精。比如纪委，必然会考基础知识、案例分析、公文写作、大作文等，如果你连查案都不会，或者不精，案例分析可能很难作答。

你现在的服务期限还有4年，可以用这4年时间跟你想要去的单位领导建立联系，搞好关系，如果他们需要用人的话，请他为你传递消息，做推荐。先借后调，也可以获得你想要的。

08
遴选资料填写一定要细、实、准吗

遴选报名表对资格审查的影响大不大？报名表上的业绩一栏应该如何填写，才能在短短的篇幅里，突出自己的能力，提升与岗位的匹配度？

遴选报名表的填写非常重要。不光在资格审查时有影响，在后续的面试及进入新单位，都可能有一定的影响。

一方面，重要性。

如果你报考的是单独部门组织的遴选，很可能在资格审查后，你的突出特点信息就会被传给报考单位的领导。

如果将来考上，对你进入新单位会有所帮助。如果以后报告中央遴选的话，面试的时候，你的报名表将会出现在每个考官的面前。你的各种信息，他们将一览无余，而且将会作为评分的一个依据。

所以，各种优势信息，更要填写完整，有亮点，这样匹配的岗位才能最佳。

另一方面，关于填写。

具体填写时，如果你报考的岗位，有一定的条件限制，要求一定的能力、工作经历，都需要填写清楚，否则，会影响到资格审查。

个人的一些经历，也要填写规范，与干部任免审批表中的信息相一致，尽量不要有太多出入，应该是最严谨的写法。

对于业绩一栏，也要重视，能写则多写。重点写清楚从事某某方面工作多少年，练就了哪些过硬的能力，获得了哪些成绩。比如，获得年度考核优秀嘉奖、记三等功等，在中央、省级等媒体刊物发表过文章，中央或省级领导去调研过你负责的相关工作并给予称赞，获得中央领导、省主要领导的肯定批示，具有创新的相关的典型经验并在一定范围推广，等等，都可以写进去。如果太多，就挑与岗位相关性比较大的写。

对于自己的亮点成绩，可以专门建一个 Word 文档，及时更新补充，及时将自己获得的成绩、奖励放进去，这样在以后使用时就会非常方便。每次使用的时候，直接调出来就可以了。

09 哪些部门的路会好走一些

 问

请问现在哪些部门的路会好走一些？我是一名艺术生，生活态度积极向上。现在是一名基层民警，我们单位升迁很慢，基本上 30 岁能升职到副科算是快的，而且还要经常值夜班，不过待遇比一般公务员要高些。周围大多数同事的斗志都快被消磨掉了，只想领着死工资。我不想就这么浑浑噩噩的，所以想通过遴选到一些比较好的部门，趁着年轻闯闯，早点成长起来。但是我对各个部门并不是特别熟悉。请您指点。

 石头哥：

不管是体制内还是体制外，无论是哪个部门，其实都没有什么好走的路，只不过付出和牺牲的东西各有不同而已。

第一，部门分析。

相对而言，提拔比较快的部门有以下几个。

一是党政"两办"、纪委监委和组织部，虽然提拔快但付出的艰辛也是相当大的，每天都是快节奏的工作，加班到很晚是常态，基本上是一般部门工作量的两三倍。不过，这些部门确实能够锻炼人，见得多、听得多、成长也快。

二是常委部门，包括宣传部、统战部、政法委等，这些部门的提拔优势也很明显，也能接触很多东西，但都比较专业，不过也挺忙。此外，编委办也不错，人员少，职数多，现在受组织部统筹管理，提拔也快。但接触面一般，较专业。

三是优势小单位，团委部门升得也快，但只培养年轻干部，可以作为一个过渡、跳板。团委组织各类活动较多，你是艺术生，还是有优势的。但部门小，招人也少。

四是大局委，发改委、财政局、交通局这样的大局，虽然提拔相对于党委部门慢点，但比一般部门要快些，能进去也是相当不错的。

第二，切实建议。

你是基层民警，也可以考虑法院和检察院，规格高，提拔也快，还有实权。另外，还有人大、政协机关，提拔也快，但接触面较窄，实权不大。

给你的建议是，先从基层出来，因为上级部门接触面广，机会比基层多。再说，早一天来到新单位，你就能早提拔一天。如果遴选能力过硬，机会也合适的话，还可以挑挑部门。

10
积累知识有没有捷径

 问

今天看阅兵看得心潮澎湃,同时也发现,看个电视都能学到知识点,平时通过学习强国也可以积累很多知识,但不知道如何用。请问在平时办文和备考遴选的过程中,如何积累、整理、应用相关的知识点呢?

石头哥:

零散时间都用来积累知识,其实不符合思维习惯,因为注意力不专注,占用精力过多,建议还是每天拿出专门的时间用来学习,进行党报阅读。具体建议这样操作。

第一,读人民日报。

各级各类的党报一大堆,最好不要铺开读,因为一般没有那个时间和精力。在所有党报中,《人民日报》的综合性最强、理论水平最高、文字最为讲究,所以,如果精力有限,可以只读《人民日报》。当然,如果精力充沛,也可以读读地方党报、行业报,那会更好。看到值得摘录的词句或碰上经典的文章,可以摘录下来。

第二,只读质量较高的文章。

同在一个版面上,文章质量仍有高下之分。一般来说,一些经典栏目,如社论、人民论坛、人民时评等方面的文章更值得读。还有一个鉴别方法，人民日报电子版左下方有个点击量排名，一般点击量高的文章的质量相对来说也较高。因为时间有限，我们必须优中选优。

第三，边学边摘。

对于好文章，无非是学习它的标题、结构、逻辑、内容、语言。需注意，比学习更重要的，其实是摘录。如果工作忙，没时间仔细学，可以先摘下来，对于好的标题、句子、词语、俚语、观点、诗词、名言，甚至段落、篇章等，都可以直接摘下来，闲时慢慢回味。摘的时候不用分类，不用关心格式，就按看到的顺序排下来即可，顶多加个序号，或是把自己最中意的部分标黄。若是弄得太烦琐，过不了几天你就会了无兴致。

第四，向前辈学习。

子曰："三人行，必有我师焉。择其善者而从之，其不善者而改之。"周围每一个人都有自己的长处，我们都可以向其学习。特别是一些前辈，他们的经验更丰富，我们可以直接向他们学习，将他们好的方法转化为自己的方法，从而达到知识的积累。

11
遴选落榜还要向领导汇报吗

这次遴选替补进入考察期间，单位领导包括处长、人事处长、分管副局长、局长,都很支持我,给了我很多帮助,但最后还是没能被录取,结果出来后我想向相关领导汇报一下。请问我需要一一向这几位领导汇报吗?需要怎么说呢?我现在在休产假,不方便去单位,可以私下请这几位领导吃饭以表示感谢吗?

老部长:

第一,应该汇报。

既然几位领导都倾力帮助了你,那么他们对于结果当然会十分关注。因此,很有必要通过信息向领导汇报一下结果,表示一下感谢。

第二,关于怎么说。

可以先表达感谢,再表示继续努力,做好工作。你大概可以按如下方式去表达。

领导您好!在您一直以来的关心、支持和鼓励下,这次遴选,我一路跨越了笔试、面试,进入考察环节,但种种原因最终仍名在孙山之外。在这里,我要真诚地向您说声谢谢,感谢您无私的帮助。

千里之行,积于跬步;万里之船,成于罗盘。在今后的工作和学习中,我将继续以您为导师和楷模,铭记教诲,专心、安心钻本行、务本职,用心、精心抓学习、增才智,力争创佳绩、上台阶,不负重托,为您争光,祝您工作顺利,万事顺意!小某报告。

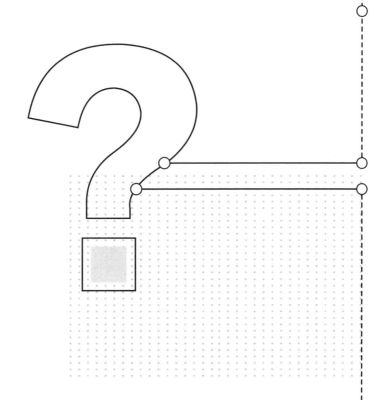

第八章

困 境

01 工作中被抢功，怎么办

前段时间，我和一位在一线工作的同事共同写了几篇文章，并在某一省级公众号投稿，其中有一篇稿件被采纳。稿件被采纳后，办公室主任在群里表扬了这位同事，并得到了大领导的点赞，但是没有表扬我。其实稿件主要是先由我进行起草，后由同事进行修改。同事一直和主任一起在一线工作，主任可能不知道该稿件由我和这位同事合作完成，我这个人平时不争不抢，也不追求升官发财，只是觉得有些不公平和无语。遇到这种情况，我该怎么做？

自己的劳动成果被埋没、得不到领导的肯定，确实是一件很憋闷的事情。但也不要过于沮丧，弥补和防止的办法有很多。

第一，弥补的方法。

虽然这次没有得到表扬，也没体现出自己的劳动成果，但还有以下几个方法进行弥补。

一是近日如果遇到合适的机会，可以通过开玩笑的语气跟同事这样说："上次我们俩合作写稿的事，领导表扬了你，兄弟，你吃肉，我也喝点汤吧，遇到机会你能不能跟领导说说，我也做了不少工作。"由他出面向领导说明这个稿子是由你们俩合作完成的，就能使领导心中有数，知道你的能力。

二是近期借向主任汇报工作的机会，顺势向主任汇报说一下这个情况，可以委婉地表达："在主任的正确领导下，今年的材料和信息工作取得了很大的成绩，比如，上次我和某某合写的某文章，在某公众号刊发后影响非常大……"这样就不经意间自然而然地说出了你的劳动和付出，使主任知悉真实情况。

三是在个人的半年工作和年度工作总结中，可以把在媒体刊发的重要文章单独作为成绩点拿出来说说，比如今年在省级以上的媒体刊发了多少篇文章，尤其是你与同事某某合写的某篇文章在某公众号刊发后产生了较大的反响等。工作总结可分别送给有关领导，这样领导亦可知悉你的工作成绩。

第二，预防的方法。

为了防止今后出现类似的情况，可以采取一些措施。

一是材料文章尽可能地独立完成发表。

二是必须事先讲清楚。两人合作的材料或文章应有言在先，要进行共同署名，并共享成果，避免由此产生隔阂或扯皮。

三是可以定期（比如一季度）向领导报送媒体采用稿件的目录，包括文稿标题、采用单位、作者等，使领导一目了然，这样就不会埋没你的成绩了。

02
无事生非的同事甩来的"锅",怎么甩回去

本人经选调进入新单位4个月了,主要负责单位材料的起草及发文、文件的审核与修改,每周都有写不完的材料。

这两天刚闲下来,科室另一名负责综合性工作的同事就在分管领导面前诉苦,说自己的事情做不完,分管领导今天在科室会议上说我不能只写材料,也要分担一些其他的工作,还说了一些类似于我的事情少了、办公室主任工作分配不均的话。我虽然心里很不高兴,但不想当面起争执,就选择了忍气吞声,觉得自己真的太厌了。

现在办公室的工作任务都是办公室主任统筹安排的,另一名同事的工作并不复杂,是因为她个人工作经常拖拉,造成了工作的堆积。而且我还多次听到她在领导面前"甩锅",想把自己手上的几项工作都推给我。而我自己,对于领导交办的任务,时时刻刻都会记在心上,会抓紧时间完成,虽然单位一把手对我的工作比较满意,也多次称赞,但我个人不善于向领导表达与沟通。

我现在不想忍气吞声了,想和办公室主任及分管领导沟通一下,表达自己的想法,或者建议重新进行工作分工。请问是否有必要呢?又该怎么说呢?在今后的工作中,我要怎么做呢?

在工作中，每个人都要各司其职，恪尽职守，才能有条不紊地把工作推进及做好。对于自己范围内的工作，一定要做好；对于自己范围外的工作，可以根据自己的时间和能力选择帮不帮。对于这件事，有以下几点建议。

第一，一定要吸取教训。

有些话需要当面表达出来，比如自己的工作量之类的，以及对某件事的态度，一定要当面表达，因为在事情发生之后，很多话再说意思就不对了。

第二，科学应对。

根据你的表述，可以看出你是那种不是特别善于沟通，不是特别外向，也不是特别善于跟领导打交道的同志，建议你采用一个具体的办法去应对这种类似的情况，比如自己每天记好工作日志，包括写了什么稿子，有多少字，效果怎么样，收了什么文件，办了什么事项，等等，都要记清楚。可以一个月或两个月稍加整理，做成一张表，以书面形式跟领导汇报，让他看一看你的工作量，这样是最直接也最有力量的，特别适合内向不善于表达的人。

第三，关于分工。

目前局长和办公室主任如果已经敲定了相关分工，作为年轻人，我建议你还是愉快地接受，就不要再顶回去了，毕竟多干一点活也累不死，而且也是一种积累经验的方式。但是，以后一定要记得跟领导把自己的工作量表达清楚。

03
如何反击竞争中的"谣言诋毁"

 问

我是单位里的一名中层干部、部门领导,47岁。今年单位里即将选拔几名主管领导,我现在具备资格且各方面排名比较靠前。但我的竞争对手现在在单位里四处散布谣言,说我将单位的一个班子成员写信举报了,说我的人品不好,等等,给我的名誉造成损害,工作上造成被动,人际关系也受到很大影响。

据说,单位的这名班子成员确实被举报了,虽然我和这位班子成员平时关系不太好,但我并没有举报过他。从现在的情况看起来,他应该认为是我举报的。所以,不仅仅是我的竞争对手在四处散布谣言,这位班子成员也在单位里公开打压我。我现在应该如何面对这种被动的局面?对于散布谣言诋毁我这件事,我可以向上级反映吗?

 老部长:

虽然"人不犯我,我不犯人",但若恶意来了,也要反击回去。忍气吞声,只会让自己遭受更多的恶意。面对竞争对手的诋毁,你当然不能坐以待毙,而应该有理有据地进行反击,具体可以采取以下措施。

第一,直面应对。

直接当面跟这位班子成员真诚地谈心,把问题摆在桌面上,就说自已确实没有写过这样的举报信,做到坦诚相待,尽量消除他对你的隔阂和误解。

第二,收集证据。

收集同事诋毁你的事实和证据,向单位分管领导、纪检组组长、一把手和上级组织进行汇报,如实说明情况,澄清事实,请求组织上进行干预。

第三,以其治人之道,还治其人之身。

因为你对这件事进行了反击,你的这个同事今后不免还会针对你,平时要做个有心人,避免跟他直接硬碰硬,此外,你也可以收集和掌握这位竞争者的缺点、不足,尤其是错误的事实,在他在散布谣言的时候,直接向上级纪委和组织部门反映,并为自己申辩。

04 如何重新获得领导的信任

我是办公室主任,以前与领导配合得挺好的,领导也经常征询我的意见。有一次进行人事调整,从工作的角度出发,我大力推荐了一个同事,结果这个同事上位后,不但不感激,反而把我视为竞争对手。这种经历,导致我不再愿意向领导推荐人,尤其是与自己年纪相仿且存在竞争可能的人。但这样做后,我发现很多事领导不太愿意和我商量了,可能觉得我不够客观、公正。请问我该怎么做才能重新获得领导的信任?

▼

在工作中失去领导的信任,和在生活中失去朋友的信任一样,都是因为某些事让他们对你产生了怀疑,没法再坚定地相信你。要想重新获取信任,并没有那么容易,但必须做到坦诚。

一方面,关于怎么认识这件事。

经过这次人事调整事件以后,领导之所以不再愿意就工作方面听取你的意见,除了认为你不够公正,还可能有两个重要因素,你需要充分意识和认识到。

一是也许你对自己的推荐价值估计过高。人事任用权是领导最重要也是最看重的权力,并不希望他人过分参与。领导都是综合能力很强的人,考虑问题比较全面,因此在用人问题上都会十分谨慎,反复权衡。具体到你说的这个人事调整的事儿,对用谁不用谁的问题,也许他心里早有了答案,只是听一下你的意见,印证一下他心中的答案,也是展现领导作风民主的一种姿态,更是对你信任的一种表现形式。而你将此事归功于自己,有点喧宾夺主,认识存在误区。

二是也许领导认为你夹带私心。在工作中,不可避免会有竞争。如果举荐别人而又不希望成为竞争对手,这明显是存在私心,也许领导因此觉得你度量不大,站位不高,心里有个小算盘,因此不敢把事情交给你去做或者不敢和你商量。

另一方面，关于下一步怎么办。

对这件事，在思想上必须高度重视，在行动上必须采取有力的措施来弥补自己的失误，以减少后续的影响。同时，这件事也反映出你的领导是一个比较正直的领导，只要态度真诚、措施具体，也是有挽回余地的。

一是主动认错，以真诚的态度弥补。针对这个事件，结合平时的工作实际和正在开展的主题教育，真诚地对自己的思想、行为、作风进行认真反思，查找原因，分析影响，制定具体的改进措施，最好形成书面汇报检讨材料，并以积极主动的姿态向领导汇报，认识错误，并改正错误，恳请领导的批评教育和帮助，这样就可以化被动为主动，积极地争取领导的信任。

二是准确地领会领导的意图，以扎实有效的工作弥补。在今后的工作中要更加准确地跟随、领会领导的意图，注意察言观色，善于从领导的表情、眼神、动作等非语言行为中捕捉和领会领导的意图。凡事想深一层，想远一点，想全一些；凡事干在先，成在先。通过扎实干事，干则必成，使领导坚信你的能力。

三是不图回报，以大公小私的实际行动进行弥补。对工作上的事，如果看准了，大胆作为，该参谋的要参谋，该建议的要建议，该补充的要补充，该完善的要完善。凡事要做到先公后私，大公小私，多推功揽过，荣誉面前多谦让，利益面前不伸手，困难面前不退缩，更不要做什么事都想要得到回报。通过一件件、一桩桩的小事，回应领导，打消领导心中的疑虑，使领导和同志们感觉到你不是一个见利忘义的人，不是一个心胸狭窄的人，不是一个站位不高的人。这样坚持下去，可以逐步改变领导对你的印象。当然，对于人事问题，领导若主动征求你的意见，理应出于公心，该推荐谁就推荐谁。若领导不征求你的意见，也不要主动地去说去参谋。

四是注重反思，举一反三抓弥补。工作上的其他事项，也要通过这件事吸取教训，经常反省反思自己的言行同领导的意图是否一致，并及时修正，及时跟进。

05
新来的领导不认可我，如何改变被动挨批的局面

我是在办公室做综合工作的科员，上面有科长。6月初我们新换了一个处长，他总是对我不太满意，在会上当众批评了我好几次，还说我不加班。综合工作、党建工作、青年工作出了疏漏都直接批评我，反而不批评我们科长及分管处领导。

这几个月来我努力查漏补缺，但是离领导的要求还比较远，而且因为只有我一个人做事，同时承担太多的工作，包括信息刊物的编发、督查督办、后勤保障、人事管理、工会事务等，因此难以把工作做精做好，导致自己很

被动。之前我想调动走,但是我们处长拒绝了来调的单位,让我安心工作。现在这个局面真的让我很苦恼,请问该怎么办?

石头哥:

俗话说,"柿子拣软的捏",新来的领导不批评你的分管处长和科长,那是因为批评他们的成本更高,而批评你的成本低。最主要的是,这个工作的直接对接人员是你,所以只能找你。对于这种情况,可以从以下几点出发。

第一,解决事的问题。

凡事多跟科长和分管处长汇报,任何事都要经过他们的同意,和他们通气。这样一来,可能批评你的时候就好多了,毕竟事儿也不是你一个人干的。即使你替科长和处长挨了批评,他们也得念你的好。

第二,解决人的问题。

想要把工作干精细,单纯靠加班是不可能完成的,加班只能解决急、难、险、重的问题。对于精细化的工作,一定要有时间和耐心来琢磨,也就是说想要把工作干精,一定要先解决人的问题。如果你的工作量已经比较饱和了,就要考虑增加人手来辅助。

你现在要琢磨的是怎么增加人手的问题,安排一个人过来,你的精细化程度就能极大地增加。那么,能不能从外面借调人?能不能招实习生?能不能外包?这个你可以先琢磨,你协调不了的,要不断地跟科长和分管处长讲,不厌其烦地要求增加人手。一定先解决人的问题,有了人你就能多做很多事。

第三，讲究轻重缓急。

对于你目前的这几块工作，比如督查督办、信息、人事等，要分清侧重点，弄清楚领导最关心哪个。任何工作都有轻重缓急，他不可能每个都关心，所以你要学会优先安排主要工作，其他工作按重要程度和难易程度，进行合理安排。只有从整体布局，从细节着手，这样才能提高效率和质量。

06
在体制内工作10年还是科员，接下来的路在哪里

我是先以事业编身份在县城工作6年，后以公务员身份在县局的乡镇站所工作4年。可能是性格内向的原因，体制内工作10年，一直未被提拔。最近想着是不是找点关系请领导提拔一下，毕竟我35岁了，跟我同龄的很多都是副科长、科长了。

今年我去考了本专业的司法考试，没考过。现在上有老下有小，晚上看书实在太累了，不知道明年要不要再考？我又想着多写材料，但是我们站所也不太需要公文多么出色，我不知道怎么提高自己。我该怎么办？

35岁正是年富力强,创造力旺盛的时候。完全有条件有可能把自身的实力提升到一个新的高度上来。根据你的描述,有几个具体建议供你参考。

第一,对自我要有清晰的认知。

先要明白自己最喜欢干什么,最想得到什么,最能干什么,优势在哪里。然后把兴趣和优势结合起来,确定目标和方向,才是一条比较正确的路,而不是东一锤子西一榔头。根据你的情况,建议把目标和方向确定到精进业务上来,并且一直往前走,这样路才会越走越宽。

第二,提升自己。

无论是立足,还是提拔,都需要靠人品和实力来说话。人品优、能力强、成绩突出,再加上个人努力,建立良好的领导关系,那么提拔的概率就高。如果自身什么优势都没有,想靠死缠烂打或请客送礼去找领导要提拔,那基本也没什么可能。所以还是要把功夫下在提升能力、长本事、增才干、成为业界行家上,至少要在一两个方面有让大家佩服的东西,这才是个人成长之纲。

第三,拓宽思路思维。

通过司法考试和写好材料,都是增长本事、提高能力的方式,两者并不矛盾。你从事的是司法工作,完全可以和写材料融合起来。通过司法考试促进学习,进而全面地掌握法律知识,那么通过司法考试就是一个水到渠成的事。写材料的思路也不能局限于单位的通知和讲话,而要拓展到思考研究司法工作和业务层面上来,形成材料或文章,在业界报刊发表。这样你的思维能力和理论水平就会有一个很大的提高。

07 面对领导"画饼"要学会"抬头看路"

我个人业务能力强,经历了好几任分管领导了,每次换了分管领导后,分管领导都说我工作任劳任怨,业务能力也突出,让我好好干,会推荐我走上重要岗位。但是每次评先选优、职位提拔和职级晋升都没有我的份。最近听说科室主任马上就要进入班子,分管领导说会推荐我,但主要领导没通过。考虑到之前的情况,不知道是分管领导给我画饼还是真的推荐了。我想请教下老部长,这种情况下我该怎么办?

遇到这种情况,首先要分析根本的原因,才能找到解决问题的方法。

第一,分析原因。

从你描述的情况看,你的工作能力强、业务功底硬、为人实在、作风扎实,各项荣誉尤其是提拔和晋级却一直没你,除了领导习惯给你画饼,可能有以下三个方面的原因。

一是没有表现出应有的领导素质。你在工作中只专注于工作、业务等具体事务,过多的表现了作为一个专业人员的业务能力,而没有表现出作为一个领导干部主动谋划、大胆作为、及时汇报等方面的领导素质,领导认为你只适合做具体性的工作,而不太适合做领导工作。

二是没有表现出强烈的进步和提拔愿望。从你描述的情况看,你既没有主动积极地向领导靠拢,也从没有主动向分管领导尤其是一把手汇报过要求进步的愿望和想法,更没有表现出对某个岗位志在必得的欲望。领导认为你很满足现在的岗位,乐于现在的工作,对政治上的追求和职务上的提拔似乎并不看重。

三是没有主动争取领导的信任和帮助。可能你平时主要把精力和时间都用在了工作上,就工作论工作,忽视了同领导建立良好的人际关系,导致领导尤其是主要领导对你缺乏必要的认可、信任和私交,关键时候没有为你说话和站台。

第二,关于抬头看路。

一个人在体制里要有所成长和发展,一靠个人努力,二靠领导信任。这犹如车之两轮、鸟之双翼,缺一不可。在你的能力已经比较强的情况下,你目前第一位的任务,就是要解决被领导信任和能提拔的问题,重点可以从下几个方面发力。

一是及时向领导表达自己要求进步和提拔的愿望。平时在干部动议之前,或者借向领导汇报工作之机,你可以详细汇报下自己的工作和成绩,并向领导汇报和表明自己要求进步和提拔的愿望,恳请领导关心关照。这样让领导知道你内心的想法和追求,并感受到你的真诚和尊重,他才有意愿为你提供帮助。

二是注重培养和展现自己的领导能力。在日常工作中,一定要展现出能当领导的潜质和能力。从某种程度上讲,技术干部只需要能干事、干好自己的事就行了,而领导主要是会管事,侧重于组织和管理。

因此，平时要注重从事务圈子里走出来，多跟上级、同级、下级接触、联系，多向领导学习，向身边的典型学习，多做一些统筹、协调、沟通、联系的工作，多向领导提合理化建议，多在单位的各种交流会等公开场合主动发言，主动表现，张扬个性，这样既可以提升自己的综合素质和能力，又能充分展现自己具备较强的组织能力和领导素养的形象。

三是充分利用工作和生活两个平台，积极向领导靠拢，建立良好的人际关系。既然你已经认识到自己存在跟领导接触少的不足，那么就要坚决地改进。做到在工作上多请示、多汇报，同领导多接触、多见面，不断地增加领导对你的了解和信任。

同时，你还可以重点从生活方面切入，同领导多联络联系，比如，逢年过节发信息问候，平时多走动走动；根据其爱好，加强与领导的联系，从而拉近双方的距离，增强领导对你的心理认同感。

08
事多人少无法开展工作，领导又不给人怎么办

我是一名即将提拔的科级干部，负责宣传工作，因为工作认真，对于一些能跟我工作靠边的活儿，领导也爱交给我，党务的学习和工会的一些活儿

也都让我管。我现在基本上都是周六、周日无休，到点走不了；我所在办公室的同事也很辛苦，因为她家里孩子太小，所以我都是让她到点走，我自己尽力做一些比较复杂的工作。

领导了解我的情况，让负责组织人事的领导给我借个人来，分管人事的领导和一把手都知道也同意，但是4天了还没借到，也许他们觉得宣传不重要，两个人就可以完成。但是确实有很多领导交办的任务，想要保质保量快速完成就得加班干，可是办公室里的日常工作也需要有专人盯，目前两个人非常辛苦。当前最重要的，是我不知道如何争取到组织负责人的支持，尽快调人过来，我每天都跟他沟通，他答应得很好但就是没动静。近期就要有检查，我确实非常需要有人来一起整理档案，而且日常工作也都在等着去完成。对于这个情况，您能否提点我一下？

老部长：

你所负责的宣传等工作都是任务重、要求急，而且烦琐的工作。要走出目前的困局，做到忙而有序、忙而不乱、忙而有效，你可重点从以下几个方面来改进和完善。

第一，再次向领导坦诚地汇报，直接提出借人方案。

关于这一点，主要是通过摆、比、提的方式进行汇报。摆，就是把自己的工作量一项一项地向领导摆清楚；比，就是把自己的工作与其他科室比，与科室的其他同事比，诉诉苦；提，就是直接提出借调某某人的方案。

向领导汇报，不能只说问题不提方案。你如果提出了解决方案，会比只提问题更容易得到领导的理解和关心。若领导不置可否，你就视为默认，然后落实即可。当然，话要说得真诚得体，不能惹怒了领导，影响了提拔。

第二，要注重抓计划，做到有章有法。

宣传和党务等工作虽然事多事杂，但还是有一定的规律性，经常捋一捋，盘一盘，根据其规律性适度预见和超前计划，做到月有方案、周有计划、日有安排，这样才能有条不紊地向前推进，避免事到临头出现抓沙堵水的忙乱。同时，要学会梳理工作计划和进度，做一件、了一件、放一件。

第三，善于突出重点，做到抓大放小。

工作中不要平均用力、事事求精，而要善于抓重点、抓主要矛盾。对重要的工作和领导交办的主要工作，可以投入的精力多一点、做得好一点；对一般性的工作、日常的工作，以完成为目的，只要不出错就行，不要追求完美主义，不必件件做成精品、事事成为标杆。这样可以有效地减少工作量，节省精力和时间。

第四，要适度切割，张弛有度。

提高效率很重要的一个方法，就是尽量把工作和生活上的事分开，做到上班集中精力忙工作，下班放松身心忙生活，既不要把工作上的忧心事带到生活中，也不要把生活中的心绪带到工作中，最大程度地减少互相干扰。当天的工作如果确实做不完，也可以适当地推一推，拖一拖，学会调节和张弛有度。

09
体制内的工资只能解决温饱,当公务员图什么

我在县里工作 8 年了,晋升了事业编副科。我这个人勤奋自律,吃苦肯干,平时注重精进业务和维系关系,并为此花尽心思。现在突然感到有些迷茫,我工资 4000 元多点,就算再花大心思竞争上位,依然是解决温饱而已,有这个精力如果去做生意,一年十几万元应该也不是问题。如果只是解决温饱,那么体制内的人们最终能得到什么呢?

老部长:

这个是一个宏大的哲学命题和人生观的问题。这里仅从实际实用的角度,谈几点建议供参考。

第一,正确看待体制内工作。

在体制内,由于职业的特殊性质和纪律的特殊要求,能让你衣食无忧,收入在平均线以上,但想要大富是不可能的;同时,即使大部分人努力奋斗一生,也只会处在"金字塔"的中低端,能够大贵的人也是极少数。

因此,对绝大多数人来说,想通过在体制内来升大官或发大财,是不太可能的,甚至是南柯一梦。在体制内,要想有所成就和发展,固然主要靠个人努力,但平台的助力作用也是十分重要的;离开了这个平台,

你可能就会一事无成，因此不能错把平台当本事。

第二，客观地认识体制内工作。

不管是体制内还是体制外，都有各自的优势，关键看个人怎么衡量。

对于体制内，优势还是显而易见的。一是具有稳定的保障性。你只要不违规违纪，基本没有什么风险，有稳定的工作、收入、养老、医疗等可靠保障。二是拥有一定的资源。体制内的人通常会有很多资源，具有一定的优势。三是拥有施展才华的平台和学习机会。体制内处于不同层次的人，都可以运用自己的平台发挥作用，展示才能，做出成绩，从而更有获得感和满足感。

对于体制外，也有一些优势。一是可以自由选择工作，比如你干一项工作累了，想换一个，那就可以随时"跳槽"。二是可以创业，可以发挥自己的优势，将才华进行变现，也许会实现财富自由，但受市场、环境等多种因素的影响，有较大的不确定性。

第三，树立正确的人生观。

在体制内，能够走向金字塔顶端的人是极少数；在体制外，能够实现财富自由的人也是极少数。

因此，无论是在体制内还是体制外，绝大多数人都注定是芸芸众生中的普通一员，在平凡的岗位上贡献自己的光和热，展现自己的能量和力量，进而汇聚成推动社会发展的合力，这也是多数人的贡献和价值体现。

10
如何接受领导的批评、纾解心中的委屈

 问

我是个不善言辞的人，工作认真负责、踏实干活，不爱钻营。领导就是看重我这点，不停地给我安排本职工作以外的任务。本来我和他的关系很好，但有一次实在忙不过来，就语气急躁地推脱了。他就对我产生了不满，很不高兴地批评了我。

领导还有一年任期满就会离开。上个月，另一个部门领导跟他说想调用我，他明面上答应，也告诉我了，却看得出来他并不高兴，还向对方极力推荐另外一些人。现在，对方部门领导没有再提调动的事。我也不好多问，以免他认为是我想走，所以工作也继续老老实实地干着。但心里总觉得挺委屈的，请问，我现在该怎么办呢？

 石头哥：

你在这件事中有几个问题，帮你指出来供你参考。

一是关于耐烦的问题。

曾国藩说："当官最要紧的是耐得烦。"这简直是一个大金句。当领导让你加班的时候，让你反复改稿子的时候，让你做一些荒唐无用的事的时候，即便心里很不理解，也很烦闷，态度上也别表露出来。该应承的时候要学会应承，语气还要缓和。

至于事情接下来怎么做，可以根据具体情况再商量。

二是关于被批评的问题。

被批评是一件极正常的事，不管是在家里还是在学校里，每个人或多或少都会遇到一些批评，有来自父母的批评，有来自老师的批评，这些无非是在纠正我们的态度和行为，帮我们做得更好。

在工作中也一样，被领导批评也不是什么大事，无非是领导指出你工作中的问题，这其实是一种及时的提醒，发现问题才能改正问题，所以，面对批评要坦然接受、认真对待，以后多加改正就好。

如果你仅仅被领导批评了一次，就在心里疏远领导，否定领导，这样无异于把路越走越窄，又何谈进步呢？

三是关于调动。

如果另一个部门只是想调用你不是提拔，那我觉得你倒是可以等一等，因为对方肯定也要顾及你的领导的感受，毕竟都是平级而已。你因为在心理上觉得跟领导疏远了，所以才想走，倒不如解开心里的疙瘩，和领导重新恢复信任关系。

既然另一个部门没有行动，不如"既来之，则安之"，认真把自己眼前的工作做好。

如果在这边把心结解开了，和领导变得亲近了，说不定领导离任前还要再推你一把呢，到那时候岂不是更好。

11
因为太优秀晋升发展受阻,怎么脱离困境

我在单位主要承担大材料的起草任务,工作任劳任怨,业余在中央媒体发表了一些文章,参加大型演讲比赛拿了不错的名次,得到了上级单位的青睐,多次有其他单位想来借调我,但领导都以"单位缺人、离不开"为名,不放人。

坦白说,我感到很郁闷,因为单位同批入职的其他同事,很多虽然表现不错但成绩不是特别突出的都考走或调走了,我却因为"能说能写、用着顺手"而出路受阻。因为本单位的职数有限,在此提拔的机会很少。这非常打击我的工作积极性,但是我也深知不能因此就倦怠。作为草根出身的孩子,没有其他的助力,只能靠自己努力。但我却似乎进入了越努力路越窄的境地。想请教您,我应该怎么办?

如果单位有其他同事考走或调走,那就证明并不是你想象的那样。所以,你的晋升还是很有希望的。对于因为工作太出色,领导不放人,别人的工作不出色,领导觉得无所谓,一般不存在这种情况。出不出色,领导都觉得手底下的人越多越好。

首先说考试。

如果服务期满了想考走,其实领导是很难拦得住你的,从提问看,你似乎并没有参加考试。因为公务员考试其实是到面试那一步,才需要单位的同意证明。如果你真的进入面试环节了,再做其工作还是有理有据的。

其次说借调。

如果有强势的上级单位特别想借调你,领导也是很难拦得住的。这就说明,想借调你的单位,可能并不是特别想借调你,像这种借调单位,如果你真去了,留下的可能性也不大。其实,可能那些机会并没有你想象的那么好。所以,造成你没有走成的原因,也并不一定是领导的阻拦。

最后说怎么做。

如果真的有一个你特别想去的单位,也正好想借调你,那你其实还是有很多工作需要做的,你可以找到借调单位表达强烈的愿望,让他们再下点功夫促成此事。你也可以不再忌讳领导的想法,直接开诚布公地跟他谈一次,表达自己的愿望,恳请他予以支持,若他不支持去借调也行,那就得给解决点实际的问题。一般而言,有点理性的领导总得解决一头。

其实我认为,领导或许根本都不知道你想走,他以为两可。但无论如何,千万不要以为你走不了跟工作做得太好有什么关系,这是个大误会。

12
乡镇事务烦琐苦闷,如何逃离乡镇

问

本人是 2016 年入职的女性选调生,分配到乡镇。因为基层没有明确的分工,任何一个副科级领导分配的工作都无法拒绝,现在深感疲惫。想请教一下,是否要一门心思准备遴选考试逃离乡镇?请问我该如何做职业规划呢?

部委老农:

第一,关于工作。

如果你们分工明确,你能够轻松应对,那么你还想逃离乡镇吗?如果你不想了,那么有个问题需要先解决掉。任何地方都有烦恼,现在遇到的这个问题克服不了,以后到哪里都会碰壁。离开乡镇的理由有很多,但是你说的这个不应该是最终选择的理由。

第二,关于拒绝。

在单位中,并不是所有级别比你高的人,你都要服从,做不了的工作要学会婉拒。如果有些人交代给你工作,在工作中也会给你些提点,那么接受也可以算是帮忙,还能从中学到东西,何乐而不为?而对于不懂"感恩"的人,只是因为你比较好利用,那么你也可以有自己的原则,要坚决给他泼冷水,避免别人觉得你好拿捏。

第三，关于遴选。

要想到上级部门工作，最明显、最便捷的方式就是参加遴选考试。但也得具体问题具体分析。有的人是在老家的乡镇当公务员，关系都在那里。只要不是别的地方特别好的部门，他也不愿意背井离乡、再去打拼。有的人不是在自己老家所在的乡镇，原本就是背井离乡，反正离开不离开成本都一样，那就去考。

第四，两者并不矛盾。

考试需不需要一门心思，其实就是如何处理备考和现在的工作之间的关系。不要对立来看，要把完成工作当成备考的一部分，及时总结提高。像你之前说的分工不明确的烦恼，其实就是很好的试题。所以，可以把考试当成是在现有工作基础上锦上添花的事情。考得不好，也没什么损失。在进入面试阶段，在领导签字盖章之前，尽量不要让人知道你想考走。当然，如果你想背水一战，那就另说。

13
在国企提升能力和钻营关系哪个更重要

我是一名国企工作人员，一个人的精力是有限的，科学取舍是明智的抉择。有人说成功是十字路口不同抉择组成的结果。我认为认真干好工作与花心思去钻营关系二者不可得兼，时间和精力都无法满足。请问打磨工作能力重要，还是花心思钻营关系重要？

在职场中，人基本上可以分为三类。一类是只琢磨事，不琢磨人，集中精力努力工作，不太注意处理人际关系；另一类是只琢磨人，不琢磨事，把主要的时间和精力用在拉关系、走后门上；还有一类是既琢磨事，又琢磨人，工作和人际关系都处理得很好。你遇到的问题的核心是，如何处理琢磨事和琢磨人的关系。

第一，坚持实干是根本。

无论单位大小，无论领导是优秀还是平庸，都喜欢出政绩。那么他就需要起用一些有本事、会干事、干成事的人，来推进工作，做出成绩。这就给草根和没有关系、没有背景的人创造和提供了机会。因此，草根和小职员只有靠实干，才能出人头地；只有干出成绩，才能被领导认可，脱颖而出。

第二，练就一技之长。

本事是自己的，保质期是永久的；关系是流动的，保质期是有限的。现在的工作基本上是铁打的营盘，流水的领导。作为年轻人，靠本事吃饭才是真正的铁饭碗。因此，还是要把主要精力放在提升自己的素质和能力上，练就一身过硬的本领，把自己的工作精进成为一门手艺。

第三，要坚持"两手抓"，但不能平均用力。

人的精力有限，时间有限，要把工作和关系都做到十全十美是不太可能的。因此，要学会因人而异。一般来说，可以根据自己的长处来决定自己更多关注哪方面，不管是琢磨人还是琢磨事，都要立足于工作，以更好地开展工作，做出实绩。

14 在基层感到自己大材小用，该怎么改变

问

刚30岁的我，在基层工作了两年，自我感觉消耗了不少精力；同时，周围许多领导也经常说我是大材小用了。

我对未来的发展方向很迷茫，一心想考事业单位，今年有点遗憾，笔试第一，面试后没有被录取。满30岁了，明年不知道还有没有机会再战？也不知道在天时、地利、人和方面还需要改善什么？老人们总说信命，可我觉得应该创造属于自己的机会，并且把梦想变为现实。我该如何调整心态？

揽越凝晖：

年龄并不是你的劣势，相反是你的优势，你之所以会产生现在的焦虑感，主要来自两个方面：一方面，基层的消耗、领导的惋惜让你觉得自己应该有更好的发展，但考试的失利让你对自己的能力能否实现梦想产生怀疑；另一方面，老人所说的信命让你担忧自己真的就这样一辈子，

心有不甘。我的建议是：相信自己，你的命运你做主。

针对你当下的情况，有三条建议供你参考。

第一，重拾自信。

自信就是不论你在人生巅峰还是低谷，都要对自己有清醒的认识。"笔试第一名"已经证明了你的实力，考试是有偶然性的，一次考试的失利不足以否定你的努力，但同时，你需要更加努力，用更强的实力减少偶然性的影响。

第二，更加专注。

心态的变化，通常是因为对学习这件事不够专注，拿备考来说，你应把精力放在提升知识的掌握水平和应试能力上，而不要考虑考上了会怎么样、考不上会怎么样，增加自己对知识的专注度，知识的积累自然而然会回报让你满意的结果。

第三，踏实工作。

基层的工作虽然繁杂而琐碎，但同时也能够磨砺你的意志，增加你的阅历，即便大材小用也要把小用做好。不管怎样，都要一步一步、踏踏实实地走出自己的奋斗之路。同时，坚定不移地为实现梦想而努力，老人说的认命也有道理，但是认命应该是自己努力过以后，得到了自己认可的生活。

童第周说过，"别人能做到的，我通过努力也一定能做到"。一般人都没有比别人更聪明、更突出，只能付出比别人更多的努力，别人付出百分之百的努力，那么你就付出百分之二百的努力。总之，要坚信只有不停地努力奔跑，才会超越对手，才能距离梦想越来越近。

15 在乡镇工作总是浑浑噩噩的，我该怎么办

 问

我是刚入职一年的基层选调生，参加工作1年多了，在乡镇工作7个月，其余时间借调在区委组织部等部门。目前，学历不高，学习能力、交际能力都一般，提笔不能写，遇事不会办，上台不能讲的问题还是很严重，对自己的未来也没有系统地规划。一直是浑浑噩噩地过日子，也会有间歇性的凌云壮志，却不知道该如何打破这种状态。只想着三年服务期满尽早离开乡镇，到市里的部门工作。我该如何打破浑浑噩噩的状态，您能否结合自己的经历给一些具体的指点？

 部委老农：

我结合自身的真实经历，讲讲我的心路历程，以及工作和考试过程，供你参考，希望能对你有所启发。

第一，不能失志。

刚到乡镇上班时，我也是志在千里，没打算在乡镇干一辈子，但也不知该往哪个方向努力。一个在省直部门工作的远房亲戚总是跟我说，要想有大的发展，一定要把材料写好，各级部门最缺的就是写材料的人员。于是，我就着力锻炼自己写材料的能力。

第八章 困　境

第二，提升本领。

通常，乡镇工作写材料的任务相对少一些。我身在异乡，初来乍到，举目无亲，领导也没有培养我写材料的打算。所以，平日我就自己练。

单位开会了，会后我就试着写会议纪要，比如，谁说了什么、安排了哪些事，我就简单明了地复述出来。

征兵季到了，报纸上省长给广大青年家长写了一封信，鼓励大家参军入伍，我就分析这封信的结构，然后想象着，冬季到了，天气干燥，给村民写一封注意林地防火的信。

县里边开完大会都会印发领导讲话，我就注意收集、学习，了解、掌握县里边制定的一些举措。

平常工作中，接触到的人和事，如果引发我产生了一些思考，我也会及时把它们写成小文章。

第三，机会总是留给有准备的人。

过了将近一年时间，县委办公室缺一个为主要领导写材料的年轻人，面向全县公开借调、招考。当时的考题就是起草一份领导的讲话。后来，我以第一名的成绩被借调到了县委办公室写材料。新的岗位就是给领导写讲话稿等各种材料，这下对于我这个想提高写材料水平的人来说，真是如鱼得水，每天简直就是泡在材料堆里。

第四，勤奋并快速地适应。

刚开始，每天的工作就是学习。认真研读历年领导讲话等重要资料，吃透领导的精神，做到如数家珍。阅读《人民日报》、省报、市报及上级文件，并做好摘抄记录。春节花费三天假期时间，自己一个人在空荡荡的办公室看完了全县各部门的年度工作总结，全县大大小小的工作在脑子里逐渐变得清晰了起来。自己假设情景，给领导写致辞、讲话，再拿给主任审阅修改。

每天晚上睡觉前安静放松的时间，我都会用来思考手头的材料，并及时地记在手机备忘录上，生怕一觉醒来忘记了。久而久之，手机备忘录里都是什么高度重视、强化举措等。就这样，我很快胜任了岗位要求。遇到一些紧急的活，我一个人加班，主任可以放心地回家睡觉，第二天稍作改动就能用了。到县委办公室的第二年，起草县委全会讲话内容，主任搭好架子，我就可以独自往里边填东西，写初稿了。

第五，结果总是水到渠成的。

那时候，我从心里边觉得材料写好了特别自豪，有一种指点江山的感觉，尤其是在写领导讲话内容的时候，觉得自己就是领导。走到大街上，都在想全县的发展应该怎么谋划。对此，当时朋友说我真是中毒不浅。就这样，我在县委办公室待了将近三年，后来考到了现在的部门。

第六，关于考试。

坦白讲，不管写材料是个多么不好的活，但它也是一条成长进步的路。写材料对于提高思考、认识事物的水平很有帮助，对于遴选申论考试至关重要。甚至可以说，申论遴选考试，考的就是写材料的能力。

记得在来现单位之前，我参加过一次省委宣传部组织的遴选考试，最后分值很大的一道题就是写领导讲话。这对于经常写讲话稿的我来说，难度不大，很从容地就写完了。后来顺利进入了面试。在我参加现单位组织的面试时，规定时间是25分钟，我只用了10多分钟就答完了。

因为我平常写材料，需要深入思考，凡事都要写上几条。所以，面对一个问题，我就能迅速在脑子里构建出一个框架。

所以说，如果打算参加遴选考试，在写材料上下一番苦功夫，是一个非常必要的手段。

第七，条条大路通罗马。

当然，如果想在本单位发展，写材料也是一个选择。尤其对于没有背景、其他能力不够突出的人来说，写材料这个苦活、累活也许就是最好的、唯一的选择。

记得我在县委办公室工作时，我负责闷头写材料，而另一个本地的关系户负责给领导拎包倒水、抛头露面。对此，我心里真的没觉得不舒服，一点儿也不会影响工作积极性。我的想法是，他走他的阳关道，我走我的独木桥。我在自己现有的条件下，把自己能做的做到最好就行了。到最后，自己不一定比他差。因此，你也要坚持自己的选择，条条大路通罗马。

16
工作两年，如何让领导看到自己的价值

我是个女生，在省级厅机关上班，已经工作两年，平时工作不忙，没

人告诉我应该干什么，请问如何做才能让领导看到我的价值？我感到有点迷茫。

省厅这个平台还是比较大的，发展的空间还是很广阔的，应该充分地运用，做一个有想法、有抱负、想干事的有志青年，实现自己的人生价值。

第一，要想让领导看到你的价值，你首先得有价值。

大家都认为黄金有价值，因为它是硬通货。一个人要有价值，就要有闪光点，有实力，能够吸引别人的眼光。

在机关工作，内容比较琐碎，也比较普通，不可能一下子就做出惊天动地的大事来表明自己的实力，但这不等于就不能做出亮点来。这个亮点，主要靠日积月累、聚沙成塔来体现。因此，这就要求我们平时要把每一天的工作，甚至每一件具体的小事，都做精、做细、做好，以小成大，厚积薄发。

第二，要想让领导看到自己的价值，就要做出有价值的事来。

对于这一点，我觉得应该从这几个方面来着手。

一是立足本职，把工作做精。对别人过去做过的事，你要进一步提档升级；对别人过去没做的事，你要抓紧把它做起来，真正把工作做成一门手艺。

二是要挖掘自己的闪光点。分析自己最擅长什么，最大的特色是什么，工作亮点在哪里。你要把它找出来，进一步打磨，并且通过一定的形式展现出来。比如说，你擅长演讲，那么在机关的演讲会上你就要露一手；你擅长写作，你就要把厅里的特色工作写成简报，得到省委、省政府的认可；你有组织能力，那就把机关的年轻人组织起来开展一些丰富多彩的活动；等等。

三是要积极参与全厅重点和热点工作。这些工作是领导的关注点，参与这些工作，同领导接触的机会将会更多。所以有机会要积极参与，没有机会要创造机会参与。

第三，认真做好每一个第一次，给领导留下深刻印象。

心理学研究表明，人对第一印象是有惯性的。因此，要认真珍惜自己的每一个第一次出场。比如第一次见到大领导，如何打招呼使人感到舒心；第一次参加座谈会，如何发言让自己出众；第一次向领导汇报，如何出彩；等等。

不要小看第一次，更不要随随便便地对待第一次。打个比方，一颗珍珠可能不太会引起人们的注意，也不怎么值钱。但是把很多珍珠串起来，做成一条珍珠项链，那么它就会光彩夺目，引人注意了。道理是一样的，平时要注意把不怎么起眼的机关工作的小珠子，串成机关工作的大项链。

第四，岗位虽小，但心要大。

这里的意思是说既要立足岗位，又要胸怀全局，不能做井底之蛙，只看到你那一亩三分地，而要关注国家大事、省里的大事和厅里的大事。就像会炒股的人，他不仅关注他买的那一只股票的涨跌，而且十分关注国家政策，尤其是经济政策的走向。所以，既要脚踏实地干工作，也要仰望星空有大志向。

17 如何去掉"关系户"的"光环"

身为官二代,总是背负着一些无形的偏见。付出的每一分努力,前进的每一步,都会有人觉得我是靠关系。因此我的内心还是感到有点失落,请问如何看淡外人的这些看法?

俗话说,"身正不怕影子斜""平生不做亏心事,半夜不怕鬼敲门",只要你凭自己的本事进步,又何惧别人的闲言碎语?走自己的路让别人去说吧。

第一,心态上,要看淡一切。

退一步讲,嘴长在别人身上,无论你想与不想,他人的闲话微词总是在那里。所以,还不如不去想别人的那些看法,以免徒增烦恼、半夜睡不着觉。

第二,行动上,要低调务实。

用自己的实际行动来证明自己的真正实力,在工作中务必低调务实,小心谨慎,为人和蔼,并适时适度表现一下自己,少与人争辩,慢慢地别人就会明白你是一个有本领、有涵养的人。其实,每个人是什么样的人,大家都清楚明白。

第三,思想上,要积极向上。

现在某些人在后面议论你,很可能是因为"吃不到葡萄说葡萄酸"。越是看重别人的看法,别人越觉得你没有胆识和气魄;越是一身正气、无所畏惧,别人越敬重你。要明白,在体制内,有关系的人多了,关系就是一种很平常的资源。所以,要阳光乐观,争取更大的成功。

18 如何提升自己,让自己保值甚至升值

我读大学时学的生物医学相关专业,是某科技园区办公室的一名工作人员,虽然没有什么大志向,但也不想永远沉浸于日常琐碎的事务中,请问如何规划、提高自己的能力,不让自己随时间贬值呢?我也在忙着考一些证,目前在考税务师证。另外,感觉自身不够灵活、机敏,阅历、视野不足,能通过什么方法改变吗?

其实,当你意识到自己需要有一方精神天地而开始焦虑时,就意味着你已经开窍了。在成长中每个人都会在黑暗中摸索一段时间,我也摸索了两三年。我觉得有两个标准可以作为参考。

第一,要有兴趣。

我指的是真正的兴趣,即没有人要求你、逼你,你也要抽时间、挤时间去做的事,做了之后觉得很开心很兴奋,不做觉得很失落。参加考试是不是你感兴趣的事?你可以衡量一下。

第二,要有复利。

工作已经占用了我们很多的时间,剩下的时间一定要做有复利的事,而不要再被短期的利益或者是纠葛牵着鼻子走。什么叫复利?就是这件事在未来的5年、10年,甚至20年,你都可以持续地去精进,你做的时间越久,给你带来的回报就越大。如果这件事做一年也没有任何回报,那么它可能不是有复利的事。

所以我不太主张一想到要做点事,就去考个什么试或者考个什么证。对于考试、考证,都还是在拿别人的标准去改造自己,还是跟着短期的利益去走。如果你要考试和考证,这个证也一定要满足以上两个标准,那样去考才有意义。

19
体制内的工作节奏违背了"考公初心",该怎么办

去年9月,通过考公到县政府办上班,不久,就发现这种单位各方面都

特别复杂,事情超多,自己所在的单位又存在很多问题,股室不健全,人员极少,很混乱,干事情发现特别心累。

3个月后,被安排联系领导。虽然我也知道,这种机会很难得,但是在工作的过程中发现这项工作太难了。在联系领导后,什么事情都得自己干,我本来就是普通的工作人员,根本没法安排其他人去做,什么事情都得从头到尾包办,比如开会,又要忙倒水,又要忙签到,还要催迟到单位等,根本忙不过来。

当初,我选择考公务员,是想着离家近,时间充足,能够有很多时间陪家人,做些自己喜欢的事情。可现在,每天除了加班还是加班。虽然每天都回家住,但是有时候几天都见不到亲人一次,跟男朋友也存在各种矛盾。毕竟平时想做一点自己喜欢的、想做的事都太难了,就连周末都经常没有时间。

回想起来,听听自己的内心,看看周围的领导、同事,我真的只想做个普通的工作人员,做好自己的工作,正常上下班,有时间做自己想做的事,陪陪爱我的人。这也正是当初支撑着我努力看书从乡镇考到县里的动力。但是现在,我的心态一次又一次地崩溃,真的是心累到极致,每天看到的、接触到的,都是各种抱怨、各种负能量,应该怎么办?

有时候,坚持不下去不是因为没有动力,而是因为工作的压力太重。你现在可能觉得陪陪爱你的人,做点自己喜欢的事,感觉很好。可是,人生不仅仅是这些,还有许多杂七杂八的事,有两条建议供你参考。

第一,建议你坚持下去。

体制内工作虽然忙碌和烦琐,但是相比较而言是一个稳定的职业,并且能受到尊重，待遇还可以。比如，亲戚、朋友关于政策的问题可以咨询你，这些都是你个人价值的体现。

一是立足长远。利用现在的平台，你可以结交一些人脉，认识一些朋友，或者做好服务，尽快实现晋升，这些都是个人价值体现的途径。所以，在县里为领导服务，将为你提供很好的发展平台，你现在觉得苦恼的事情，或许正是很多乡镇同龄人求之不得的事情。你应该立足长远，对个人今后的发展做好规划。

二是人生有时候需要"熬"。困难和挫折是一个人成长过程中积累的财富，越是繁重的工作，越能锻炼人。人只有有了真本领，才能走得更远。在这里工作一年，你的眼界、水平、处理事务的能力，将会有很大提高。一旦你熬过了这一段时间，将会产生质的飞跃，办事将更加游刃有余。作为一个年轻人，坦率地讲，吃点苦、受点累，是好事。

第二，如何坚持下去。

工作繁多，就得想办法解决。如果确实没有人可以帮助你，你可以采取一些方法和技巧，提高个人的办事能力和工作效率。

一是提前安排。凡事都往前赶，留足时间余量。比如，晚上提前把第二天的工作安排好，早晨早点来，等等。再如，开会的时候，提前布置会场。

二是抓住重点。比如，倒水的事，你可以重点关注县领导，其余的人，让他们自己倒水。再如，催签到，你要想一想哪些人经常迟到，对于这些人，你就先催促。

三是办事迅速。忙的时候，就按忙的节奏来。比如打电话等，要快点进行,不能拖拖拉拉。

四是思考总结。每天留出时间思考事情,想想事情的经过,看看哪里需要改进,从而优化工作流程。比如,以防忘记工作,可以把一天的任务写下来,完成一项,划掉一项。

20 高校的行政岗和教学岗,孰优孰劣

我是高校机关的行政人员,很不喜欢每天重复、烦琐、耗时又没什么技术含量的行政工作。虽然机关中每个岗位的工作都不轻松,并不是吃闲饭的,但是在学校的地位却是最低的,很多人都看不起行政岗。因为没有博士学历,所以没法转去教学岗。想不明白为什么那么多教学岗的教师都想来机关竞聘处级干部,请指点。

第一,谈谈认识。

高校当然是以教学和科研为中心,越好的学校教师的地位越高,这是一种很正常的现象,说明你所在的高校不错,这其实是一件好事。虽然高校以教学、科研为中心,但并不意味着行政人员就矮人一头或者是

地位低下，这是两码事。你有你的晋升路径和要求，他有他的晋升路径和要求，没有孰高孰低之分。你的问题是，在思想认识上存在很大的误区，需要纠正。

第二，说说趋势。

现在全面加强和改进思想政治工作，主要靠行政人员，所以高校行政的发展趋势是力量越来越强，出路越来越多，比如有些高校，辅导员已经可以开始评职称了，而且评职称比教师还容易。同时还可以上升到正处级辅导员，而且两边都不耽误，是一件很好的事，这也是一种趋势。

第三，找到自己的价值。

高校行政是一个很灵活的岗位，进可攻退可守。如果你想走仕途，也可以转到党政机关去。如果你觉得自己走仕途不合适，可以搞搞研究、讲讲课，折腾点自己喜欢的事，高校的舞台和空间是很大的。不要妄自菲薄，应该提振精神，找到自己的闪光点，赶快行动起来。

21
在职读 MBA 研究生对工作发展有没有帮助

我的工作岗位是秘书，平时工作量大，非常忙，经常会晚上、周末加班。现在又在读非全日制 MBA 研究生，每周末都要上课，就处理不了工作上的事情。弄得自己很累，不能合理地处理工作和学习的矛盾，也常常质疑花了时间、精力去读 MBA 研究生对以后自身的发展究竟有没有益处，很纠结，恳请指导。

老部长：

秘书岗位是一个工作量大、活儿多，需要付出更多辛苦、更多时间，而且基本没有自我的岗位。根据你的描述，提供两条建议供参考。

一方面，抓大放小。

你目前要解决的最大问题是抓大放小，抓好主要矛盾的问题。因为你是领导的秘书，那么你的主要工作就是服务领导，让领导满意，让领导放心，取得领导的信任。同时，要深刻地认识到，自己的成长、进步，必须依靠和依赖领导。他的看法和做法，将直接影响到你的进退留转，而不是多高的学位。领导说你行，你没有 MBA 学位也行；领导说你不行，你就是有三个 MBA 学位也不行。对此一定要有清醒的认识。

另一方面，弄清重点。

在实际工作中，一定要把服务好领导这个主要工作和重点工作凸显出来。思维要围着这个主题转，工作要围绕这个重点干。要弄清楚自己的发展目标，将来是继续从事秘书工作，还是通过 MBA 来提升自己，为之后竞岗打好基础。不管做哪一个选择，提升自己都是有必要的。虽然周末上课会辛苦点，但等读完再回过头来看，必然会有很多收获，对工作也会有很多帮助。

22
"三龄两历"不捋顺,对提拔有什么影响

我有个表弟,高考那年被骗,上了一所发假文凭的本科学校,后来,他又重新考取了一所大专。结果参加工作时,派遣证上写的是本科学历,档案里放的也是本科学历。他现在很想把他的学历这块捋顺,请问应该怎么办?如果这个捋不顺是不是未来任何升职的机会都不可能会有了?

体制内对学历、年龄、参加工作等"三龄两历"审查得非常严格,一经发现作假,不仅晋升、提拔无望,还要受到严肃处理。因此,你表弟的想法是正确的,应抓紧时间捋顺。

首先,由表弟写一份书面说明,将自己取得学历的来龙去脉如实汇报,把自己的要求表达清楚,并把真实学历的相关资料备齐,一并上报本单位组织人事科。

其次,单位组织人事部门初审后,再按干部管理权限报上级组织人事部门审批认定后,予以更改。其间按组织人事部门要求,需要提供由教育行政部门的认证证明。主要程序就这么多。但在具体工作中,各地会有不同的要求。让你的表弟抓紧向单位领导汇报,组织需要什么材料如实提供即可。

23 如何缓解工作压力导致的紧张和焦虑

办公室工作比较繁杂,每天都有临时任务需要处理,常常一件事还没有做完,下一件事就来了,我担心遗漏,就一件件记录在本子上。下班时基本筋疲力尽,不想再工作了。

第二天上班时又会发现,昨天堆积的事情还没处理完,今天的工作时间又被其他新任务填满了。现在心里总是充满紧张和焦虑。即使是下了班也不能缓一缓,不能好好休息,像有强迫症一样生怕自己忘记了哪件事情,或不由自主地想着手上事情处理的细节,应该如何改变这种工作状态呢?如何调整心理状态呢?

老部长:

工作与生活好比是人生路上的两驾马车,二者是相辅相成、缺一不可的。学会协调工作和生活,才不会因为一方失衡,而错过了生命的美好,徒增遗憾。工作时,要认真负责,兢兢业业,发挥最大的潜能;生活中,更要安排足够的休息时间,做一些喜欢的事情来调节,保持良好的心态。根据你的描述可以知道,你的心理焦虑和紧张等负担都来自工作的压力,治病求本,因此须从解决工作的问题入手。

第一，厘清头绪，抓大放小。

办公室工作千头万绪，既有常规化、程式化的工作，又有临时性、突击性的工作。面对泰山压顶般的任务，既不能胡子眉毛一把抓，也不能按交办的顺序一件一件依次办。而应该在分清轻重缓急的基础上，坚持抓大放小，列出当日和当周计划，做到心中有数。实际操作上要抓住主要矛盾。优先把主要精力集中到领导关心的、重视的，或者与个人发展关联特别强的这个主要矛盾上来。这样你就不会手忙脚乱。

即使是对重点工作，也不能平均用力，而应该优先解决矛盾的主要方面。在实际工作中，我们没必要也不可能把每一项工作都办成精品。对于重大场合、重要事件、主要领导或重要领导特别交办的事必须特别重视，重点发力，高标准、严要求办出精品。对于程序性或日常性的工作，确保不出错就行。

第二，理顺职责，有分有合。

如果你是科室负责人，一定要把科室的工作按照范围、内容和要求明确到具体的人，做到各司其职、各负其责，发挥每个人的积极性。同时做好总揽全局、统筹协调，做到常规工作分、重大工作合，以及程序化的工作分、突击性任务合。不要对别人不放心，而把什么事都揽在自己手上。如果事事亲力亲为，将很难把所有事都做好。如果你是工作人员，那么就按照分工做好自己分内的事；对于其他的事，要视情况，该做的做，该帮的帮，不该做、不想帮的要学会委婉地拒绝。

第三，提高效率，日清日结。

一是工欲善其事，必先利其器。学会使用工具是提高效率的好办法,常用的方法有"外包"。比如一些仪式性的活动、做PPT、整理录音等都可以采取外包的形式,这样既省时又省力。整理领导的录音是经常性的工作,领导讲一个小时,整理文字的工作量大概在1万字左右。如果自己干,从准备,到录音,再到整理,需要一两天才能完成像样的作品。专业的事请专业的人来做,如果外包给速录公司,基本会在会议结束1~2个小时,就可以把整理好的文字稿发给你,你只要在此基础上把关、完善就可以了,效率可以提高好几倍。

二是学会"猴子掰玉米"。工作办一件,结一件,扔一件。不要手头同时出现几件事,或这件事没干完又去干那件事,搞得自己手忙脚乱、毫无头绪,大大降低工作效率。

三是有效地利用时间。即使当天的事不多,也不要有拖一拖、等一等、歇一歇的想法,应本着先完成再完善的原则,先把事干完,再改进以求完美。否则,惰性会肆意疯长。

四是坚持当日事当日毕。如果当日事不能当日毕,则会心生牵挂。工作留滞带来的压力和不爽,不仅会影响下班后的心情和休息调整,而且会影响未来的工作和安排。长此以往,心理压力将会变得越来越大。除非特殊情况,当天事最好当天完结。这样,你下班以后就会心无牵挂,感到无比轻松。

第四,善于切割,有张有弛。

学会把工作的事和生活的事切割开来,上班就集中精力工作,下班后就不要把工作的心情和事情带回家里。建议学会忙里偷闲进行锻炼,身体是革命的本钱、是一切的基础,根据我的经验,对上班族来说,晚上快走一个小时是最方便、最简单、最容易操作和坚持的锻炼和恢复体力的方式。长期坚持，效果会很好。同时，也要注意不断地学习充电，做到自我提升。提高个人素质和能力，是提高工作效率、加快成长的根本途径。